Schritte
international NEU 5+6
Kursbuch

Deutsch als Fremdsprache
Niveau B1

Silke Hilpert
Marion Kerner
Jutta Orth-Chambah
Angela Pude
Anne Robert
Anja Schümann
Franz Specht
Dörte Weers

Hueber Verlag

Unter Mitarbeit von:
Katja Hanke

Beratung:
Oliver Bayerlein, Nagoya
Ádám Kovács-Gombos, Budapest
Christian Roll, Lima
Helga Lucía Valdraf, Monterrey

Für die hilfreichen Hinweise danken wir:
PD Dr. Marion Grein, Johannes Gutenberg-Universität Mainz

Foto-Hörgeschichte:
Darsteller: Shary Osman, Sven Binner, Christian Höck, Yasin Osman, Horst Kerner, Niklas Remoundos, Caroline Württemberger u. a.
Fotograf: Matthias Kraus, München

Der Verlag weist ausdrücklich darauf hin, dass im Text enthaltene externe Links vom Verlag nur bis zum Zeitpunkt der Buchveröffentlichung eingesehen werden konnten. Auf spätere Veränderungen hat der Verlag keinerlei Einfluss. Eine Haftung des Verlags ist daher ausgeschlossen.

Das Werk und seine Teile sind urheberrechtlich geschützt.
Jede Verwertung in anderen als den gesetzlich zugelassenen Fällen bedarf deshalb der vorherigen schriftlichen Einwilligung des Verlags.

Eingetragene Warenzeichen oder Marken sind Eigentum des jeweiligen Zeichen- bzw. Markeninhabers, auch dann, wenn diese nicht gekennzeichnet sind. Es ist jedoch zu beachten, dass weder das Vorhandensein noch das Fehlen derartiger Kennzeichnungen die Rechtslage hinsichtlich dieser gewerblichen Schutzrechte berührt.

3.	2.	1.		Die letzten Ziffern
2023	22 21	20	19	bezeichnen Zahl und Jahr des Druckes.

Alle Drucke dieser Auflage können, da unverändert, nebeneinander benutzt werden.
1. Auflage
© 2019 Hueber Verlag GmbH & Co. KG, München, Deutschland
Umschlaggestaltung: Sieveking · Agentur für Kommunikation, München
Gestaltung und Satz: Sieveking · Agentur für Kommunikation, München
Druck und Bindung: Firmengruppe APPL, aprinta druck GmbH, Wemding
Printed in Germany
ISBN 978-3-19-101086-7

Aufbau

Inhaltsverzeichnis – Kursbuch IV

Vorwort VIII

Die erste Stunde im Kurs .... KB 9

Kursbuch: Lektionen 1–14 .... KB 10

Symbole und Piktogramme

Kursbuch

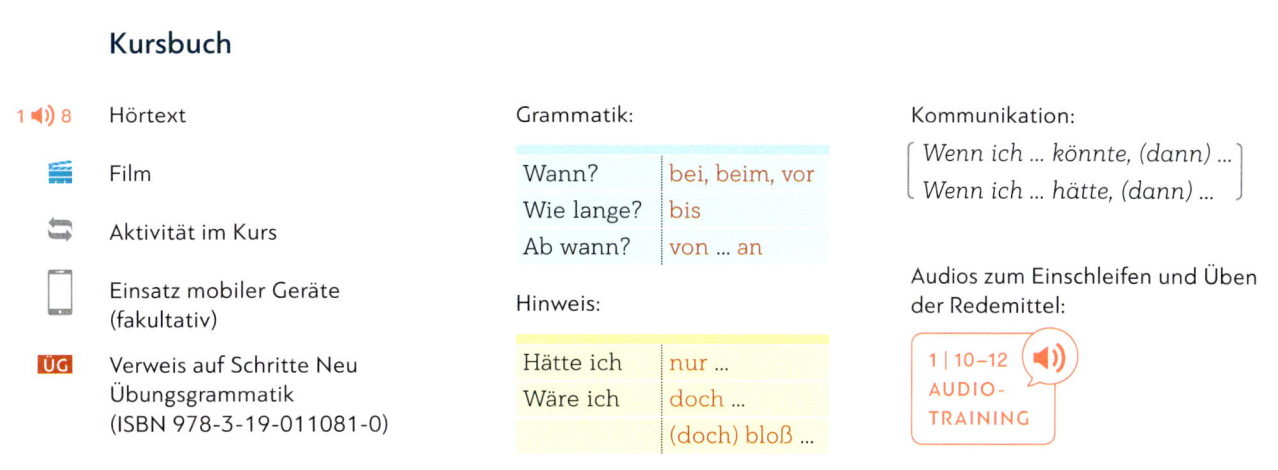

Inhaltsverzeichnis **Kursbuch**

			A	B	C
1	**Glück im Alltag** Folge 1: Ellas Glückstag	KB 10	35 Jahre lang spielte ... Lotto. • über Vergangenes berichten • Zeitungsmeldungen verstehen/schreiben	Es ist vor einem Jahr passiert, als ... • über Erinnerungen aus der Kindheit sprechen	Ich hatte so lange ... gewartet. • über Glücksmomente berichten
	Grammatik, Kommunikation, Lernziele Zwischendurch mal ...	KB 18 KB 20			
2	**Unterhaltung** Folge 2: Ein Abend, der nicht so toll war.	KB 22	... obwohl du sie schon ... gesehen hast. • über Serien sprechen: Meinungen und Vorlieben ausdrücken • Gegensätze ausdrücken	Eine Köchin, die unglaublich gut kochen kann. • Eigenschaften von Dingen und Personen beschreiben	Wie wäre es, wenn ...? • in einer Diskussion einen Konsens finden
	Grammatik, Kommunikation, Lernziele Zwischendurch mal ...	KB 30 KB 32			
3	**Gesund bleiben** Folge 3: Sami hat Stress.	KB 34	Auf Bewegung sollte geachtet werden. • über Gesundheitstipps sprechen • Untersuchung beim Arzt • Vorgänge beschreiben	Man holt sich den Rat eines Fachmanns. • Fitnessübungen beschreiben und machen	Gesundheitssprechstunde • einen Rat suchen • einen Ratschlag / eine Empfehlung geben
	Grammatik, Kommunikation, Lernziele Zwischendurch mal ...	KB 42 KB 44			
4	**Sprachen** Folge 4: Chili con carne?	KB 46	Wenn ich du wäre, würde ich ... • über Irreales sprechen • höflich absagen	Ich bin wirklich in Eile wegen meiner Arbeit. • eine Radiosendung zum Thema „Fremdsprachen lernen" verstehen	Entschuldigung, könnten Sie das bitte wiederholen? • höflich nachfragen
	Grammatik, Kommunikation, Lernziele Zwischendurch mal ...	KB 54 KB 56			
5	**Eine Arbeit finden** Folge 5: Selbst was dafür tun	KB 58	Fang endlich an, Bewerbungen zu schreiben! • Stellenanzeigen verstehen • eine Bewerbung schreiben	Während seines letzten Schuljahres ... • ein Bewerbungsgespräch führen	Berufsberatung • über Berufswünsche und -interessen sprechen
	Grammatik, Kommunikation, Lernziele Zwischendurch mal ...	KB 66 KB 68			
6	**Dienstleistung** Folge 6: Mädchen für alles	KB 70	Es ist nicht leicht, aber es lohnt sich. • Texte über Geschäftsideen verstehen • über Geschäftsideen sprechen	Ich will bei dem Laden sein, um dort zu warten. • über Kenntnisse und Kompetenzen im Beruf sprechen	Etwas tun, statt nur zu träumen • Ratschläge für Probleme im Arbeitsalltag geben
	Grammatik, Kommunikation, Lernziele Zwischendurch mal ...	KB 78 KB 80			
7	**Rund ums Wohnen** Folge 7: Streit ohne Ende	KB 82	... nicht nur Lärm, sondern auch Schmutz. • Probleme beim Zusammenleben • eine Hausordnung verstehen und schreiben	Hätte ich bloß nichts gesagt! • Konflikte mit Nachbarn lösen • Kritik höflich formulieren und höflich auf Kritik reagieren	Wohnungssuche • über die eigene Wohnsituation schreiben
	Grammatik, Kommunikation, Lernziele Zwischendurch mal ...	KB 90 KB 92			

IV vier

D	E	Wortfelder	Grammatik
Lebensträume · ein Radiointerview verstehen · über Erlebnisse in der Vergangenheit sprechen	**Glücksbringer** · über Glücksbringer sprechen	· Kindheit und Vergangenheit · Glück und Glücksbringer	· Verbkonjugation im Präteritum: tanken – tankte, lassen – ließ, bringen – brachte · Konjunktion: *als*: Es ist vor einem Jahr passiert, *als* ich noch Lotto gespielt habe. · Plusquamperfekt: Zwar *hatte* ich in der letzten Zeit viel *trainiert*, aber ganz fit war ich noch nicht.
Fernsehkonsum · eine Statistik zum Thema verstehen		· Unterhaltung · Musik · Fernsehen, Serien, Kino	· Konjunktion: *obwohl* (Konzessivsatz): Max sieht die Serie an, *obwohl* er sie schon dreimal gesehen hat. · Gradpartikeln (*echt, ziemlich, …*): Die ist total langweilig. · Relativpronomen *der, das, die* und Relativsatz: der Mann, *der* unglaublich gut kochen kann; der Berliner, *den* man unter dem Namen … kennt; ein Job, mit *dem* er seinen Lebensunterhalt verdient
Gesund leben · eine Kursstatistik erstellen und darüber sprechen · einen Forumsbeitrag verstehen und Tipps geben	**Thesen zur Gesundheit** · Vermutungen austauschen · über Thesen diskutieren	· Gesundheit · Gesund leben · Untersuchungen beim Arzt	· Passiv Präsens mit Modalverben: Auf ausreichend Bewegung *sollte* besonders *geachtet werden*. · Genitiv mit definitem und indefinitem Artikel: zur Verbesserung *der* Fitness; der Rat *eines* Fachmanns
Fremdsprachen lernen – aber wie? · Tipps verstehen und zuordnen · Lerntipps geben	**In mehreren Sprachen zu Hause** · einen Text zum Thema „Mehrsprachigkeit" verstehen · über die eigene(n) Sprache(n) sprechen	· Sprachen · Mehrsprachigkeit	· Konjunktiv II: Irreale Bedingungen mit *wenn*: Wenn ich ihn richtig toll *finden würde*, *hätte* ich natürlich immer Zeit für ihn. · Präposition: *wegen* + Genitiv: *wegen* meines Berufs
Kreativität · Techniken verstehen und selbst anwenden		· Berufswünsche · Jobsuche · Bewerbung · Vorstellungsgespräch	· Infinitiv mit *zu*: Es ist toll, Kunden *zu* beraten. · Temporale Präpositionen (*während/außerhalb/innerhalb*) + Genitiv: Leider rufen Sie *außerhalb* unserer Öffnungszeiten an.
Verkaufsgespräche · ein Kundengespräch im Geschäft führen	**Sich beschweren** · eine Beschwerde schreiben	· Berufsbiografien und Arbeitsalltag · Dienstleistungen · Beschwerde	· Verben und Ausdrücke mit *es*: *Es* gibt …, *Es* ist (nicht) leicht/schwierig … · Konjunktionen: *um … zu* + Infinitiv und *damit*: Leon will als Erster bei dem Laden sein, *um* dort Schuhe für einen Kunden *zu kaufen* / *damit* sein Kunde ausschlafen kann. · Konjunktion: *statt/ohne … zu* + Infinitiv: Man sollte etwas tun, *statt* nur *zu* träumen.
Fernbeziehungen · einen Text und ein Interview zum Thema „Fernbeziehungen" verstehen · über Beziehungen sprechen		· Zusammenleben: Konflikte und Regeln · Wohnsituationen	· Zweiteilige Konjunktionen: *nicht nur …, sondern auch, zwar … aber, entweder …, oder* · Konjunktiv II Vergangenheit Konjugation: *hätte gesagt*, … · Konjunktiv II Vergangenheit: Irreale Wünsche: *Hätte* ich bloß nichts *gesagt*! · Wiederholung Verben mit Präpositionen · Präposition: *trotz* + Genitiv

fünf V

Inhaltsverzeichnis **Kursbuch**

			A	B	C
8	**Unter Kollegen** Folge 8: Der wichtige Herr Müller Grammatik, Kommunikation, Lernziele Zwischendurch mal …	KB 94 KB 102 KB 104	Wir sind jetzt per *Du*, falls dich das interessiert. • Arbeitsaufträge höflich ablehnen	Je länger man wartet, desto schlechter wird … • ein Interview verstehen • über den Umgang mit Kollegen diskutieren	… die Kollegin, von der ich dir erzählt habe. • eine Person näher beschreiben
9	**Virtuelle Welt** Folge 9: Alex Müller ist weg! Grammatik, Kommunikation, Lernziele Zwischendurch mal …	KB 106 KB 114 KB 116	Du suchst weiter, während ich … • über Arbeitsabläufe sprechen • etwas planen	Du tust ja so, als ob ich keine Ahnung hätte. • über Schein und Wirklichkeit sprechen	Laden Sie die App. • über die Funktion von Geräten sprechen • Bedienungsanleitungen verstehen und erklären, wie etwas funktioniert
10	**Werbung und Konsum** Folge 10: Der Gute-Laune-Tee Grammatik, Kommunikation, Lernziele Zwischendurch mal …	KB 118 KB 126 KB 128	Der Tee soll sowohl lecker … als auch … machen. • sich beschweren, etwas reklamieren	Warum fahre ich dort, wo der Stau … • über Pannen und Missgeschicke im Alltag sprechen	Der wohltuende Tee • Produkte beschreiben
11	**Miteinander** Folge 11: Alles „bestens", oder? Grammatik, Kommunikation, Lernziele Zwischendurch mal …	KB 130 KB 138 KB 140	Sie werden jetzt sofort hier weggehen! • Vermutungen, Pläne, Versprechen ausdrücken	Ich wollte schnell los, da ich viel zu spät bin. • über gutes Benehmen und Umgangsformen sprechen	Ach, seien Sie doch bitte so nett! • Regeln im Straßenverkehr • falsches Verhalten im Straßenverkehr
12	**Soziales Engagement** Folge 12: Das weiß der Kuckuck. Grammatik, Kommunikation, Lernziele Zwischendurch mal …	KB 142 KB 150 KB 152	Ich bin Mitglied, seit ich 16 bin. • Angebote eines Bahnunternehmens verstehen • ein Problem beschreiben und sich beraten lassen	Auch Sie können helfen, indem Sie Geld spenden. • Informationen zu Vereinen in deutschsprachigen Ländern verstehen	Persönliches Engagement • über persönliches Engagement sprechen
13	**Aus Politik und Geschichte** Folge 13: Nicht aufgeben! Weitermachen! Grammatik, Kommunikation, Lernziele Zwischendurch mal …	KB 154 KB 162 KB 164	Das wurde von … Menschen erkämpft. • über Biografien sprechen	Das war eins der größten Probleme. • etwas bewerten und vergleichen, seine Meinung sagen • Verbesserungsvorschläge machen	Politisch aktiv • Zeitungsmeldungen verstehen und zusammenfassen
14	**Alte und neue Heimat** Folge 14: Heimat ist, wo du Freunde hast. Grammatik, Kommunikation, Lernziele Zwischendurch mal …	KB 166 KB 174 KB 176	Leckere Vielfalt! • über regionale Spezialitäten sprechen • ein Fest planen	Heimat • eine Reportage zum Thema verstehen • über Heimat sprechen	Blick auf Europa • über Europa und die Europäische Union sprechen

D	E	Wortfelder	Grammatik
Von mir aus können wir uns gern duzen. • das *Du* anbieten. • duzen oder siezen?		• Arbeit und Kollegen • Umgang im Büro	• Konjunktion *falls*: ..., *falls dich das interessiert.* • zweiteilige Konjunktion *je ... desto/umso*: ..., *desto schlechter wird die Stimmung.* • Relativsatz mit Präpositionen: *Ist das die Bekannte, von der du erzählt hast?* • Adjektiv als Nomen: *bekannt > die/der Bekannte* • n-Deklination: *ein Kollege, einen Kollegen*
Internetforum • in einem Forum antworten	**Radioreportage** • eine Radiodiskussion zum Thema „digitale Welt" verstehen • über digitale Medien diskutieren	• Technik und Alltag • digitale Medien	• Konjunktionen *während, nachdem, bevor*: *Du suchst nach der Datei, während ich das Programm runterlade. Alex war Polizist, bevor er „Superstar" wurde. Nachdem du den Ordner kopiert hattest, hast du ihn gelöscht.* • Konjunktion *als ob*: *Du tust ja so, als ob ich keine Ahnung hätte.*
Crowdsourcing • eine Radioreportage zum Thema Crowdsourcing verstehen • Crowdsourcing ausprobieren	**Die sprechende Zahnbürste – eine Kolumne** • einen Lesetext zum Thema verstehen	• Produkte und Werbung • Beschwerden und Reklamation • Missgeschicke und Pannen	• zweiteilige Konjunktion *sowohl ... als auch*: *sowohl lecker als auch gesund* • zweiteilige Konjunktion *weder ... noch*: *weder lecker noch gesund* • Relativsatz mit *wo* und *was*: *Das, was du suchst, ...* • Partizip Präsens als Adjektiv: *wohltun > wohltuend*
In der Fremde • Aussagen zum Thema Fremdheit verstehen • über Erfahrungen von Fremdheit sprechen	**Andere Länder, andere Sitten** • Aussagen zu unterschiedlichen Arbeitsalltagen verstehen • den eigenen Arbeitsalltag beschreiben	• Regeln und Gesetze • Umgangsformen • fremd sein • Arbeitsalltag	• Futur I: *Sie werden jetzt sofort hier weggehen!* • Konjunktion *da*: *Ich wollte einfach nur schnell los, da ich schon spät dran bin.*
Dieser Mensch war mir ein Vorbild. • über Vorbilder sprechen	**Gewissensfrage** • über Gewissensfragen sprechen und einen Standpunkt vertreten	• Vereine • soziales Engagement • Vorbilder • Gewissensfragen	• Konjunktion *seit/seitdem*: ..., *seit/seitdem ich 16 bin.* • Konjunktion *bis*: ..., *bis die Schule wieder anfängt.* • Konjunktion *indem*: ..., *indem Sie Geld spenden.* • Konjunktionen *ohne dass / ohne zu*: ..., *ohne dass Sie Mitglied sind. / ohne Mitglied zu sein.* • Präposition *außer* + Dativ: *alle außer meiner Schwester*
Aus der deutschen Geschichte • deutsche Geschichte nach 1945 verstehen • die Geschichte eines Landes präsentieren		• Biografien • Demokratie • Politik und Gesellschaft • deutsche Nachkriegsgeschichte	• Passiv Perfekt: *1975 ist ein Lernhilfeverein gegründet worden.* • Passiv Präteritum: *Sie wurde zur 2. Bürgermeisterin gewählt.* • Adjektivdeklination mit Komparativ und Superlativ: *ein größerer Teil, der größere/größte Teil*
Blick zurück – Blick nach vorn • über den eigenen Deutschlernweg sprechen • über Pläne und die Zukunft sprechen		• Spezialitäten • Heimat • Europa	• Wiederholung Wortbildung Nomen: *das Volk + s + das Fest = das Volksfest* • Wiederholung Verben mit Präpositionen: *denken an* • Wiederholung Präpositionaladverbien: *denken an – daran – woran?*

Vorwort

Liebe Leserinnen, liebe Leser,

mit *Schritte international Neu* legen wir Ihnen ein komplett neu bearbeitetes Lehrwerk vor, mit dem wir das jahrelang bewährte und erprobte Konzept von *Schritte international* noch verbessern und erweitern konnten. Erfahrene Kursleiterinnen und Kursleiter haben uns bei der Neubearbeitung beraten, um *Schritte international Neu* zu einem noch passgenaueren Lehrwerk für die Erfordernisse Ihres Unterrichts zu machen. Wir geben Ihnen im Folgenden einen Überblick über Neues und Altbewährtes im Lehrwerk und wünschen Ihnen viel Freude in Ihrem Unterricht.

Schritte international Neu …

- führt Lernende ohne Vorkenntnisse in 3 bzw. 6 Bänden zu den Sprachniveaus A1, A2 und B1.
- orientiert sich an den Vorgaben des Gemeinsamen Europäischen Referenzrahmens.
- bereitet gezielt auf die Prüfungen *Start Deutsch 1* (Stufe A1), *Start Deutsch 2* (Stufe A2), das *Goethe-Zertifikat* (Stufe A2 und B1) und das *Zertifikat Deutsch* (Stufe B1) vor.
- bereitet die Lernenden auf Alltag und Beruf vor.
- eignet sich besonders für den Unterricht mit heterogenen Lerngruppen.
- ermöglicht einen zeitgemäßen Unterricht mit vielen Angeboten zum fakultativen Medieneinsatz (verfügbar im Medienpaket sowie im Lehrwerkservice und abrufbar über die *Schritte international Neu*-App).

Der Aufbau von *Schritte international Neu*

Kursbuch

Lektionsaufbau:

- Einstiegsdoppelseite mit einer rundum neuen Foto-Hörgeschichte als thematischer und sprachlicher Rahmen der Lektion (verfügbar als Audio oder Slide-Show) sowie einem Film mit Alltagssituationen der Figuren aus der Foto-Hörgeschichte
- Lernschritte A–C: schrittweise Einführung des Stoffs in abgeschlossenen Einheiten mit einer klaren Struktur
- Lernschritte D+E: Trainieren der vier Fertigkeiten Hören, Lesen, Sprechen und Schreiben in authentischen Alltagssituationen und systematische Erweiterung des Stoffs der Lernschritte A–C
- Übersichtsseite Grammatik und Kommunikation mit Möglichkeiten zum Festigen und Weiterlernen sowie zur aktiven Überprüfung und Automatisierung des gelernten Stoffs durch ein Audiotraining sowie eine Übersicht über die Lernziele
- eine Doppelseite „Zwischendurch mal …" mit spannenden fakultativen Unterrichtsangeboten wie Filmen, Projekten, Spielen, Liedern etc. und vielen Möglichkeiten zur Binnendifferenzierung

Arbeitsbuch

Lektionsaufbau:

- abwechslungsreiche Übungen zu den Lernschritten A–E des Kursbuchs
- Übungsangebot in verschiedenen Schwierigkeitsgraden zum binnendifferenzierten Üben
- ein systematisches Phonetik-Training
- ein systematisches Schreibtraining
- Aufgaben zum Selbstentdecken grammatischer Strukturen (Grammatik entdecken)
- Aufgaben zur Prüfungsvorbereitung
- Selbsttests am Ende jeder Lektion zur Kontrolle des eigenen Lernerfolgs der Teilnehmer
- fakultative berufsorientierte Fokusseiten

Anhang

- Lernwortschatzseiten mit Lerntipps, Beispielsätzen und illustrierten Wortfeldern
- Grammatikübersicht

Außerdem finden Sie im Lehrwerkservice zu *Schritte international Neu* vielfältige Zusatzmaterialien für den Unterricht und zum Weiterlernen.

Viel Spaß beim Lehren und Lernen mit *Schritte international Neu* wünschen Ihnen

Autoren und Verlag

Die erste Stunde im Kurs

1 Stellen Sie sich vor. Wie heißen Sie?

2 Das Kennenlern-Spiel

> Spielen Sie zu zweit. Sie brauchen: zwei 🧍🧍 und einen 🎲.
> Beginnen Sie bei **Start**. Wenn Sie auf ein Feld kommen, auf dem Ihre Partnerin / Ihr Partner steht, muss sie/er zurück zum **Start**. **Weißes Feld**: Hier sind Sie sicher! **Rotes Feld**: Fragen Sie Ihre Partnerin / Ihren Partner. Notieren Sie die Antworten. **Gelbes Feld**: Fahren Sie so viele Felder vor (+) / zurück (−). **Grünes Feld**: Zurück zu **Start**. Gewonnen hat die Person, die zuerst im **Ziel** ist.

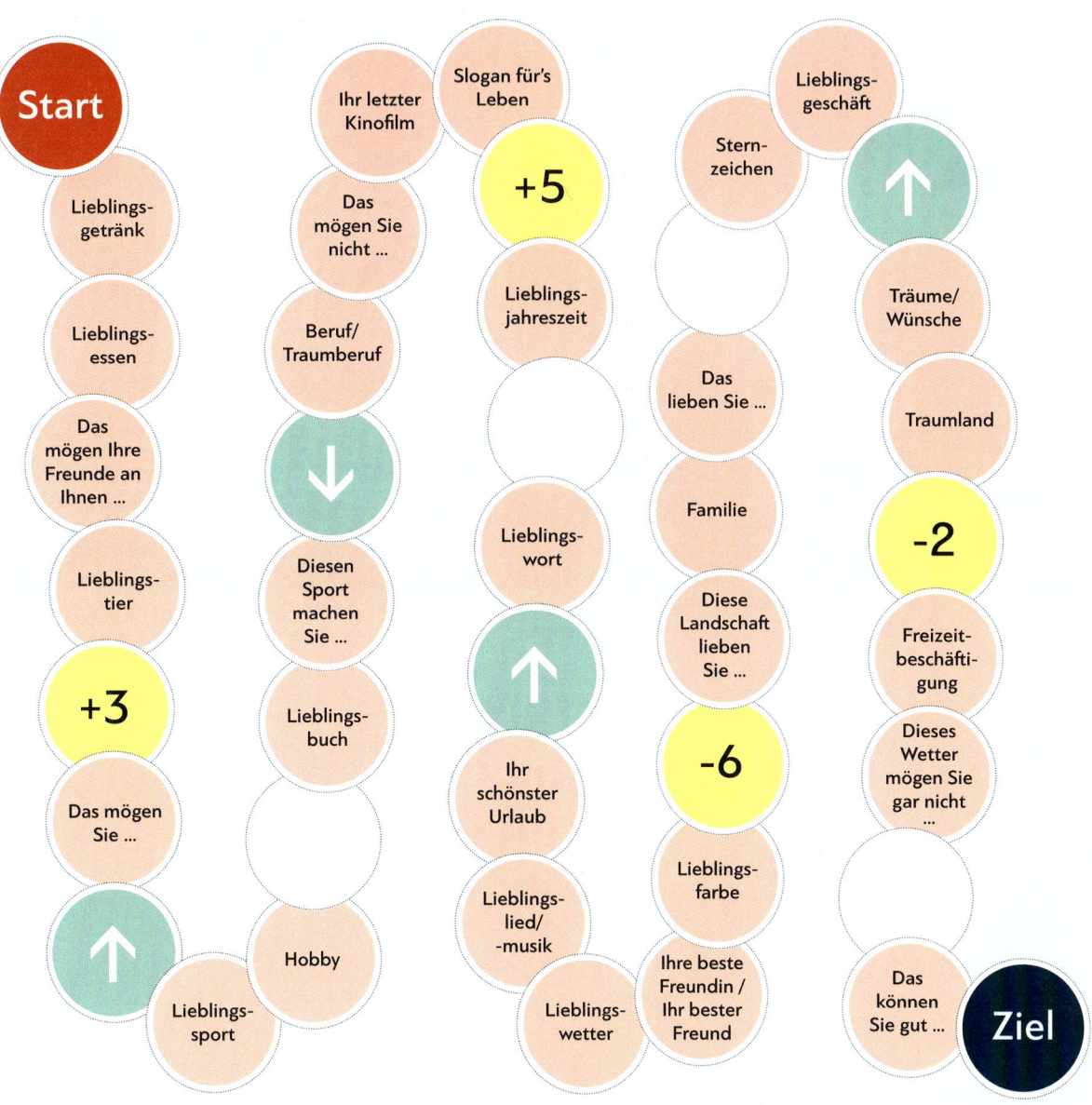

3 Im Kurs: Stellen Sie Ihre Partnerin / Ihren Partner vor.

Glück im Alltag

Folge 1: Ellas Glückstag

1 **Sehen Sie die Fotos an und hören Sie. Was ist richtig?**
   Kreuzen Sie an.

   a ○ Ella ist Journalistin von Beruf.
   b ○ Sie bekommt einen Anruf von ihrem Chef Sami. Sie soll heute
       bis zwei Uhr ein Interview zum Thema „Glück" machen.
   c ○ Die Frau an der Bushaltestelle hilft Ella. Sie schickt Ella
       zu ihrem Mann.
   d ○ Manfred Schulze schenkt Ella eine Schreibtischlampe und erzählt
       ihr von seinem Glückserlebnis.
   e ○ Ellas Artikel wird pünktlich fertig.

2 **Warum ist heute Ellas Glückstag?**

   Sie freut sich, weil ...

Sechs Richtige
von Ella Wegmann

Stadt-Kurier
Ellas Tag

35 Jahre lang spielte Manfred Schulze jede Woche Lotto. Ein paar Mal gewann er, aber nie mehr als 50 Euro. Dann kam die
5 ganz große Überraschung.

Erzählen Sie, Herr Schulze, was ist passiert?
Ganz einfach: Bei der Lottoziehung im Fernsehen kamen meine Zahlen. Eine nach der anderen. Und am Ende waren es sechs Richtige.

Wie war das für Sie?
Zuerst hatte ich Angst, dass es ein Traum war.

Es war aber keiner.
Nein. Ich habe wirklich
15 gewonnen. Es war total verrückt. Ich hatte so lange auf diesen Moment gewartet.

Wie hoch war denn Ihr Gewinn?
Eine Million. Steuerfrei! Alles gehörte mir.

Waren Sie glücklich?
20 Ja schon, aber die Geschichte geht noch weiter. Kurz danach hatte ich einen Traum. Ich sah die Zahl 14 und eine Stimme fragte: „Willst du mehr? Viel mehr?"

Haben Sie auf die Stimme gehört?
25 Ja. Ich bin ins Spielcasino gegangen, habe mich an den Roulettetisch gesetzt und den ganzen Abend immer nur auf die 14 gesetzt.

Ganz schön mutig!
Mutig? Dumm! Am
30 Ende hatte ich alles verloren.

Wie bitte!? Die ganze Million?
Alles. Ich hatte nicht mal mehr Geld für ein Taxi.

35 **Was haben Sie dann gemacht?**
Na, was wohl?
Ich bin zu Fuß nach Hause gegangen.

---

3 Ellas Kolumne
Lesen Sie Ellas Interview mit Manfred Schulze und die Zusammenfassung. Korrigieren Sie die vier Fehler.

Nach 35 Jahren ~~Roulette~~-Spielen hatte Manfred Schulze Glück: Er hat   *Lotto*
100.000 Euro gewonnen. Doch dann hatte er großes Pech. Er ist mehrmals
in ein Spielcasino gegangen und hat immer nur auf die Zahl 14 gesetzt.
So lange, bis viel Geld weg war.

4 Haben Sie schon einmal etwas gewonnen? Erzählen Sie.

> Ja, einmal habe ich ein Fahrrad gewonnen.

> Nein, ich spiele nicht. Ich will kein Geld verlieren.

> Nein. In meiner Religion ist Glücksspiel verboten.

Ellas Film

A 35 Jahre lang **spielte** Manfred Schulze Lotto.

A1 Markieren Sie die Präteritumformen wie im Beispiel und ergänzen Sie die Tabelle.

Sechs Richtige
von Ella Wegmann

Präsens	Perfekt/Präteritum
heute	früher / gestern / letztes Jahr / ...
er spielt	er hat gespielt / er _____
er gewinnt	er hat gewonnen / er _____
er kommt	er ist gekommen / er _____

35 Jahre lang spielte Manfred Schulze jede Woche Lotto. Ein paar Mal gewann er, aber nie mehr als 50 Euro. Dann kam die ganz große Überraschung.

A2 Kurzmeldungen
a Lesen Sie die Zeitungsmeldungen und ordnen Sie die Überschriften zu.

1 Rettung nach zwei Stunden
2 Was für ein Pech!
3 Verflogen
4 Vergesslicher Ehemann

Meldung	A	B	C	D
Überschrift				

A
Ein 71-jähriger Wiener ließ seine 67-jährige Frau am vergangenen Wochenende einfach auf einer Autobahnraststätte bei Linz zurück. Während der Mann tankte, wollte die Frau schnell Getränke kaufen. Aber als sie zurückkam, war ihr Mann verschwunden. Der Rentner bemerkte erst zwei Stunden nach der Weiterfahrt, dass seine Frau nicht mehr auf dem Beifahrersitz saß. Die Frau wartete mehrere Stunden vergeblich auf ihren Mann. Ein anderer Autofahrer brachte sie schließlich zur Polizei. Erst Stunden später meldete sich der vergessliche Ehemann und fragte nach seiner Frau.

B
Werner H. (61) und Florian H. (30) aus Brandenburg wollten einen Vater-und-Sohn-Urlaub in der Millionenstadt Sydney in Australien verbringen. Passend gekleidet für den heißen australischen Sommer mit Shorts und T-Shirt stiegen sie letzten Monat in Berlin ins Flugzeug. Sie wunderten sich zwar, als sie in Portland im Nordwesten der USA in ein kleines Flugzeug umsteigen mussten, hatten aber nicht den Mut, die Flughafenmitarbeiter darauf anzusprechen. Die Überraschung war dann groß, als die beiden schließlich ihr Ziel erreichten: Sie landeten im tief verschneiten Montana. Der Grund: Der Vater verwechselte bei der Online-Buchung Sydney (Australien) mit Sidney (USA) und buchte einen falschen Flug.

C
Tess K. (58) und ihr Mann Finn (57) aus den Niederlanden waren letzte Woche auf Kreuzfahrt im Mittelmeer. Das Schiff lag vor Neapel und das Ehepaar wollte die Stadt besichtigen. Am Hafen kam es zum großen Streit und das Ehepaar verlor sich aus den Augen. Einige Stunden später sah Tess das Kreuzfahrtschiff abfahren. Sie glaubte, dass ihr Mann sich an Bord befand, sprang ohne nachzudenken ins Wasser und schwamm dem Schiff nach. Nach Polizeiangaben verbrachte die Frau zwei Stunden im Wasser und wurde dann von Fischern gerettet.
Der Ehemann war übrigens nicht auf dem Schiff. Er war auf dem Weg zum Flughafen und wollte nach Hause fliegen.

D
Der Italiener Giovanni R. (45) aus Bad Ems bei Koblenz spielt seit Jahren Lotto. Als er am Valentinstag zur Lotto-Annahmestelle ging, kaufte er auf dem Weg ein Geschenk für seine Frau: einen Rosenstrauß. Damit reichte sein Geld aber nicht mehr für den Lottotipp aus. Am Abend wurden dann genau „seine" Zahlen gezogen. Im Jackpot lagen 25 Millionen Euro.

LEKTION 1   KB 12 zwölf

b Markieren Sie die Präteritumformen in a. Machen Sie eine Tabelle und ergänzen Sie.

Typ 1 „tanken"	Typ 2 „lassen"	Mischverben	werden, sein, haben	wollen, dürfen, …
tanken – tankte	zurücklassen – ließ zurück	bringen – brachte	sein – war	wollen – wollte
…	…	…	…	…

Präteritum: Konjugation

ich	tankte	ließ	brachte
er/es/sie	tankte	ließ	brachte
wir	tankten	ließen	brachten
sie/Sie	tankten	ließen	brachten

⚠ -d/-t landen - landete

SCHON FERTIG? Ergänzen Sie noch mehr Wörter in der Tabelle. Suchen Sie die Formen im Wörterbuch.

Wer? 71-jähriger Wiener
Wann?
Wo? bei Linz
Was passierte?

c Machen Sie zu jeder Zeitungsmeldung Notizen.

A3 Lesen Sie die Kurzmeldung und ordnen Sie zu.

lud … ein   störte   riefen   sollte   ~~sorgte~~   bemerkte   standen
feierten   sperrte … ab   kam   schickte   gingen   dachte

Mehr als 500 Freunde kamen zu Julias Geburtstagsparty

Weßling – Eine Geburtstagsparty _sorgte_ für großen Ärger: Über 500 Gäste folgten der Einladung über ein soziales Netzwerk.

Eigentlich _____ es ein ganz normaler Geburtstag werden: So _____ zumindest die 17-jährige Julia R. Die Schülerin _____ über ein soziales Netzwerk ihre Freunde _____. Dabei _____ sie nicht, dass die Einladung öffentlich verbreitet wurde. Und so _____ am Geburtstagsabend über 500 junge Leute vor dem kleinen Reihenhaus, in dem Julia R. mit ihren Eltern und Geschwistern lebt. Die Feier wurde abgesagt, aber das _____ die „Gäste" nicht. Sie _____ auf der Straße – und zwar so laut und ausgelassen, dass Julias Eltern und die Nachbarn die Polizei _____. Diese _____ die Straße _____ und _____ die jungen Leute nach Hause. Da manche nicht freiwillig _____, _____ es zu Konflikten, zwei junge Männer wurden sogar festgenommen.

A4 Eine Kurzmeldung schreiben

Arbeiten Sie zu zweit. Wählen Sie eine Situation oder ein Foto.
Machen Sie zuerst Notizen und schreiben Sie dann eine Zeitungsmeldung.

A Schüler bewirbt sich mit falschem Zeugnis – **bei der Polizei!**

B **Betrunkener Einbrecher vor dem Fernseher eingeschlafen**

47-jähriger Hausbesitzer
nach Hause kommen   bemerken: Licht in Wohnung, Fernseher an
Polizei rufen   Einbrecher im Haus   zu viel Wodka trinken, einschlafen

B Es ist vor einem Jahr passiert, **als** ...

B1 Was sagt Herr Schulze? Ergänzen Sie.

a Ich habe noch Lotto gespielt.
b Ich bin ins Spielcasino gegangen.
c Ich war oft unglücklich.
d Ich hatte nur wenige Freunde.

Es ist vor einem Jahr passiert, ...

... als ich noch Lotto gespielt habe.

Konjunktion: *als*
Es ist vor einem Jahr passiert, als ich noch Lotto gespielt habe.

B2 Interview mit Ella Wegmann

1 ◀) 5 **a** Was ist richtig? Hören Sie und kreuzen Sie an.

1 ○ Ella ist 28 Jahre alt und arbeitet als Journalistin bei „Radio Elf".
2 ○ Ella mag ihren Beruf.
3 ○ Schon als Kind interessierte sie sich für andere Menschen.
4 ○ Als Ella elf war, wurde in ihrem Heimatort eine Frau 100 Jahre alt.
5 ○ Ella machte ein Interview und die alte Dame schickte den Text an eine Zeitung.

b Lesen Sie die Sätze und kreuzen Sie an: Wie oft ist das passiert / passiert das?

	einmal	öfter
1 Wenn wir Besuch hatten, wollte ich von den Leuten immer alles genau wissen.	○	○
2 Ich habe zum ersten Mal für eine Zeitung geschrieben, als ich elf war.	○	○
3 Als wir nach dem Urlaub zu Hause waren, kam ein Brief von der alten Dame.	○	○
4 Immer wenn man so etwas hört, denkt man: Manche Leute haben einfach Glück.	○	○

Das ist einmal passiert.	Das ist mehr als einmal passiert.
als ...	(immer / jedes Mal) wenn ...

B3 Erinnerungen an die Kindheit

Schreiben Sie Sätze mit *als* oder *wenn*. Tauschen Sie Ihre Sätze mit Ihrer Partnerin / Ihrem Partner und korrigieren Sie ihre/seine Sätze.

Ich war als Kind immer sehr glücklich, ...   Ich war im Sommer ... / an Weihnachten / ... sehr froh, ...
Ich habe mir einmal sehr wehgetan, ... ich elf / ... Jahre alt war, ... ich einmal ..., bin/habe ich ...
Ich fand es als Kind immer sehr aufregend, ...   Es hat mir immer gut gefallen, ...
Meine Eltern waren immer sehr zufrieden mit mir, ...   Mein Opa fand es immer sehr witzig, ...

⇄ B4 Meine Lieblingsfrage

Arbeiten Sie in Gruppen. Welche Frage über sich möchten Sie gern beantworten?

– Schreiben Sie die Frage auf einen Zettel. Verwenden Sie *als* oder *wenn*.
– Mischen Sie die Zettel und verteilen Sie sie neu.
– Die Fragen werden vorgelesen.
– Beantworten Sie Ihre Frage.

Warum war ich so glücklich, als ich 16 geworden bin?

Warum war ich so glücklich, als ich 16 geworden bin? Von wem ist die Frage?

Die Frage ist von mir. Ich war so glücklich, weil ich zum Geburtstag einen Motorroller bekommen habe.

LEKTION 1 KB 14 vierzehn

C Ich **hatte** so lange ... **gewartet**.

C1 Was ist passiert? Was war vorher? Ordnen Sie zu.

Das ist passiert.   Das war vorher.

Perfekt/Präteritum	Plusquamperfekt
Ich habe wirklich gewonnen.	Ich hatte so lange ... gewartet.

> Ich habe wirklich gewonnen. Es war total verrückt! Ich hatte so lange auf diesen Moment gewartet.

C2 Glücksmomente

a Welche Überschrift passt? Lesen Sie die Texte und ordnen Sie zu.

○ Angekommen   ○ Gewonnen

Glücksmomente
Erfolg in der Arbeit? Frisch verliebt? Oder einfach der Moment, wenn Sie auf einer Wiese liegen und die Wolken am Himmel betrachten? Wann waren Sie das letzte Mal so richtig glücklich?

1
Mein glücklichster Tag war der 22. Juni. Unsere Mannschaft hatte ein wichtiges Spiel. Und ich musste auf der Bank sitzen und zusehen, denn ich hatte mir einige
5 Zeit vorher den Fuß gebrochen. Zwar hatte ich in der letzten Zeit viel trainiert, aber ganz fit war ich noch nicht. Nach 85 Minuten stand das Spiel immer noch 0:0. Und dann nahm unser Trainer unsere Nummer 1 vom Feld und
10 schickte mich stattdessen ins Spiel. In der allerletzten Spielminute, da kam er, mein Glücksmoment. Das 1:0! Und ich hatte das Tor geschossen.

Andreas

2
Einer der schönsten Momente meines Lebens war im Juni, als ich in Rio de
15 Janeiro landete. Meine Schwester war vor Jahren von der Schweiz nach Brasilien gezogen, hatte dort geheiratet und Kinder bekommen. Seitdem hatten wir uns nur gesehen, wenn meine
20 Schwester an Weihnachten zu Besuch in Zürich war. Wegen meiner Flugangst konnte ich sie nie besuchen. Die konnte ich erst überwinden, als Freunde mich zu einem Seminar gegen Flugangst anmeldeten. Das Seminar war ein voller Erfolg und so konnte ich
25 endlich zu meiner Schwester fliegen.

Hannah

b Lesen Sie noch einmal die Texte in a und die Sätze 1 und 2. Was war vorher passiert? Machen Sie Notizen zum Text und sprechen Sie.

1 Andreas musste auf der Bank sitzen und zusehen.
2 Hannah besuchte ihre Schwester in Brasilien.

> Ich **hatte** trainiert.
> Sie **war** nach ... gezogen.

> Andreas hatte sich den Fuß gebrochen. ...

1 vorher: Fuß gebrochen / ...

C3 Geschichten-Lotterie

a Arbeiten Sie in Gruppen. Jede Gruppe bekommt vier Kärtchen in verschiedenen Farben. Notieren Sie pro Kärtchen einen Ort, eine Zeit und je eine Person.

Ort *Standesamt*   Zeit *Sommer*   Person *beste Freundin*   Person *Mutter*

b Planen Sie eine Geschichte in Ihrer Gruppe und schreiben Sie sie. Verwenden Sie mindestens einmal eine Plusquamperfekt-Form.

Letzten Sommer hat meine beste Freundin auf dem Standesamt ...

fünfzehn 15 KB **LEKTION 1**

D Lebensträume

D1 Als Aupair im Ausland
Ergänzen Sie die Mindmap.

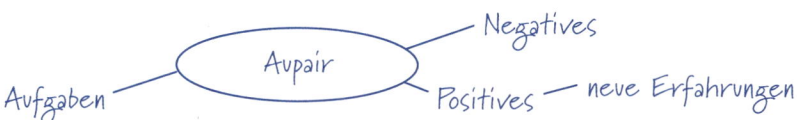

D2 Überfliegen Sie die Abschnitte und finden Sie zu zweit eine passende Überschrift.

○ Das sehen offensichtlich auch immer mehr Familien so, die eine Betreuung für ihre Kinder suchen. Der Bedarf bestand also auf beiden Seiten – daher spezialisierten sich einige Agenturen auf die Vermittlung von „Oma-Aupairs". Über eine solche Agentur fand Kerstin dann „ihre" Familie in Mumbai: ein deutsches Ehepaar mit der fünfjährigen Tochter Luisa.

① Einmal im Leben ein paar Monate in einem fremden Land verbringen – das war schon immer ein Traum von Kerstin Urban: eine andere Kultur entdecken, die Menschen dort kennenlernen. Als sie in Rente ging, musste sie feststellen, dass sie nun zwar die Zeit dafür hatte, ihr aber das Geld fehlte. Also suchte sie im Internet nach Möglichkeiten, günstig im Ausland leben zu können.

○ Schnell wurde eine Idee geboren: Kerstin wollte als Aupair ins Ausland gehen. Denn warum sollte Aupair nur etwas für junge Leute sein? Als Mutter von erwachsenen Söhnen hatte sie schließlich deutlich mehr Erfahrung im Umgang mit Kindern als die meisten 20-Jährigen.

○ Kerstins Fazit: „Es war eine einmalige Zeit und meine Gastfamilie ist mir sehr ans Herz gewachsen. Wir haben immer noch ein enges Verhältnis, schreiben uns oft und im Sommer fahren wir sogar zusammen nach Kerala. Luisa wollte unbedingt mal wieder ihre ‚Oma' sehen."

○ Ein halbes Jahr lebte Kerstin bei der Familie in der indischen Metropole, unterstützte sie bei der Hausarbeit und kümmerte sich um Luisa. Als Gegenleistung bekam sie gratis Unterkunft und Logis und ein monatliches Taschengeld. Wochentags ab 16 Uhr und an den Wochenenden hatte sie frei, besichtigte die Stadt und machte Ausflüge in die Umgebung.

D3 Lesen Sie den Zeitungsartikel noch einmal und sortieren Sie die Abschnitte.

D4 Hören Sie ein Radiointerview mit Kerstin Urban. Was sagt sie? Kreuzen Sie an.

a ○ Kerstin ist zu einer ihr völlig unbekannten Familie gekommen.
b ○ Sie hatte zunächst einen Kulturschock, weil sie nicht oft verreist war.
c ○ Sie hat Frühstück gemacht, hat mit Luisa gespielt und eingekauft.
d ○ Dann hat sie gekocht, wieder mit Luisa gespielt oder Freunde besucht.
e ○ An den Wochenenden hat sie meist allein etwas unternommen.
f ○ Wenn ihre Enkel groß sind, möchte sie vielleicht wieder als Aupair ins Ausland gehen.

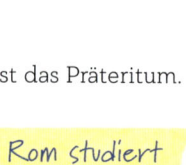

Perfekt (sie hat gelebt)	Präteritum (sie lebte)
– hört man oft in Gesprächen	– hört man oft in den Nachrichten
– liest man oft in Mails, Nachrichten, Briefen	liest man oft in der Zeitung, in Büchern, in Berichten, …
	⚠ Bei *sein*, *haben* und den Modalverben verwendet man meist das Präteritum.

D5 Spiel: Das war so aufregend!

a Sie sind 90 Jahre alt und erzählen Ihrem Enkel von den fünf aufregendsten „Stationen" aus Ihrem Leben. Machen Sie Notizen.

– zwei Semester in Rom studiert
– geheiratet, nach Dubai gezogen
– …

b Arbeiten Sie zu dritt und erzählen Sie sich gegenseitig aus Ihrem Leben.

E Glücksbringer

E1 Was bringt Glück oder Pech? Sammeln Sie und erzählen Sie.

Weintrauben — Kleeblatt — Glück

schwarze Katze — Pech

◆ Ich war mal zu Silvester in Spanien. Dort glauben sie, dass Weintrauben Glück bringen. Man muss in den zwölf Sekunden vor Mitternacht, also bei jedem Glockenschlag, eine Weintraube essen. Dann geht jeder Wunsch in Erfüllung.
○ Und in Deutschland glaubt man doch, dass …

E2 Mein Glücksbringer

a Welches Interview passt zu welchem Foto? Hören Sie drei Interviews und ordnen Sie zu.

A  B  C

Interview	1	2	3
Foto			

b Hören Sie noch einmal und korrigieren Sie.

1 Brigitte hat den Schutzengel in Graz ~~geschenkt bekommen.~~ gekauft
   Ein paar Monate später hat sie einen Mann kennengelernt.
2 Wenn es Paul in einer Stadt nicht gut gefällt, wirft er eine Münze in einen Brunnen.
   Er war mit seiner Frau schon dreimal in Rom.
3 Julia hat immer einen Glücksbringer bei sich.
   Der Stein in ihrem Büro erinnert sie an einen Wald.

E3 Das bringt mir Glück.

a Erzählen Sie in der Gruppe: Haben Sie einen Glücksbringer oder ein Ritual?

> Ich habe keinen Glücksbringer. Ich glaube eigentlich nicht an so etwas. Aber wenn ich zum Kurs laufe, komme ich immer an einem Stein-Löwen vorbei und …

> Ich habe eine Muschel als Glücksbringer. Die hat mir eine Freundin vom Meer mitgebracht.

… ist mein Glücksbringer. / Ich habe eine/n … als Glücksbringer.
Ich glaube, … bringt mir Glück in der Liebe / im Beruf.
… beschützt mich vor …
Ich glaube an …
Ich habe keinen Glücksbringer und auch kein Ritual. Ich glaube nicht an so etwas.
Ich glaube nicht an Glücksbringer, aber wenn ich …, dann … ich immer …

b Was wünschen Sie Ihrer Partnerin / Ihrem Partner? Schreiben Sie sieben „Glückssätze" für sie/ihn.

> Ich wünsche Dir viel Gesundheit.
> Ich wünsche Dir, dass du einen tollen Job findest.
> …

Grammatik und Kommunikation

Grammatik

1 Präteritum: Konjugation ÜG 5.06

	Typ 1	Typ 2	Mischverben
ich	tankte	ließ	brachte
du	tanktest	ließest	brachtest
er/es/sie	tankte	ließ	brachte
wir	tankten	ließen	brachten
ihr	tanktet	ließt	brachtet
sie/Sie	tankten	ließen	brachten

⚠ -d/-t landen – landete

heute	früher / gestern / letztes Jahr / …
er spielt	er hat gespielt / er spielte
er gewinnt	er hat gewonnen / er gewann
er kommt	er ist gekommen / er kam

Perfekt	Präteritum
sie hat gelebt	sie lebte
– hört man oft in Gesprächen	– hört man oft in den Nachrichten
– liest man oft in Mails, Nachrichten, Briefen	– liest man oft in der Zeitung, in Büchern, in Berichten, …

⚠ Bei *sein*, *haben* und den Modalverben verwendet man meist das Präteritum.

2 Konjunktion: *als* ÜG 10.08

Es ist vor einem Jahr passiert,	als ich noch Lotto gespielt habe.
Das ist einmal passiert. als …	Das ist mehr als einmal passiert. (immer / jedes Mal) wenn …

3 Plusquamperfekt ÜG 5.07

ich	hatte		ich	war	
du	hattest		du	warst	
er/es/sie	hatte	trainiert	er/es/sie	war	gezogen
wir	hatten		wir	waren	
ihr	hattet		ihr	wart	
sie/Sie	hatten		sie/Sie	waren	

Ich musste auf der Bank sitzen und zusehen, denn ich hatte mir den Fuß gebrochen.

Die schönsten Momente in Ihrem Leben. Ergänzen Sie und schreiben Sie: Was ist passiert?

Das war die Geburt von Sophia. Ich kann mich noch gut erinnern. Ich war noch am Abend …

Ergänzen Sie die Sätze.
Als ich 5 Jahre alt war, …
Als ich 10 Jahre alt war, …
Als ich 18 Jahre alt war, …

Was ist vorher passiert? Schreiben Sie.

1 Ich hatte Bauchschmerzen.
2 Ich war wütend.
3 Ich hatte keine Lust auf Fußball.
4 Ich war so glücklich.
5 Ich war sehr müde.

1 Ich hatte zu viele Kirschen gegessen.

1

Kommunikation

ÜBER DIE VERGANGENHEIT REDEN: Ich war im Sommer …

Ich war als Kind immer sehr glücklich, … | Ich war im Sommer … / an Weihnachten … sehr froh, … | Ich habe mir einmal sehr wehgetan, … | … ich elf / … Jahre alt war, … | … ich einmal …, bin/habe ich … | Ich fand es als Kind immer sehr aufregend, … | Es hat mir immer gut gefallen, … | Meine Eltern waren immer sehr zufrieden mit mir, … | Mein Opa fand es immer sehr witzig, …

ÜBER GLÜCKSBRINGER REDEN: Ich glaube an …

*… ist mein Glücksbringer / Ich habe eine/n … als Glücksbringer.
Ich glaube, … bringt mir Glück in der Liebe. / im Beruf.
… beschützt mich vor …
Ich glaube an …
Ich habe keinen Glücksbringer und auch kein Ritual.
Ich glaube nicht an so etwas.
Ich glaube nicht an Glücksbringer, aber wenn ich …, dann … ich immer …*

JEMANDEM ETWAS WÜNSCHEN: Ich wünsche dir …

*Ich wünsche dir viel Gesundheit. / …
Ich wünsche dir, dass du einen tollen Job findest.*

Wann hatten Sie schon richtig Glück? Schreiben Sie fünf Sätze.

> Als ich …

Sie möchten noch mehr üben?

1 | 10–12 AUDIOTRAINING

Lernziele

Ich kann jetzt …

A … über Erlebnisse in der Vergangenheit berichten: *35 Jahre lang spielte Manfred Schulze jede Woche Lotto.* _____ ☺ 😐 ☹

B … über einen Zeitpunkt in der Vergangenheit sprechen: *Ich habe zum ersten Mal für eine Zeitung geschrieben, als ich elf war.* _____ ☺ 😐 ☹

… über die Kindheit reden: *Wir haben immer viel Spaß gehabt, wenn wir an den See gefahren sind.* _____ ☺ 😐 ☹

C … Ereignisse in der Vergangenheit chronologisch erzählen: *Ich hatte starke Bauchschmerzen, weil ich vorher viele Kirschen gegessen hatte.* _____ ☺ 😐 ☹

… über Glücksmomente sprechen: *Ich war so glücklich, weil meine Familie da ein schönes Fest gemacht hat.* _____ ☺ 😐 ☹

D … einen Zeitungsartikel und ein Radiointerview verstehen: *Ein halbes Jahr lebte Kerstin in der indischen Metropole …* _____ ☺ 😐 ☹

E … über Glücksbringer oder Rituale reden: *Ich habe eine Muschel als Glücksbringer.* _____ ☺ 😐 ☹

… jemandem etwas wünschen: *Ich wünsche dir viel Gesundheit.* _____ ☺ 😐 ☹

Ich kenne jetzt …

… 10 Wörter zum Thema *Glück* und *Pech*:

> der Gewinn, …

… 5 Wörter zum Thema *Glücksbringer*:

> der Schutzengel, …

Zwischendurch mal ...

PROJEKT

Glück oder Pech?

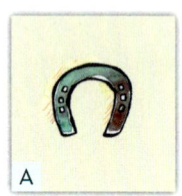 A  B  C  D  E  F

1 Glück oder Pech? Ordnen Sie die Bilder den Sätzen zu.

1 ○ Vorsicht! Es bringt Unglück, wenn man ihn zerbricht. Dann hat man sieben Jahre lang Pech.
2 ○ Dieses Tier ist schon lange ein Symbol für Reichtum und für Glück.
   Klar: Wer früher viele solche Tiere hatte, der hatte nie Hunger.
3 Ⓐ Wenn man dieses Ding über die Haustür hängt, dann können die bösen Geister
   nicht ins Haus hinein. Aber die Öffnung muss nach unten sein!
4 ○ Wenn man so eins auf der Wiese findet, bringt das Glück.
   Es muss aber vier Blätter haben, nicht drei. Das ist sehr wichtig!
5 ○ Sie soll ein Symbol für den Teufel sein und ihre Farbe steht für das Böse.
   Am besten, man begegnet ihr nicht!
6 ○ An einem solchen Tag sollen angeblich besonders viele Unglücke passieren.
   Die Versicherungsstatistiken bestätigen das allerdings nicht.

2 Unsere Glücksseite. Schreiben Sie gute Wünsche.
Jeder schreibt einen Wunsch. Machen Sie ein Plakat.

Dieses kleeblatt soll uns Glück bringen.

Wir bestehen alle die Prüfung.

Wir helfen uns bei den Hausaufgaben.

...

HÖREN

So haben wir uns kennengelernt.

1 Liebe auf den ersten Blick
Hören Sie Bennos Geschichte.
Machen Sie dann Notizen.

Benno enttäuscht – Freundin verlassen – Berge fahren ...

2 Arbeiten Sie in Gruppen. Erzählen Sie Bennos Geschichte. Jede/Jeder sagt
einen Satz. Die/Der andere beendet den Satz und beginnt einen neuen Satz.

Also, es war im Herbst. Benno ...

Benno war total enttäuscht und traurig. Deshalb ...

Deshalb hat er ... Und dann ...

LEKTION 1 KB 20 zwanzig

GEDICHT

Was ist Glück?

Alle wollen wissen: Wie ist das Glück?
Alle wollen wissen: Wo ist das Glück?
Alle wollen wissen: Was ist das Glück?

1.
Morgens in der U-Bahn, auf'm Weg ins Büro,
ich hatte kaum geschlafen, war sehr müde und so.
Die Frau mit dem Handy saß mir gegenüber.
Sie wirkte sympathisch, ich sah zu ihr rüber.

Irgendwann bemerkte sie meinen Blick.
Ich lächelte sie an. Sie lächelte zurück.
Ich lächelte sie an. Sie lächelte zurück.

Ja, so einfach ist die Sache: Das ist das Glück!
Jeder gibt ein Stück und jeder kriegt was zurück.
Jeder gibt was her und trotzdem haben alle mehr.

2.
Ich kaufte ein Brötchen mit Käse und Speck
in der Mittagspause beim Kiosk am Eck.
Ein Spatz kam geflogen und er guckte mir zu.
Und ich sagte: „Ja, hallo, wer bist denn du?"

Der Spatz sah das Brötchen an und machte „Tschipp!"
Da kapierte ich es endlich und gab ihm ein Stück.
Er machte „Tschipp!" und ich gab ihm ein Stück.

Ja, so einfach ist die Sache: Das ist das Glück!
Jeder gibt ein Stück und jeder kriegt was zurück.
Jeder gibt was her und trotzdem haben alle mehr.

1 Hören Sie das Gedicht. Was bedeutet für den Autor Glück? Sprechen Sie.

2 Welche Dinge/Momente in Ihrem Alltag sind für Sie Glück?
Worüber freuen Sie sich? Schreiben Sie fünf Sätze. Lesen Sie sie dann vor.

> Glück ist, wenn …
> … mein Freund mir morgens einen Kaffee ans Bett bringt und er schon den Frühstückstisch gedeckt hat. … Und wenn ich ihm …

Unterhaltung

Folge 2: Ein Abend, der nicht so toll war.

1 Ein Fernsehabend

a Sehen Sie die Fotos an. Was passiert in der Geschichte mit Ella, Vivi und Max? Was meinen Sie? Schreiben Sie zu jedem Foto ein bis zwei Sätze.

• die Serie • die Folge • der Darsteller sich streiten sich langweilen lustig finden lachen ...

1 🔊 15–18 **b** Hören Sie und vergleichen Sie. Was ist in Ihrer Geschichte anders? Sprechen Sie.

> In meiner Geschichte streiten sich Ella und Max.

> Und in meiner reden die drei nicht über ...

Vivi   Max

LEKTION 2   KB 22 zweiundzwanzig

„Die Serie, die ich machen würde"
von Ella Wegmann

Stadt-Kurier
Ellas Tag

Wenn ich auf einer Party mit Leuten ins Gespräch kommen möchte, frage ich nach ihrer TV-Lieblingsserie. Welche ist es? Welche Charaktere magst du besonders, welche hasst du? Es ist erstaunlich, wie viel ich damit über meine Gesprächspartner erfahre, obwohl wir ja nur übers Fernsehen reden. Gestern habe ich die Frage mal anders gestellt: „Welche Serie würdest du selbst gern machen?" Hier die zwei interessantesten Antworten:

Diana (27)

„Wir sehen überall nur Probleme, obwohl es den meisten von uns echt supergut geht. Mein Wunschserienheld hätte dauernd Pech. Die Leute würden sagen, er ist ein Verlierer, aber das stimmt nicht, denn er ist ein Typ, der immer optimistisch bleibt. Der sich nie beschwert, obwohl er wirklich Grund zum Jammern hätte. Ein Verlierer, der eigentlich ein Gewinner ist."

Slavoj (32)

„Ich esse sehr gern, ich glaube, das sieht man. Meine Serie würde in einem tollen Restaurant spielen. Eine der Hauptfiguren wäre eine Köchin, die unglaublich gut kochen kann. Jeder, der ihr Essen probiert hat, würde am liebsten täglich in dieses Restaurant gehen. Ich glaube, man könnte da ziemlich lustige und verrückte Geschichten erfinden."

2 Ellas Kolumne
a Lesen Sie die Kolumne und beantworten Sie die Fragen.

– Was möchte Ella wissen?
– Worum geht es in Dianas Serie?
– Worum geht es in Slavojs Serie?

Ella möchte wissen, welche ...

b Hören Sie zwei Gespräche (1–2). Welches Gespräch passt zu welcher Serie? Ordnen Sie zu.

	Dianas Serie	Slavojs Serie
Gespräch	○	○

3 Sehen Sie gern Serien? Wenn ja, welche? Wenn nein, warum nicht? Erzählen Sie.

Ich liebe „Game of Thrones!" Ich habe alle Folgen gesehen und warte auf die nächste Staffel!

Was? „Game of Thrones" schaue ich nicht an. Das ist mir zu brutal.

Ich mag keine Serien. Ich schaue lieber Spielfilme an.

Ellas Film

A ... **obwohl** du sie schon ... gesehen hast.

A1 Was ist richtig? Wissen Sie es noch? Verbinden Sie.

a Max sieht die Serie an, obwohl sie gute Freundinnen sind.
b Ella und Vivi gehen, obwohl er sie schon dreimal gesehen hat.
c Ella und Vivi streiten sich, weil sie die Serie nicht lustig finden.

> Konjunktion: *obwohl*
> Max sieht die Serie an, obwohl er sie schon dreimal gesehen hat.

A2 Meine Lieblingsserie

a Welches Foto (A – C) passt zu welchem Hörtext (1–3)? Hören Sie und ordnen Sie zu.

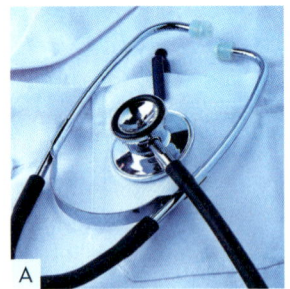
A

B

C

Text	1	2	3
Foto			

b Wer sagt was? Kreuzen Sie an.
Hören Sie dann noch einmal und vergleichen Sie.

Jonas   Julia   Sarah

1 Ich kann keine Operationen und kein Blut sehen. ○ ○ ○
2 Meine Lieblingsserie ist natürlich eine Kriminalserie. ○ ○ ○
3 Meine Lieblingsserie spielt in einem Büro und ist
  wahnsinnig witzig. ○ ○ ○
4 Ich kenne schon alle Folgen. ○ ○ ○
5 Natürlich arbeiten die Hauptfiguren nicht nur,
  sie haben auch ein sehr aufregendes Privatleben. ○ ○ ○
6 Eine der Hauptfiguren veröffentlicht im Internet alle Fälle. ○ ○ ○

c Schreiben Sie Sätze mit *weil* oder *obwohl*.

1 Ich kann kein Blut sehen. Meine Lieblingsserie ist eine Krankenhausserie.
2 Meine Lieblingsserie ist natürlich eine Kriminalserie. Ich liebe Krimis.
3 Das hört sich nicht besonders interessant an. Die Serie ist wahnsinnig lustig.
4 Ich kenne alle Folgen schon. Ich sehe sie immer noch regelmäßig an.
5 Watson veröffentlicht alle Fälle im Internet. Holmes möchte das nicht.

> 1 Obwohl ich kein Blut sehen kann,
>   ist meine Lieblingsserie eine Krankenhausserie.
> 2 Meine Lieblingsserie ...

A3 Das finde ich total langweilig.

a Hören Sie und ergänzen Sie. Hören Sie dann noch einmal und vergleichen Sie.

◆ Wie kann man nur so eine Serie machen? Die ist _wirklich_ langweilig.
○ Langweilig? Ich verstehe dich nicht. Die ist doch _____ spannend.
◆ Also, ich finde das _____ spannend.
  Das Ende ist doch jetzt schon _____ klar.
○ Aber die Schauspieler sind super, findest du nicht?
◆ Super? Ich finde die _____ gut!
  Ich finde die sogar _____ schlecht.
  Also, ich mag diese Serie _____.
  Schauen wir doch was anderes an!
○ Ach komm! Ich finde _____ nervig, dass du immer meckern musst.

b Ordnen Sie zu.

überhaupt nicht   ~~ziemlich~~   nicht so   total   echt   gar nicht

Gradpartikeln			
++	+	−	−−
wirklich	_ziemlich_	nicht besonders	
besonders			

A4 Das ist echt spannend!

a Welche Serie mögen Sie besonders gern? Machen Sie ein Plakat.

Titel: Outlander
kommt: aus den USA
Hauptfiguren/Schauspieler:
Krankenschwester Claire, …
Zeit: vor über 200 Jahren
Handlung: Claire gerät aus
Versehen zurück in
die Vergangenheit. …

SCHON FERTIG? Diese Serie mag ich gar nicht. Schreiben Sie.

b Arbeiten Sie in Gruppen.
Stellen Sie Ihre Serie vor. Die anderen stellen Fragen dazu.

Meine Lieblingsserie heißt … / Sie kommt aus … / wird in … gedreht.
Die Hauptfigur ist / Die Hauptfiguren sind …
Die Serie spielt in der heutigen Zeit. / vor … Jahren.
In der Serie geht es um … / Die Serie handelt von …
Obwohl ich Krimis/Liebesgeschichten/Komödien … eigentlich nicht mag, …
Weil ich Krimis/Liebesgeschichten/… besonders gern mag, …
Besonders/Echt/Total/… spannend/lustig/interessant finde ich / ist …

Meine Lieblingsserie heißt „Outlander". Sie kommt … und spielt …

Seit wann gibt es die Serie denn?

Welche Folge gefällt dir besonders gut?

B Eine Köchin, **die** unglaublich gut kochen kann.

B1 Meine Hauptfigur wäre ...

a Verbinden Sie.

1 Mein Serienheld wäre ein Mann,
2 Meine Hauptfigur wäre eine Köchin,
3 In meiner Serie geht es um ein Ehepaar,
4 Meine Hauptfiguren wären Hip-Hop-Musiker,

die zusammen durch die ganze Welt reisen.
der immer optimistisch bleibt.
die unglaublich gut kochen kann.
das eine Flüchtlingsfamilie bei sich aufnimmt.

Relativpronomen: Nominativ		
ein Mann,	• der	
ein Ehepaar,	• das	unglaublich gut kochen kann/können.
eine Köchin,	• die	
Musiker,	• die	

b Arbeiten Sie zu zweit. Wer wäre Ihre Hauptfigur? Schreiben Sie drei Sätze. Zerschneiden Sie die Sätze und tauschen Sie mit einem anderen Paar. Was gehört zusammen? Bilden Sie Sätze.

Meine Hauptfigur wäre eine Sängerin, die keinen Erfolg hat.

B2 Deutschsprachige Musiker

a Sehen Sie die Fotos an und sprechen Sie.

– Welche Musiker auf den Fotos kennen Sie?
– Kennen Sie Hip-Hop? Welche Gruppen/Bands kennen Sie? Mögen Sie Hip-Hop?
– Was ist Ihre Lieblingsmusik?

Hip-Hop ist in Deutschland sehr beliebt – vor allem bei Jugendlichen. In den 1980er-Jahren kam die Musik, die unter Afroamerikanern in den USA entstanden war, nach Europa. Hip-Hop, das sind elektronisch produzierte Beats mit einem schnell gesprochenen Text, dem sogenannten Rap. Die Texte handelten meist vom schwierigen Leben in den Großstädten der USA, von Geldproblemen, von Problemen mit der Polizei und
5 vom Wunsch nach einem besseren Leben.

Die ersten deutschen Hip-Hop-Musiker rappten auf Englisch, inzwischen aber rappen die meisten auf Deutsch. Anfangs konnte man sich das nur schwer vorstellen: Rappen auf Deutsch? Niemals! Das änderte sich 1992, als *Die Fantastischen Vier* aus Stuttgart mit dem Song „Die da" einen Hit hatten. Sie rappten nicht nur auf Deutsch, ihre Texte
10 waren außerdem positiv und lustig. Das war völlig neu. Danach wurde der deutschsprachige Hip-Hop der sogenannten „Neuen Schule", zu der Bands wie *Fettes Brot*, *Absolute Beginner* oder *Deichkind* gehören, immer beliebter. Sie rappen mit Wortwitz und Humor über alltägliche Dinge. Hip-Hop ist für sie eine Partymusik, die Spaß machen soll.

Es gibt aber auch sogenannte deutsche „Gangsta-Rapper". In ihren Texten geht es oft
15 um Gewalt, Geld und Kriminalität. Manche dieser Rapper sprechen in ihren Texten außerdem schlecht über Frauen oder Homosexuelle. Dafür werden sie kritisiert. Doch: Die Stars der Szene verdienen damit viel Geld. Einer von ihnen, der Rapper *Kollegah*, war 2015 der erfolgreichste deutsche Musiker.

Viele deutsche Hip-Hop-Musiker – viele von ihnen mit ausländischen Wurzeln –
20 beschäftigen sich auch mit sozialen Themen. In ihren Texten geht es um Arbeitslosigkeit, Rassismus, das Leben auf der Straße oder die Probleme von Migranten. Zum Beispiel der Berliner *Uchenna van Capelleveen*, der holländisch-nigerianische Wurzeln hat und den man unter dem Namen *Megaloh* kennt. Viele seiner Texte handeln von seinem Job als Lagerarbeiter, mit dem er den Lebensunterhalt für seine Familie und
25 sich verdient. Er singt von seinem Traum, eines Tages nur von der Musik leben zu können, und von dem schwierigen Weg dorthin.

b Lesen Sie den Text in a und ergänzen Sie Informationen mit Ihrer Partnerin / Ihrem Partner. Vergleichen Sie dann im Kurs.

Die Fantastischen Vier
singen auf Deutsch

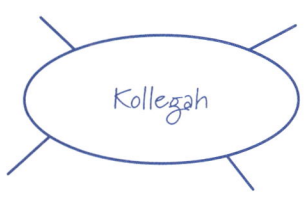
Kollegah

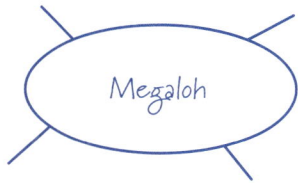
Megaloh

SCHON FERTIG? Suchen Sie im Internet Musik von *Megaloh* und *Silbermond*.

B3 Ergänzen Sie die Relativpronomen.

a Megaloh ist ein Musiker, …
– _den_ viele gern kennenlernen würden.
– mit _____ man gern über Musik sprechen würde.
– _____ am 27. Februar 1981 in Frankfurt am Main geboren wurde.

b Stefanie Kloß ist eine Sängerin, …
– _____ aus Sachsen kommt.
– _____ man oft im Radio hören kann.
Die Band, mit _____ sie auftritt, heißt „Silbermond".

Relativpronomen: Akkusativ			Relativpronomen: Dativ		
der Berliner,	• den		ein Job, mit	• dem	
das Kind,	• das	man unter dem	ein Arbeitsverhältnis, mit	• dem	er seinen
die Berlinerin,	• die	Namen … kennt.	eine Arbeit, mit	• der	Lebensunterhalt verdient.
die Berliner,	• die		Jobs, mit	• denen	

B4 Kennst du jemanden, der …?

Ergänzen Sie die Relativpronomen. Fragen Sie dann im Kurs. Wer findet zuerst zu jeder Frage eine Person, die mit „Ja" antwortet? Notieren Sie die Namen.

Name

1 Hast du einen Freund, _dem_ immer alles gelingt? _Sara_
2 Gibt es eine berühmte Person, _____ du gern mal treffen würdest? _____
3 Kennst du eine Frau, _____ mehr als drei Geschwister hat? _____
4 Hast du eine Freundin, _____ du alles erzählen kannst? _____
5 Kennst du jemanden, _____ dir schon einmal einen wichtigen Rat gegeben hat? _____
6 Hast du einen Freund, mit _____ du schon länger als 10 Jahre befreundet bist? _____
7 Kennst du ein Ehepaar, _____ schon länger als 30 Jahre verheiratet ist? _____
8 Erinnerst du dich an die Person, _____ dir zuletzt etwas geschenkt hat? _____
9 Erinnerst du dich an die Person, _____ du zuletzt etwas geschenkt hast? _____
10 Gibt es einen Gegenstand, _____ du immer bei dir hast? _____

Sara, hast du einen Freund, dem immer alles gelingt?

Ja, mein bester Freund Luca. Schon in der Schule konnte er jede Aufgabe lösen und hatte immer die besten Noten.

C Wie wäre es, wenn ...?

C1 Lesen Sie die Texte und ordnen Sie die Plakate zu.

A  B 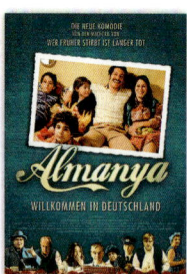 C

1 ◯ Die Komödie erzählt mit viel Humor und Einfühlungsvermögen die Geschichte von Hüseyin Yilmaz und seiner Familie, die Ende der 1960er-Jahre ihre Heimat Türkei verlassen und nach Deutschland auswandern. Der Film begleitet die Familie auf eine gemeinsame Reise in die Türkei – und damit in ihre Vergangenheit.

2 ◯ Zeichentrickfilm für Groß und Klein: Der kleine Tiger und der kleine Bär leben zufrieden in ihrem Häuschen am Fluss. Eines Tages wird eine Kiste ans Ufer gespült. Außen steht „Panama" – innen riecht sie nach Bananen. Die beiden Freunde möchten das Land unbedingt finden. Auf ihrer Reise begegnen sie vielen Tieren und erleben zahlreiche Abenteuer.

3 ◯ Die Geschichte einer ganz besonderen Liebe: die Liebe zwischen der 11-jährigen Tilda und ihrem an Alzheimer erkrankten Großvater Amandus. Amandus soll auf Wunsch von Tildas Eltern in ein Pflegeheim, doch das will Tilda auf keinen Fall. Sie will ihrem Großvater ohne das Wissen ihrer Eltern einen Wunsch erfüllen: noch einmal Venedig sehen. Und so beginnt ein ganz besonderes Abenteuer.

C2 Diskussion: sich einigen

a Ein Satz in jeder Kategorie passt nicht. Streichen Sie ihn und ordnen Sie richtig zu.

etwas vorschlagen	Wir könnten doch ...	Das ist sicher interessant/lustig/spannend, weil ...	Wie wäre es, wenn ...?	Lasst uns doch ...	~~Ich finde das nicht so gut.~~	Ich habe da einen Vorschlag: Wollen wir ...?
etwas ablehnen	Das kommt für mich nicht infrage.	Ich bin (auch) dafür. Gute Idee!	... mag ich nicht so gern, weil ...	Muss das sein? Das ist doch langweilig.	Also, ich weiß nicht, das hört sich nicht so interessant an.	Ich finde das keine so gute Idee.	Das möchte ich wirklich nicht.	Das Thema interessiert mich nicht (so).	*Ich finde das nicht so gut.*
einen Gegenvorschlag machen	Ich würde lieber ...	Ich finde das besser, weil ...	Nein, auf keinen Fall.	Ich mag lieber ...	Ja, das ist schon möglich, aber ...
zustimmen / sich einigen	Das finde ich auch.	Da hast du völlig recht.	Das ist ein guter Vorschlag! Gut, dann ...	Einverstanden!	Genau!	In Ordnung.	Lass uns das machen.	Okay, das machen wir.	Habt ihr Lust auf ...?

b Arbeiten Sie zu dritt. Jeder sucht sich einen anderen Film aus C1 aus. Erklären Sie, warum alle „Ihren" Film ansehen sollten.

◆ Wie wäre es, wenn wir uns heute Abend „Honig im Kopf" ansehen? Es geht um ein Mädchen, das ...

○ Also ich weiß nicht, das hört sich nicht so interessant an.

▲ ...

D Fernsehkonsum

D1 Tägliche Mediennutzungsdauer in den deutschsprachigen Ländern (in Minuten pro Tag)

a Sehen Sie die Statistik an. Was meinen Sie: Welche Medien werden täglich wie lange genutzt? Ordnen Sie zu.

1 Fernsehen 2 Zeitungen/Zeitschriften 3 ~~Rundfunk~~ 4 Bücher 5 DVD 6 Internet 7 CD/MP3

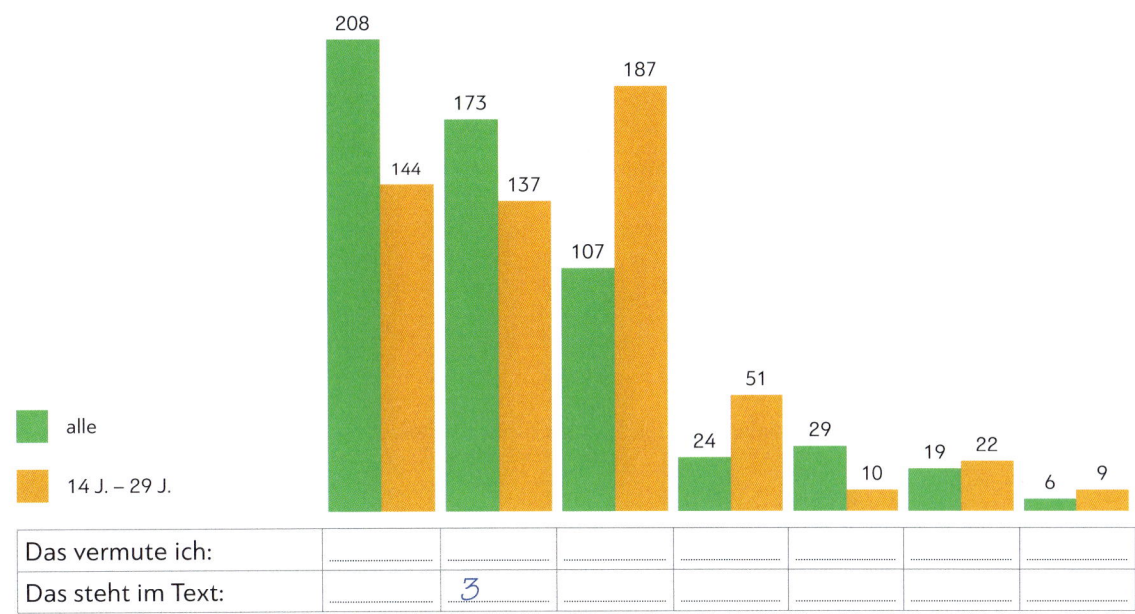

Das vermute ich:							
Das steht im Text:		3					

b Lesen Sie nun den Text zur Statistik. Markieren Sie die Medien und ergänzen Sie die richtigen Ergebnisse in der Statistik.

Wir sehen täglich dreieinhalb Stunden fern.

Die Fernsehanstalten haben rund 4000 Menschen in den deutschsprachigen Ländern befragt, wie lange sie jeden Tag Medien nutzen. Die Überraschung: Das Fernsehen ist mit knapp dreieinhalb Stunden, also 208 Minuten pro Tag, am wichtigsten. Aber: Die 14 bis 29-Jährigen nutzen das Internet jetzt schon mehr als das Fernsehen. Auch der Rundfunk bleibt mit rund drei Stunden pro Tag weiter wichtig. Musik von CD oder MP3 hören die jungen Leute zwischen 14 und 29 ungefähr doppelt so viel wie der Rest. Zeitungen und Zeitschriften lesen Menschen jeden Alters mit 22 und 19 Minuten fast gleich lange. Die Leute lesen aber mehr Bücher als Zeitungen. DVDs sind mit unter 10 Minuten pro Tag für alle relativ unwichtig.

c Vergleichen Sie mit Ihren Vermutungen in a. Welche Ergebnisse finden Sie erstaunlich? Sprechen Sie mit Ihrer Partnerin / Ihrem Partner.

D2 Lesen, Musik hören, fernsehen, im Internet surfen

a Machen Sie Notizen. Was machen Sie am liebsten? Wie oft? Wie lange? Wann? Wo?

	Was?	Wie oft? / Wie lange?	Wann? / Wo?
Fernsehen	Krimis	am Wochenende	abends zu Hause

b Sprechen Sie mit Ihrer Partnerin / Ihrem Partner.

Grammatik und Kommunikation

Grammatik

1 Konjunktion: *obwohl* ÜG 10.09

| Max sieht die Serie an, | obwohl er sie schon dreimal gesehen hat. |

2 Gradpartikeln ÜG 7.03

++	+	-	--
wirklich	echt	nicht so	gar nicht
total	ziemlich	nicht besonders	überhaupt nicht
besonders			

3 Relativpronomen und Relativsatz ÜG 10.14

Nominativ

ein Mann,	• der	
ein Ehepaar,	• das	unglaublich gut kochen kann/können.
eine Köchin,	• die	
Musiker,	• die	

Akkusativ

der Berliner,	• den	
das Kind,	• das	
die Berlinerin,	• die	man unter dem Namen ... kennt.
die Berliner,	• die	

Dativ

ein Job, mit	• dem	
ein Arbeitsverhältnis, mit	• dem	er seinen
eine Arbeit, mit	• der	Lebensunterhalt verdient.
Jobs, mit	• denen	

Schreiben Sie vier Sätze mit *obwohl*.
Gestern bin ich ...,
Letzte Woche habe ich ...,
Letztes Jahr bin ich ...,
Morgen fahre ich ...,

Ergänzen Sie.

> *Du bist die Frau, _____ mich wirklich liebt!*
>
> *Du bist der Mensch, _____ ich am meisten liebe!*
>
> *Das ist das Lied, _____ ich nur für dich singe!*

Was sagt die Frau? Schreiben Sie.
Du bist der Mann, der ...

Kommunikation

DIE LIEBLINGSSERIE BESCHREIBEN: In der Serie geht es um ...

Meine Lieblingsserie heißt ...
Sie kommt aus ... / wird in ... gedreht.
Die Hauptfigur ist / Die Hauptfiguren sind ...
Die Serie spielt in der heutigen Zeit. / vor ... Jahren.
In der Serie geht es um ... / Die Serie handelt von ...
Obwohl ich Krimis/Liebesgeschichten/Komödien ... eigentlich nicht mag, ...
Weil ich Krimis/Liebesgeschichten/... besonders gern mag, ...
Besonders/Echt/Total/... spannend/lustig/interessant finde ich / ist ...

Mein Lieblingsfilm/Lieblingsbuch/Lieblings... Schreiben Sie.

Mein Lieblingsfilm heißt ...

SICH NACH PERSONEN ERKUNDIGEN: Kennst du …?

Hast du einen Freund, der/den/dem …?
Kennst du …, der/den/dem …?
Erinnerst du dich an …, der/den/dem …?
Gibt es …, der/den/dem …?

ETWAS VORSCHLAGEN: Lass uns doch …

Wir könnten doch … | Habt ihr Lust auf … ?
Das ist sicher interessant/lustig/spannend, weil …
Wie wäre es, wenn …? | Lasst uns doch … | Ich habe da einen Vorschlag: Wollen wir …?

ETWAS ABLEHNEN: Das möchte ich wirklich nicht.

Das kommt für mich nicht infrage.
… mag ich nicht so gern, weil …
Also, ich weiß nicht, das hört sich nicht so interessant an.
Ich finde das keine so gute Idee. | Ich finde das nicht so gut.
Muss das sein? Das ist doch langweilig.
Das möchte ich wirklich nicht. | Nein, auf keinen Fall.
Das Thema interessiert mich nicht (so).

EINEN GEGENVORSCHLAG MACHEN: Ich mag lieber …

Ich würde lieber …
Ich finde das besser, weil …
Ich mag lieber …

ZUSTIMMEN / SICH EINIGEN: Das ist ein guter Vorschlag!

Das finde ich auch. | Da hast du völlig recht.
Das ist ein guter Vorschlag! | Gut, dann …
Einverstanden! | Genau! | In Ordnung.
Lass uns das machen. | Okay, das machen wir.
Ich bin (auch) dafür. Gute Idee.

Wie einigen sich Luisa und Paul? Schreiben Sie das Gespräch weiter.

Ich will jetzt unbedingt joggen. Das Wetter ist so schön. Bitte komm mit.

Aber wir wollten doch zusammen den Film im Fernsehen anschauen. Der läuft jetzt!

Sie möchten noch mehr üben?

1 | 25–27 AUDIO-TRAINING

Lernziele

Ich kann jetzt …

A … von meiner Lieblingsserie erzählen: *Meine Lieblingsserie heißt Outlander. Sie kommt aus den USA und spielt in …* ☺ ☺ ☹
B … Personen und Gegenstände genauer beschreiben: *Megaloh ist ein Musiker, den viele gern kennenlernen würden.* ☺ ☺ ☹
C … mich in einer Diskussion einigen: *Das ist ein guter Vorschlag!* ☺ ☺ ☹
D … eine Statistik verstehen: *Fast alle Leute sehen täglich dreieinhalb Stunden fern.* ☺ ☺ ☹

Ich kenne jetzt …

… 10 Wörter zum Thema *Kino* und *Fernsehen*:
die Serie, …

Zwischendurch mal ...

HÖREN

Mein Lieblingssong
Tausendmal gehört

1 Sehen Sie die Fotos an. Was meinen Sie? Von wann sind sie? Wie alt sind die Personen auf den Fotos?

1 🔊 28 2 Hören Sie das Gespräch. Wer spricht? Worüber sprechen die Personen? Sprechen Sie.

3 Haben Sie auch einen Lieblingssong? An welche Personen und Erlebnisse denken Sie? Erzählen Sie.

LESEN

Frau Holle

Es war einmal eine Mutter, die hatte zwei Töchter. Die eine war schön und fleißig, die andere war hässlich und faul. Aber nicht die Fleißige, nein, die Faule war Mutters Liebling. Immer hat sie das beste Essen und die schönsten Kleider bekommen. Und die Fleißige? Sie muss die ganze Hausarbeit machen. Von früh bis spät muss sie putzen
5 und aufräumen, einkaufen, kochen, waschen und sich um den Garten kümmern. Trotzdem bekommt sie nur alte Kleider und schlechtes Essen. Nie hört sie ein freundliches Wort oder ein „Dankeschön".
Das Wasser zum Kochen und Waschen holt sie aus einem tiefen Brunnen im Garten. Eines Tages passt sie nicht richtig auf und fällt in den Brunnen. Sie fällt und fällt
10 und plötzlich wird alles um sie herum schwarz ...

1 „Frau Holle" ist ein bekanntes deutsches Märchen.
Lesen Sie den Anfang des Märchens. Was ist richtig? Kreuzen Sie an.

a ○ Eine Tochter ist hässlich, aber sehr fleißig.
b ○ Die Mutter mag beide Töchter sehr gern.
c ○ Die schöne Tochter muss viel arbeiten.
d ○ Sie bekommt dafür schöne Kleider und leckeres Essen.
e ○ Die schöne Tochter fällt in einen tiefen Brunnen.

2 Wie geht das Märchen weiter? Ordnen Sie die Sätze. Lösen Sie dann das Rätsel.

○ I Frau Holle ist sehr unzufrieden mit ihr.
① G Die fleißige Tochter wacht in der Welt von Frau Holle auf.
○ A Nun soll die faule Tochter zu Frau Holle gehen und Gold verdienen.
○ E Sie bekommt schwarzes Pech, das für immer an ihrem Körper klebt.
○ R Sie wohnt auch bei Frau Holle, aber sie arbeitet nicht.
○ L Frau Holle ist sehr zufrieden mit ihr.
② O Sie wohnt bei Frau Holle und hilft ihr sehr gern bei der Arbeit.
⑤ M Zuhause sehen die Mutter und die Schwester das Gold.
○ D Zum Abschied schenkt Frau Holle ihr viel Gold.

So heißt die fleißige Tochter:

1	2	3	4	5	6	7	8	9
G	O			M				

2

LIED

Die Serie, die ich so gerne seh'

1. Ich weiß schon: Die Küche müsst' ich putzen.
   Doch darauf hab' ich wirklich keine Lust.
   Und der Müll, der im Flur steht, hätte gestern schon
   runter in die Tonne gemusst.
   Soll ich den Hintern also jetzt vom Sofa heben?
   Die Fernbedienung auf den Couchtisch legen?
   Soll ich hinuntergehen ... hinaus in diesen Regen?

   Zum Glück gibt's ja die Serie, die ich immer gern seh'.
   Der Müll muss warten, ich kann jetzt nicht runtergehen.
   Hach, supertoll! Die Serie, die ich wirklich gern seh'!
   Da muss ich gleich die nächste Folge sehen, ... ja!
   Da muss ich gleich die nächste Folge sehen.

2. Ja richtig: Oma wollt' ich lange schon besuchen!
   Mindestens seit einem Vierteljahr ...
   Aber heute geht das nicht, denn ich muss lernen
   für die Prüfung übermorgen, ist ja klar!
   Muss ich also jetzt zum Schreibtisch gehen?
   Muss ich in das blöde Lehrbuch sehen?
   Obwohl ich weiß: Ich werde nichts verstehen?

   Zum Glück gibt's ja die Serie, die ich immer gern seh'.
   Und zu Oma werd' ich nächste Woche gehen.
   Hach, supertoll! Die Serie, die ich wirklich gern seh'!
   Da muss ich gleich noch eine Folge sehen, ... jaa!
   Da muss ich gleich noch eine Folge sehen!

1 🔊 29   **1** Hören Sie das Lied. Was muss die Person eigentlich machen? Kreuzen Sie an.

A   B   C   D   E   F   G

2 Verschieben Sie auch manchmal Dinge, auf die Sie keine Lust haben?

> Ja, klar! Es fällt mir oft schwer, nach der Arbeit noch Sport zu machen. Dann lege ich mich manchmal lieber auf mein Sofa.

1 🔊 29   **3** Hören Sie das Lied noch einmal und singen Sie mit.

dreiunddreißig **33** KB   **LEKTION 2**

Gesund bleiben

Folge 3: Sami hat Stress.

1 ◀)) 30–33 **1 Sehen Sie die Fotos an. Warum gehen Sami und Ella in den Park?**
Was meinen Sie? Kreuzen Sie an. Hören Sie dann und vergleichen Sie.

a Sami und Ella ○ haben einen beruflichen Termin. ○ machen eine Pause.
b ○ Sami   ○ Ella   hat Magenschmerzen.
c ○ Ella gibt Sami   ○ Sami gibt Ella   einen Ratschlag.

1 ◀)) 30–33 **2 Was ist richtig? Hören Sie noch einmal und kreuzen Sie an.**

a Sami hat ○ einen Termin ○ Stress   und kann sich nicht ○ konzentrieren. ○ entspannen.
b Er meint, dass er keine ○ Zeit für ○ Lust auf   eine Pause hat.
c Ella kann Sami trotzdem zu einem Spaziergang überreden. Sie meint, dass er wegen der Magenschmerzen unbedingt ○ zu einem Arzt   ○ an die frische Luft   gehen sollte.
d Sami erzählt, dass er nach dem ○ Sport ○ Spaziergang   schon viel entspannter arbeiten konnte und den Termin beim Arzt schon ○ vereinbart ○ abgesagt   hat.

Komm, entspann dich!
Sieben ganz einfache Anti-Stress-Mittel

1 Schlaf

Zu wenig Schlaf ist einer der schlimmsten Stressfaktoren. Wer nachts gut und tief schläft, kann den Stress des Tages viel besser
5 aushalten. Regelmäßiger gesunder Schlaf ist die Grundlage jeder Entspannung.

2 Bewegung

Die meisten von uns sitzen den ganzen Tag im Büro. Unser Körper braucht aber Bewegung.
10 Das baut Stress ab und hält uns fit und gesund. Auf ausreichend Bewegung bei der Arbeit und in der Freizeit sollte deshalb besonders geachtet werden.

5 Ernährung

15 Der Mensch ist, was er isst. Gesund essen bedeutet: viel Obst und Gemüse, wenig Fleisch, Fett und Zucker. Drei Mahlzeiten am Tag sind ideal. Regelmäßiger Alkoholgenuss sollte vermieden werden. Zu viel Koffein ist ebenfalls
20 nicht gut für die Entspannung.

Hallo Sami! Ein paar Tipps für dich. LG Ella

1 🔊 34   **3 Hören Sie noch einmal die Geschichte vom Holzfäller und erzählen Sie.**

   10 Bäume fällen   lange dauern      Axt   nicht scharf

erst 10 Bäume schaffen

keine Zeit – Axt nicht schärfen

Ella erzählt die Geschichte vom Holzfäller: Der Holzfäller soll ...

Tipp vom anderen Holzfäller: Axt schärfen – schneller fertig sein

4 Komm, entspann dich!
Überfliegen Sie den Text „Komm, entspann dich!". Welcher Tipp ist für Sami besonders wichtig? Was meinen Sie? Sprechen Sie.

Ich glaube, Tipp 5 ist für Sami besonders wichtig. Er sollte gesünder essen, dann hätte er keine Magenschmerzen.

Ellas Film

A Auf Bewegung **sollte geachtet werden.**

A1 Sieben ganz einfache Anti-Stress-Mittel

a Lesen Sie jetzt den ganzen Text und finden Sie passende Überschriften zu den Tipps 3, 4, 6 und 7. Vergleichen Sie im Kurs.

Komm, entspann dich!
Sieben ganz einfache Anti-Stress-Mittel

1 Schlaf

Zu wenig Schlaf ist einer der schlimmsten Stressfaktoren. Wer nachts gut und tief schläft, kann den Stress des Tages viel besser aushalten. Regelmäßiger gesunder Schlaf ist die Grundlage jeder Entspannung.

2 Bewegung

Die meisten von uns sitzen den ganzen Tag im Büro. Unser Körper braucht aber Bewegung. Das baut Stress ab und hält uns fit und gesund. Auf ausreichend Bewegung bei der Arbeit und in der Freizeit sollte deshalb besonders geachtet werden.

3 _____

Egal, ob Sie Musik hören, ob Sie dazu tanzen oder selbst Musik machen: Musik kann ein ganz wunderbares Anti-Stress-Mittel sein. Es kommt aber auf die Art der Musik an. Finden Sie heraus, welche Musikstücke für Ihre persönliche Entspannung am besten sind.

4 _____

Gestresste Menschen atmen schnell und flach. Wer sich entspannen will, sollte langsam und tief einatmen, die Luft ein paar Sekunden lang anhalten und dann lange und sanft wieder ausatmen. Erleben Sie die positive Wirkung des richtigen Atmens!

5 Ernährung

Der Mensch ist, was er isst. Gesund essen bedeutet: viel Obst und Gemüse, wenig Fleisch, Fett und Zucker. Drei Mahlzeiten am Tag sind ideal. Regelmäßiger Alkoholgenuss sollte vermieden werden. Zu viel Koffein ist ebenfalls nicht gut für die Entspannung.

6 _____

Wer Angst hat und Schlimmes befürchtet, kann sich nur schlecht oder gar nicht entspannen. Wer lustig ist und öfter mal lacht, hat weniger Probleme mit der Entspannung. Also: positiv denken und sich nicht so viele Sorgen machen. Dadurch können neue Kräfte gesammelt werden.

7 _____

Machen Sie oft mehrere Dinge gleichzeitig? Kein Wunder, dass Sie gestresst und erschöpft sind! Konzentrieren Sie sich auf eine Sache und machen Sie sie fertig. Dann erst wird die nächste erledigt. So erzielen Sie bessere Ergebnisse mit weniger Stress.

b Arbeiten Sie zu dritt. Jede Person wählt zwei Tipps aus und stellt sie in der Gruppe vor.

> *Ich habe den Tipp zum Schlaf gelesen. In dem Tipp wird gesagt, dass ausreichend Schlaf besonders wichtig ist. Wenn wir zu wenig oder schlecht schlafen, können wir nicht gut mit Stress umgehen. ...*

3

A2 Wie finden Sie die Tipps aus A1 und wie ist das bei Ihnen?
Arbeiten Sie in Gruppen und erzählen Sie.

Schlaf finde ich auch wichtig. Aber leider schlafe ich nicht ausreichend. Ich kann nur schlecht einschlafen und wache nachts dauernd auf. Und ihr?

Ja, das ist bei mir auch so. Und durch den Schlafmangel bin ich dann tagsüber extrem müde und gestresst.

A3 Lesen Sie den Text in A1 noch einmal und ergänzen Sie dann die Tabelle.

Passiv Präsens mit Modalverben
Auf ausreichend Bewegung _sollte_ besonders _geachtet werden_.
Regelmäßiger Alkoholgenuss _____.
Dadurch _____ neue Kräfte _____.
auch so: dürfen, wollen, müssen, …

A4 Beim Arzt. Was muss gemacht werden?
Schreiben Sie und vergleichen Sie mit Ihrer Partnerin / Ihrem Partner.

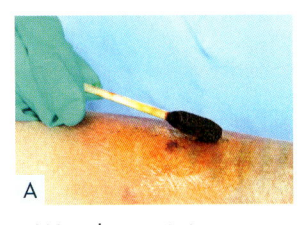

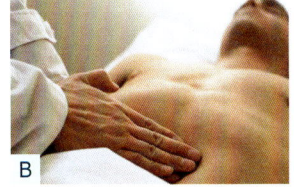

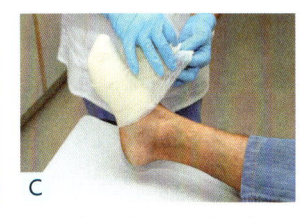

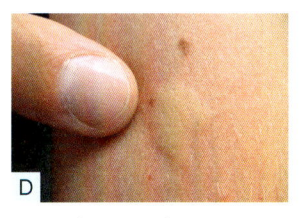

A • Wunde – reinigen
B • Bauch – untersuchen
C • Verband – wechseln
D • Insektenstich – behandeln

A: Die Wunde muss …

A5 Was muss hier alles gemacht werden? Schreiben Sie mindestens fünf Sätze.

Der Abfalleimer muss geleert werden.

siebenunddreißig 37 KB LEKTION 3

B Man holt sich den Rat **eines Fachmanns**.

B1 Tipps für Ihre Gesundheit

a Was passt? Lesen Sie und ordnen Sie zu.

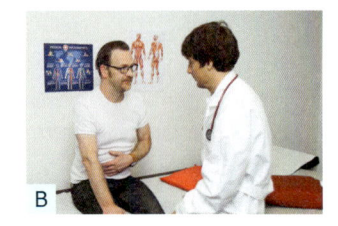

A   B   C

1 ◯ Wenn Sie zu viel sitzen und nicht ausreichend Bewegung haben, sollten Sie auf den Rat einer Spezialistin hören: Machen Sie regelmäßig Sport zur Verbesserung **der Fitness**. Fangen Sie einmal pro Woche an und erhöhen Sie langsam die Häufigkeit des Trainings.

2 ◯ Bei Rückenschmerzen sollten Sie regelmäßig Gymnastik zur Kräftigung des Rückens und der Beine machen. Das ist besser als die Einnahme eines Medikaments.

3 ◯ Sie haben Stress und schon länger Magenschmerzen? Dann müssen Sie das unbedingt untersuchen lassen. Gehen Sie zum Arzt. Bei solchen Problemen holt man sich am besten den Rat eines Fachmanns.

b Lesen Sie noch einmal, markieren Sie in a wie im Beispiel und ergänzen Sie dann die Tabelle.

Genitiv mit definitem / indefinitem Artikel

• _____ Rückens   • _____ Fachmanns
• _____ Trainings   • _____ Medikaments
• _der_ Fitness   • _____ Spezialistin
• _____ Beine   • ⚠ von Medikamenten / meiner Medikamente

B2 Halten Sie sich fit! 🔊 35

Was passt? Ergänzen Sie und ordnen Sie zu.
Hören Sie und machen Sie die Übungen.

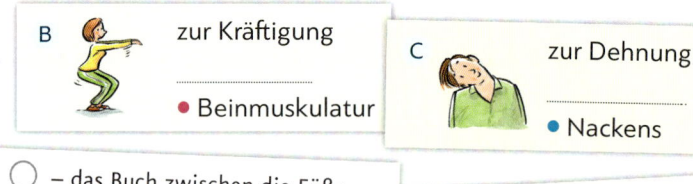

A zur Bewegung
_____
• Kniegelenke

B zur Kräftigung
_____
• Beinmuskulatur

C zur Dehnung
_____
• Nackens

1 ◯ – die Arme ausstrecken und in die Knie gehen, dabei den Po nach hinten drücken
– die Beine wieder strecken

2 ◯ – das Buch zwischen die Füße stecken
– die Kniegelenke strecken und dabei das Buch anheben
– die Position 5 Sekunden halten, dann langsam wieder absenken

3 ◯ – den Kopf zur rechten und linken Schulter neigen
– ca. 10 Sekunden halten

Zur Steigerung _____ • Trainings sollten Sie die Übungen so oft wie möglich wiederholen.

B3 Kennen Sie weitere Fitnessübungen?

a Arbeiten Sie zu zweit. Schreiben und zeichnen Sie eine kurze Anleitung wie in B2.

b Tauschen Sie Ihre Anleitung mit einem anderen Paar und probieren Sie die Übung aus.

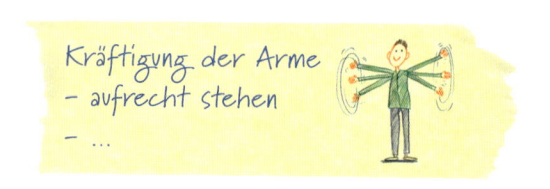

Kräftigung der Arme
– aufrecht stehen
– ...

C Gesundheitssprechstunde

C1 Radiosendung: Die Gesundheitssprechstunde

a Hören Sie den Anfang des Gesprächs und machen Sie Notizen.

1. Welche Beschwerden hat Frau Sanchez?
2. Seit wann hat sie die Schmerzen?
3. War sie mit ihren Beschwerden schon beim Arzt?
4. Wie alt ist sie?
5. Was macht sie beruflich?
6. Welche Ursache vermutet Dr. Renner?

1 Kopfschmerzen.

b Hören Sie nun das ganze Gespräch. Was ist richtig? Kreuzen Sie an.
Es können mehrere Antworten richtig sein.

1. Frau Sanchez hat Kopfschmerzen und außerdem
   ○ Sehstörungen. ○ Probleme beim Hören. ○ Schlafmangel.
2. Dr. Renner empfiehlt Frau Sanchez
   ○ einen Besuch beim Arzt. ○ starke Schmerzmittel. ○ Entspannungsübungen.
3. Der Hausarzt ○ führt ein Gespräch, ○ verschreibt Medikamente, ○ macht Untersuchungen,
   weil er die Ursache der Beschwerden finden möchte.
4. Auch Probleme mit ○ den Augen ○ den Ohren ○ der Wirbelsäule
   können die Ursache für die Schmerzen sein.
5. Frau Sanchez kann ○ beim Hausarzt ○ im Internet ○ bei der Krankenkasse Tipps
   für Entspannungsübungen erhalten.
6. Außerdem bieten ○ Fachärzte ○ Radiosender ○ Krankenkassen Gesundheitskurse an.

C2 Gesundheits-Forum: Ratschläge geben

a Machen Sie eine Tabelle und ordnen Sie zu.

~~Können Sie mir einen Rat geben?~~   ~~Sie sollten ...~~   Kennen Sie vielleicht ein gutes Medikament?
Es ist/wäre am besten, Sie ...   Mit ... habe ich (nur) gute/schlechte Erfahrungen gemacht.
Was können/würden Sie mir empfehlen/raten?   Dagegen müssen Sie unbedingt etwas tun!
... soll wirklich helfen.   Kennt jemand von Ihnen ...?   Ich würde an Ihrer Stelle ...
Hat jemand von Ihnen schon mal ... gemacht?   Ich empfehle Ihnen ...

einen Rat suchen	etwas empfehlen / einen Rat geben
Können Sie mir einen Rat geben?	Sie sollten ...
...	...

b Arbeiten Sie in Gruppen. Schreiben Sie ein gesundheitliches Problem auf einen Zettel.
Mischen Sie die Zettel und verteilen Sie sie neu. Fragen Sie um Rat. Die anderen geben Ratschläge.

starke Rückenschmerzen

Ich habe starke Rückenschmerzen. Kennt jemand ein gutes Medikament?

Ich würde an deiner Stelle ...

D Gesund leben

D1 Gesund leben

a Was ist richtig? Lesen Sie und kreuzen Sie an.

> **Silvana**
> Hallo liebes Forum!
> „Gesund leben" liegt im Trend und es klingt immer so einfach. Aber in der Realität habe ich einen stressigen Job und greife dann tagsüber oft zu belegten Brötchen und schiebe mir abends eine Pizza in den Backofen. Nach der Arbeit bin ich dann häufig müde und fühle mich schwach. Keine gute Voraussetzung für ein Sportprogramm! ☹ Dabei würde ich gern ein paar Kilo abnehmen. Habt ihr Ideen, wie ich gesünder leben kann? Ich freue mich vor allem über Tipps, die man leicht in den Alltag integrieren kann.

1. ○ Silvana findet: „Gesund leben" ist einfach.
2. ○ Ihre Arbeit ist anstrengend.
3. ○ Sie achtet auf ihre Ernährung.
4. ○ Sie macht abends regelmäßig Sport.
5. ○ Silvana ist auf der Suche nach Ideen, die nicht viel Zeit kosten.

b Was könnte Silvana machen? Wie viele Tipps finden Sie in drei Minuten? Vergleichen Sie anschließend mit Ihrer Partnerin / Ihrem Partner.

- vor dem Einschlafen eine halbe Stunde lesen
- morgens kalt duschen

D2 Was tun Sie für ein gesundes Leben?

Arbeiten Sie zu zweit. Schreiben Sie einen Fragebogen und machen Sie ein Interview mit Ihrer Partnerin / Ihrem Partner. Machen Sie dann eine Kursstatistik.

~~sich Zeit zum Essen nehmen~~   sich gesund ernähren   Wasser und Tees trinken   rauchen   Alkohol trinken   kalt duschen   oft lachen   ausreichend schlafen   Sport treiben   Entspannungsübungen machen   …

	regelmäßig / meistens	manchmal	selten	nie
Nehmen Sie sich Zeit zum Essen?				
…				

Die Hälfte unserer Gruppe achtet meistens darauf, dass …
Drei Viertel unseres Kurses machen regelmäßig …
Ein Drittel der Kursteilnehmer … manchmal …
Die meisten von uns … nur selten …
Zwei … grundsätzlich nie …

- die **Hälfte des** Kurses
- ein **Drittel der** Gruppe
- ein **Viertel der** Gruppe

D3 Was tun Sie für Ihre Gesundheit? Erzählen Sie.

> Ich möchte abnehmen und verzichte deshalb auf Schokolade.

> Und ich esse morgens immer Magerquark mit Früchten. Das hat Vitamine und ist gesund.

LEKTION 3   KB 40 vierzig

E Thesen zur Gesundheit

E1 Richtig oder falsch?

a Was meinen Sie: Welche Thesen stimmen? Kreuzen Sie an.

○ Spätes Essen macht dick.  ○ Der Schlaf vor Mitternacht ist am gesündesten.  ○ Alte Frauen sind klüger als alte Männer.  ○ Stress macht die Zähne kaputt.

b Vergleichen Sie im Kurs.

Ich glaube auch, dass spätes Essen dick macht. Immer wenn ich ...

Unsinn! Alte Frauen sind doch nicht klüger als alte Männer. Mein Opa war ...

E2 Was sagt die Wissenschaft?

a Hören Sie das Quiz und kreuzen Sie zuerst an, welche These wahr ist. An wen geht der Punkt?

	Anna	Maximilian
1 ○ Spätes Essen macht dick.	○	○
2 ○ Der Schlaf vor Mitternacht ist am gesündesten.	○	○
3 ○ Alte Frauen sind klüger als alte Männer.	○	○
4 ○ Stress macht die Zähne kaputt.	○	○

b Vergleichen Sie jetzt mit Ihren Vermutungen in E1a. Wie viele Punkte haben Sie?

c Hören Sie noch einmal und ergänzen Sie Stichwörter.

1 für das Gewicht → Uhrzeit der Mahlzeit _egal_. Viel wichtiger ist die Energiemenge insgesamt: Man darf nicht _____ als man verbraucht.
2 _____ Schlaf sind am wertvollsten. Egal, ob man abends um 8 Uhr oder um 12 Uhr ins Bett geht.
3 Test mit 85-Jährigen, gutes Gedächtnis: _____ der Frauen, aber nur _____ der Männer. Bei schweren Aufgaben: _____ bessere Ergebnisse.
4 viel Stress → _____. Stress verändert die Chemie im Mund → _____ Karies und andere Zahnerkrankungen

d Vergleichen Sie mit Ihrer Partnerin / Ihrem Partner.

Spätes Essen macht nicht dick. Wichtig ist ...

E3 Kennen Sie noch andere Thesen? Notieren Sie und diskutieren Sie.

*Möhren sind gut für die Augen.
Grüner Salat hat viele Vitamine.
Frühaufsteher sind aktiver als Langschläfer.*

Möhren sind gut für die Augen. Das hat meine Oma auch immer gesagt.

Ich habe in einer Zeitschrift gelesen, dass das gar nicht stimmt.

Ich glaube (auch), dass ...	Das kann doch gar nicht sein! / (Das ist) Unsinn!
Das hat ... auch immer gesagt.	Aber jetzt habe ich gelesen, dass das gar nicht stimmt.
Das stimmt sicher.	Was, das stimmt gar nicht?

Grammatik und Kommunikation

Grammatik

1 Passiv Präsens mit Modalverben ÜG 5.14

	Position 2		Ende
Auf ausreichend Bewegung	sollte	besonders	geachtet werden.
Dadurch	können	neue Kräfte	gesammelt werden.

auch so: dürfen, wollen, müssen, …

2 Genitiv ÜG 1.03, 2.01, 2.04

Genitiv	
definiter Artikel	indefiniter Artikel
• des Rückens	eines / meines Fachmanns
• des Trainings	eines / meines Medikaments
• der Fitness	einer / meiner Spezialistin
• der Beine	⚠ von Medikamenten / meiner Medikamente

auch so: dein-, sein-, ihr-, unser-, euer-, kein-, …

Was muss in der Küche, im Hotel, im Garten, im Bad … gemacht werden? Schreiben Sie fünf Sätze.

In der Küche muss …

Was ist für Sie Glück im Alltag? Ergänzen Sie.
Glück ist:
- ein Lächeln *meines Kindes*

- ein Anruf

- eine Einladung

- ein Geschenk

- eine E-Mail

- die Hilfe

Kommunikation

EINEN RAT SUCHEN: Was können Sie mir empfehlen?

Können Sie mir einen Rat geben? | Kennen Sie vielleicht ein gutes Medikament? | Was können/würden Sie mir empfehlen/raten? | Kennt jemand von Ihnen …? | Hat jemand von Ihnen schon mal … gemacht?

ETWAS EMPFEHLEN / EINEN RAT GEBEN: Ich würde an Ihrer Stelle …

Dagegen müssen Sie unbedingt etwas tun! | Mit … habe ich (nur) gute/ schlechte Erfahrungen gemacht.

Es ist/wäre am besten, Sie … | Ich würde an Ihrer Stelle … | Ich empfehle Ihnen … | Sie sollten … | … soll wirklich helfen.

ÜBER EINE STATISTIK SPRECHEN: Drei Viertel unseres Kurses …

Die Hälfte unserer Gruppe … | Drei Viertel unseres Kurses … | Ein Drittel der Kursteilnehmer … manchmal … | Die meisten von uns … nur selten … | Zwei … grundsätzlich nie …

Haben Sie einen Tipp für mich? Schreiben Sie ein Gespräch.

○ Guten Morgen Frau Steiger. Wie geht es Ihnen?
○ Ach, nicht so gut. Ich …

TIPP
Malen Sie Bilder zu Wörtern und notieren Sie Beispielsätze.

die Hälfte

Die Hälfte unseres Kurses treibt regelmäßig Sport.

LEKTION 3 KB 42 zweiundvierzig

3

ÜBER THESEN SPRECHEN: Das ist Unsinn!

Ich glaube (auch), dass ...
Das hat ... auch immer gesagt.
Das stimmt sicher.
Das kann doch gar nicht sein!
(Das ist) Unsinn!
Aber jetzt habe ich gelesen, dass das gar nicht stimmt.
Was, das stimmt gar nicht?

Lesen Sie Anas Frage im Forum und schreiben Sie Ihre Meinung. Tauschen Sie Ihren Beitrag mit einem anderen Kursteilnehmer und kommentieren Sie.

Frage von Ana07:

Ist frisches Gemüse wirklich gesünder als tiefgefrorenes?

pedro!$?
Ich glaube schon, dass frisches Gemüse ...
Meine Mutter ...

Sie möchten noch mehr üben?   1 | 39–41 AUDIO-TRAINING

Lernziele

Ich kann jetzt ...

A ... Ratgebertexte zum Thema Stress und Entspannung verstehen: *Schlaf ist die Grundlage jeder Entspannung.* ☺ 😐 ☹

B ... Fitnessübungen verstehen und beschreiben: *Die Arme ausstrecken und in die Knie gehen.* ☺ 😐 ☹

C ... ein Beratungsgespräch zum Thema Gesundheit verstehen: *Auch Probleme mit der Wirbelsäule können die Ursache für Schmerzen sein.* ☺ 😐 ☹

... Rat suchen und Ratschläge geben: *Dagegen müssen Sie unbedingt etwas tun!* ☺ 😐 ☹

D ... einen Forumsbeitrag zum Thema „Gesund leben" verstehen: *Dabei würde ich gern ein paar Kilo abnehmen.* ☺ 😐 ☹

... erzählen, was ich für meine Gesundheit tue: *Ich nehme mir meistens Zeit zum Essen.* ☺ 😐 ☹

... Statistiken beschreiben: *Die Hälfte des Kurses treibt Sport.* ☺ 😐 ☹

E ... über Thesen sprechen: *Jetzt habe ich gelesen, dass das gar nicht stimmt.* ☺ 😐 ☹

... ein Radioquiz verstehen: *Jetzt wird's spannend.* ☺ 😐 ☹

Ich kenne jetzt ...

... 10 Wörter zum Thema *Gesundheit*:
die Entspannung, ...

... 6 Wörter zum Thema *Körper*:
die Schulter, ...

Zwischendurch mal ...

LESEN

Lachen ist gesund!

Haben Sie schon einmal fünf oder zehn Minuten lang richtig herzlich gelacht? Falls ja, dann kennen Sie dieses tolle Gefühl danach: Man ist entspannt, man fühlt sich wohl, der Stress ist weg und so manches Problem wirkt plötzlich viel kleiner als zuvor. Man fühlt sich so wohl wie nach einer
5 Stunde Joggen, einer warmen Dusche und einer schönen Tasse Tee. Wissenschaftler haben herausgefunden, dass häufiges Lachen unserem Körper und unserer Psyche oft besser hilft als Medikamente. Wirklich neu ist diese Information aber nicht. Schon ein altes deutsches Sprichwort sagt: „Lachen ist die beste Medizin." Damit diese Medizin auch richtig gut wirken kann, sollte man möglichst oft und lange lachen.
10 Warum man lacht, ist dabei gar nicht so wichtig. Hauptsache, man lacht von ganzem Herzen!

Wussten Sie schon, ...
... dass Kinder etwa vierhundertmal am Tag lachen, Erwachsene nur fünfzehnmal?
... dass ein Baby im ersten halben Jahr seine Mutter bis zu dreißigtausendmal anlächelt?
... dass zwei Minuten Lachen so gesund sind wie zwanzig Minuten Joggen?
15 ... dass durch das Lachen im Körper Stoffe entstehen, die glücklich machen?

1 Lesen Sie den Text. Was finden Sie interessant? Sprechen Sie.

Ich wusste nicht, dass Lachen so gesund sein soll.

... Das finde ich interessant!

2 Worüber können Sie am meisten lachen? Was finden Sie lustig?

Ich lese gern Comics. Darüber kann ich total lachen.

FILM

EISSTOCK-SCHIESSEN

1 Sehen Sie den Film an. Was erfahren Sie über den Sport? Sammeln Sie Informationen.

2 Finden Sie die Sportart interessant? Würden Sie das gern machen? Sprechen Sie.

Das ist für mich kein Sport. Aber ich finde es toll, dass sich hier viele Leute treffen und Spaß zusammen haben.

3 Was ist Ihr Lieblingssport? Warum?

Ich finde Boxen total interessant. Aber ich sehe mir das nur an. Ich selbst ...

LANDESKUNDE

Der Verlust der Mitte

Ein Kommentar von Sami Kirsch, Chefredakteur des „Stadt-Kurier"

Wir leben in verrückten Zeiten. Vor einigen Jahren kam aus der Partei *Bündnis 90/Die Grünen* eine ganz vernünftig klingende Idee. Kantinen könnten doch einen fleischfreien Tag einführen, schlugen sie vor. Ein Tag der Woche könnte der Tag des vegetarischen Essens sein. Die politische Reaktion auf diesen sogenannten *Veggieday* war unglaublich. In den sozialen Netzwerken gab es wochenlang antigrüne Shitstorms. Von einer „Verbotsrepublik" wurde gesprochen und von einer „Erziehungsdiktatur". Das wirkt ziemlich übertrieben, wenn man bedenkt, dass wir weltweit einer der größten Hersteller von Schweinefleischprodukten sind. Das meiste Fleisch wird bei uns in riesigen, industriell wirtschaftenden Betrieben produziert. In Deutschland werden etwa 60 Kilo Fleisch pro Person und Jahr gegessen und in den Supermärkten kann man Schweinekoteletts schon ab 3,90 Euro pro Kilo kaufen. Dabei ist ja längst klar, dass zu viel Fleisch sehr schlecht für die Gesundheit und für die Umwelt ist. Und genauso klar ist, dass solche Tiefstpreise nur mit Produktionsmethoden möglich sind, die man als Kunde lieber nicht so genau kennen möchte.

Aus diesem Grund wächst bei uns die Zahl der Menschen, die weniger oder gar kein Fleisch mehr essen. Vegetarier und Veganer machen heute schon fast ein Fünftel der deutschen Bevölkerung aus. Leider gibt es bei manchen von ihnen genauso verrückte Ansichten wie bei den extremen Fleischfreunden.

Die einen haben Angst, dass sie mit mehr Obst und Gemüse ihren Lebensstil und ihre Freiheit verlieren. Die anderen glauben, dass man die Welt nur retten kann, wenn man gar kein Fleisch mehr isst. Solche Ängste und Übertreibungen bringen gar nichts, außer Ärger und Stress. Erinnern wir uns lieber an zwei gute alte Sprichwörter: „Leben und leben lassen!" und „Die Wahrheit liegt in der Mitte."

1 Lesen Sie den Text. Was ist richtig? Kreuzen Sie an.

a ○ Die Partei *Bündnis 90/Die Grünen* hat für ihren Vorschlag eines fleischfreien Tages viel Lob bekommen.
b ○ Deutschland produziert im weltweiten Vergleich sehr viel Schweinefleisch.
c ○ Billiges Fleisch kann man nur unter schlechten Bedingungen herstellen.
d ○ Fast ein Fünftel der Deutschen isst zu viel Fleisch.

2 Essen Sie viel Fleisch? Was ist für Sie gesundes Essen? Erzählen Sie.

Sprachen

Folge 4: Chili con carne?

1 Sehen Sie die Fotos an.
Was meinen Sie? Sprechen Sie. Hören Sie dann und vergleichen Sie.

– Warum treffen sich Ella und Max?
– Worüber sprechen sie?
– Warum ruft Ella Vivi an?

2 Was ist richtig? Hören Sie noch einmal und kreuzen Sie an.

	Max	Ella	
a	○	○	möchte „Chili con carne" kochen.
b	○	○	muss arbeiten und ist in Eile.
c	○	○	macht viele Vorschläge für ein Treffen.
d	○	○	möchte am Wochenende den Keller ausräumen.
e	○	○	hat kein Interesse an einem Treffen.
f	○	○	und Vivi reden über die Einladung zum Essen.
g	○	○	hat auch Vivi zum Chiliessen eingeladen.

Sag's durch die Blume!
von Ella Wegmann

„Puh, ist das heiß heute, was?"
So hat mich gestern Nachmittag eine Nachbarin im Treppenhaus angesprochen. Es war wirklich sehr heiß und ich habe zugestimmt. Da kam
5 sofort ihr nächster Satz: „Wollen wir zusammen ins Café rübergehen, ein Eis essen?" Darauf hatte ich nun aber gar keine Lust. Ich sagte: „Nein danke, ich muss in meinen Yoga-Kurs."

Ein normaler Mensch würde meine Antwort
10 sofort richtig verstehen und zwar so: „Nein danke, ich möchte nicht mit dir Eis essen gehen, im Gegenteil: Ich hätte jetzt gern meine Ruhe." Die Nachbarin gehört aber nicht zu den normalen Menschen – vielleicht war es ja auch
15 nur wegen der Hitze. Jedenfalls sagte sie lächelnd: „Kein Problem, dann gehen wir halt nach deinem Yoga-Kurs!" Da musste ich dann leider etwas deutlicher werden.

Tja, nicht alle Menschen verstehen es, wenn
20 man ihnen etwas „durch die Blume" sagt. Leider.

Stadt-Kurier
Ellas Tag

---

3 Wie finden Sie das Verhalten von Max und Ella in der Geschichte?
Sprechen Sie im Kurs.

> Ich finde, wenn Ella Nein sagt, muss Max das auch akzeptieren.

> Komisch, dass Max nicht versteht, dass Ella keine Lust hat.

4 Ellas Kolumne
Lesen Sie die Kolumne und beantworten Sie die Fragen.

– Wer hat Ella angesprochen?
– Wo und wann fand das Gespräch statt?
– Wie war das Wetter?
– Was hat die Person vorgeschlagen?
– Was hat Ella „durch die Blume" gesagt?
– Wie hat die Person darauf reagiert?

5 Was bedeutet „etwas durch die Blume sagen"?
Haben Sie schon mal etwas Ähnliches erlebt? Erzählen Sie.

> Das bedeutet, dass man ... Einmal zum Beispiel ...

> Ich war auch schon mal in so einer Situation: ...

Ellas Film

A Wenn ich du wäre, würde ich ...

A1 Was denkt Ella, was denkt Max? Ordnen Sie zu. Ergänzen Sie dann die Tabelle.

a ○ Wenn ich ihn richtig toll finden würde, hätte ich natürlich immer Zeit für ihn.
b ○ Wenn sie nicht so viel arbeiten müsste, könnten wir jetzt was trinken gehen.
c ○ Wenn sie am Wochenende nichts vorhätte, könnten wir uns treffen.
d ○ Wenn er nicht so anstrengend wäre, würde ich mich über seine Einladung freuen.
e ○ Wenn ich er wäre, würde ich jetzt ganz schnell nach Hause gehen und nicht weiter fragen.

Irrealer Bedingungssatz mit *wenn*
Wenn ich ihn richtig toll _____ , _____ ich natürlich immer Zeit für ihn.

WIEDERHOLUNG

Konjunktiv II	
ich finde	→ ich würde ... finden
ich habe	→ ich hätte
ich bin	→ ich wäre
ich muss	→ ich müsste

A2 Wie würden Sie reagieren? Sprechen Sie.

Eine frühere deutsche Kollegin lädt Sie zu einer Party ein. Sie möchten aber nicht hingehen, weil Sie dort niemanden kennen.

sich für die Einladung bedanken   absagen   eine gute Ausrede suchen   keine Zeit haben
schon etwas anderes vorhaben   die Wahrheit sagen
auf keinen Fall lügen   trotzdem hingehen   ...

Wenn ich in dieser Situation wäre, würde ich ...

A3 So sagen Sie eine Einladung höflich ab.

a Lesen Sie den Artikel und ordnen Sie die Tipps.

> Sicherlich waren auch Sie schon häufiger in der Situation, dass Sie eine Einladung bekommen haben und diese absagen mussten. Hier ein paar Tipps, wie Sie eine Einladung höflich, aber bestimmt absagen.
>
> ○ Sagen Sie, dass Sie gern dabei wären, aber leider nicht kommen können.
> ① Bedanken Sie sich für die Einladung.
> ○ Beenden Sie Ihre E-Mail mit guten Wünschen für die Feier.
> ○ Geben Sie einen Grund an, warum Sie nicht kommen können – auch, wenn Sie sich eine Ausrede ausdenken müssen.

b Schreiben Sie eine E-Mail an die Kollegin aus A2 und sagen Sie höflich ab.

*Liebe Theresa,
vielen Dank für die Einladung, ich habe mich sehr gefreut! ...*

A4 Arbeiten Sie zu zweit. Was würden Sie machen, wenn ...?
Fragen und antworten Sie.

a Sie haben eine Weltreise für zwei Personen gewonnen.
b Sie sind Präsidentin / Präsident.
c Sie finden ein Portemonnaie mit 500 Euro auf der Straße.
d Sie dürfen etwas an der deutschen Sprache ändern.
e Sie können alle Sprachen fließend sprechen.

Was würdest du machen, wenn du eine Weltreise für zwei Personen gewinnen würdest?

Ich glaube, dann würde ich mit ...

B Ich bin wirklich in Eile **wegen** meiner Arbeit.

B1 Wie kann man es auch sagen? Kreuzen Sie an.

Ich bin wirklich in Eile wegen meiner Arbeit.

Ich bin wirklich in Eile, ...
○ weil ich arbeiten muss.
○ obwohl ich arbeiten muss.

Präposition: wegen + Genitiv	
wegen	• mein**es** Berufs
	• mein**es** Praktikums
	• mein**er** Arbeit
	• mein**er** Interviews

Das hören Sie auch oft:
wegen mein**em** Beruf / mein**em** Praktikum

B2 Eine Umfrage im Radio

a Hören Sie den Anfang einer Radiosendung. Was ist das Thema? Kreuzen Sie an.

○ Fremdsprachen lernen – warum?   ○ Tipps für Fremdsprachenlerner

b Hören Sie weiter. Wer lernt welche Sprache? Ergänzen Sie.

1   2   3   4

c Hören Sie nun die Gespräche noch einmal. Welche Aussage passt zu wem?
Ordnen Sie die Personen aus b zu.

○ Für mein Studium brauche ich eine bestimmte Prüfung.
Darum besuche ich diesen Kurs.
○ Ich möchte nicht, dass meine Frau immer übersetzen muss, wenn
ich mich mit ihren Eltern unterhalten will. Aus diesem Grund lerne
ich jetzt ihre Muttersprache.
○ Vielleicht möchte ich irgendwann im Ausland arbeiten.
Daher finde ich es wichtig, Fremdsprachen zu lernen.
○ Ich werde beruflich viel im Ausland sein. Deswegen möchte ich sowohl meine Sprachkenntnisse
verbessern als auch etwas über das Kommunikationsverhalten der Menschen dort erfahren.

Warum? Wieso? Weshalb? Weswegen?	
darum	
daher	
deswegen	= deshalb
aus diesem Grund	

B3 Fremdsprachen

Welche Fremdsprachen lernen Sie / möchten Sie noch lernen? Sprechen Sie mit
Ihrer Partnerin / Ihrem Partner: Warum finden Sie es wichtig, Fremdsprachen zu lernen?

Ich finde es total wichtig, dass man möglichst viele Länder und Kulturen kennenlernt. Deshalb habe ich ...

Ich finde es total wichtig, dass ...
Für mich ist ... wichtig, weil/denn ...
Am allerwichtigsten ist ...
Deshalb/Deswegen/Darum/Daher ...

neunundvierzig 49 KB   LEKTION 4

C Entschuldigung, könnten Sie das bitte wiederholen?

C1 Wie bitte?

a Was ist das Problem? Lesen Sie die Probleme 1–4. Hören Sie dann die Gespräche A–D und ordnen Sie zu.

1 Der Kollege versteht den Ausdruck „Viertel drei" nicht.
2 Der Patient kann die Arzthelferin schlecht verstehen, weil sie so schnell spricht.
3 Die Personen sind sich nicht sicher, was genau „nächsten Donnerstag" bedeutet.
4 Die Schülerin hat ein Wort nicht verstanden und fragt nach.

Gespräch	A	B	C	D
Problem				

b Lesen Sie die Sätze. Welche sind höflicher? A oder B? Kreuzen Sie an.

A
1 ☒ Was meinst du mit nächsten Donnerstag?
2 ○ Sagen Sie Ihren Namen noch mal.
3 ○ Könnten Sie bitte langsamer sprechen?
4 ○ Eine Frage ist doch okay, oder?
5 ○ Sagen Sie das noch mal.
6 ○ Hä? Was soll das denn heißen?
7 ○ Tut mir leid, aber das habe ich noch nie gehört.

B
○ Nächsten Donnerstag? Wann denn jetzt?
☒ Wie war bitte Ihr Name?
○ Sprechen Sie immer so schnell?
○ Darf ich Sie kurz etwas fragen?
○ Könnten Sie das bitte wiederholen?
○ Entschuldigung, habe ich das richtig verstanden?
○ Keine Ahnung, nie gehört.

c Hören Sie die Gespräche noch einmal. Welche Sätze hören Sie? Markieren Sie in b.

C2 Rollenspiel

Arbeiten Sie zu zweit. Wählen Sie eine Situation und spielen Sie ein Gespräch.

Sie haben starke Rückenschmerzen. Sie vereinbaren einen Termin beim Arzt. Die Dame am Telefon spricht sehr leise und Sie bitten um Wiederholung.

Sie gehen mit einem Freund in die Mensa. Er bestellt ein Gericht, das Sie nicht kennen. Sie fragen nach, weil Sie das Wort nicht verstanden haben.

Sie möchten sich für einen Yogakurs anmelden. Sie rufen im Yogazentrum an und bitten um Informationen.

Was meinen Sie mit …?
Das Wort habe ich nicht verstanden.
Entschuldigung, habe ich das richtig verstanden?
Und was bedeutet …?
Tut mir leid, aber das habe ich noch nie gehört.

Wie war bitte Ihr Name?
Könnten Sie bitte lauter/langsamer sprechen?
Könnten Sie das bitte wiederholen?

Darf ich Sie (kurz) etwas fragen?
Können Sie mir vielleicht sagen, wo/ob …?
Wissen Sie, wo/ob …?

SCHON FERTIG? Schreiben Sie ein sehr höfliches oder ein sehr unhöfliches Gespräch.

D Fremdsprachen lernen – aber wie?

D1 Erfolgreich Fremdsprachen lernen

a Lesen Sie den Anfang des Textes. Sehen Sie dann die Bilder an und überlegen Sie: Welche Lerntipps könnten das sein?

> Warum lernen manche Menschen problemlos Fremdsprachen, andere besuchen jahrelang Kurse und können immer noch keine einfache Unterhaltung führen? Wir wollten wissen, was dabei hilft, eine Fremdsprache zu lernen. Lest hier einige Tipps von erfolgreichen Fremdsprachenlernern.

A   B   C   D   E

b Lesen Sie nun weiter und ordnen Sie die Tipps den Bildern zu.

○ Zusammen ist es einfacher: Suche dir einen Partner, mit dem du zusammen lernen kannst. So motiviert ihr euch gegenseitig und strengt euch vielleicht auch ein wenig mehr an.

○ Ein konkretes Ziel vor Augen: Möchtest du mit Menschen in ihrer Muttersprache Smalltalk machen können, die Grammatik beherrschen oder eine bestimmte Prüfung bestehen? Überlege dir, welches konkrete Ziel du erreichen möchtest.

○ Hast du oft Zweifel? Hab keine Angst, etwas falsch zu machen, sondern lerne wie ein Kind aus deinen Fehlern, sei mutig und trau dich. Wir Erwachsenen stehen uns oft selbst im Weg und reden uns ein: „Das kann ich nicht." Aber aus Fehlern lernt man!

Ⓐ Ohren auf: Beobachte Muttersprachler und höre gut zu. Versuche, sie so gut wie möglich zu imitieren: ihre Mundbewegung, ihre Sprachmelodie, ihre Aussprache.

○ Selbstgespräche: Wenn du niemanden hast, mit dem du sprechen kannst, dann sprich einfach mit dir selbst. Das kann in Gedanken sein, unter der Dusche, vor dem Spiegel oder beim Spazierengehen. So kannst du üben Sätze zu bilden und deine Aussprache trainieren.

Wichtig ist letztendlich, dass du wirklich bei der Sache bleibst, sobald du einmal angefangen hast, eine Fremdsprache zu lernen. Überlege dir einfach immer wieder, welche Vorteile das hat. Das Zauberwort heißt Selbstmotivation!

D2 Plakat mit Tipps zum Deutschlernen

a Schreiben Sie Ihren persönlichen Lerntipp wie in D1. Womit haben Sie gute Erfahrungen gemacht?

> *Lerne Vokabeln mit einer App. Das macht Spaß – immer und überall – z. B. im Zug oder wenn du auf jemanden wartest.*

b Schreiben Sie Ihren Lerntipp auf ein Plakat und stellen Sie ihn im Kurs vor.

E In mehreren Sprachen zu Hause

E1 Welches Zitat gefällt Ihnen am besten? Warum?

„Sprache ist die Musik des Denkens."

„Sprache ist ein Stück Heimat – überall auf der Welt."

„Mit jeder neu gelernten Sprache bekommst du eine neue Seele."

E2 Mit verschiedenen Sprachen aufwachsen

a Lesen Sie die Informationen über die Autorin. Was meinen Sie: Wie viele Sprachen spricht sie und was ist ihre Muttersprache?

Anna Maria Baldermann hat einen deutschen Vater und eine chilenische Mutter, wurde in Kairo geboren und ist in Deutschland aufgewachsen. Mit ihrem italienischen Ehemann und ihrem Sohn Bruno lebt sie heute in Italien.

b Lesen Sie den Text und vergleichen Sie mit Ihren Vermutungen.

„Mama, das ist kaputto!"

Zwei Fragen stellt man mir sehr oft: Die erste ist die, wo ich mich zu Hause fühle, die zweite ist die nach meiner Muttersprache: Auf die erste Frage antworte ich meistens, dass ich dort zu Hause bin, wo meine Familie ist. Die zweite Frage ist schwieriger zu beantworten, denn was bedeutet Mutter-
5 sprache? Die Sprache, die ich am besten kann? Die Sprache, in der ich mich am wohlsten fühle? Oder ganz einfach: die Sprache meiner Mutter?
Mit mir sprach meine Mutter meistens Spanisch. Ich erinnere mich an spanische Kinderlieder. Am Sonntag gab es bei uns keinen Sonntagsbraten, sondern viel öfter „Cazuela" (ein chilenischer Eintopf). Küche und Kochen verbinde ich mit der spanischen Sprache. Meine
10 Eltern haben nie auf eine genaue Trennung der Sprachen geachtet. Deshalb erinnere ich mich auch daran, dass ich oft unsicher war und es überhaupt nicht mochte, wenn mich jemand fragte: Fühlst du dich eher als Deutsche oder als Chilenin? Ich habe lange gebraucht, um mir meine eigene sprachliche Identität aufzubauen. Manchmal erfand ich dann auch einfach meine eigenen Wörter und „etwas reparieren" wurde zu „etwas annama-
15 rieren".
Schule war für mich ganz klar Deutsch. Auf Spanisch habe ich dafür gesungen, Musik gemacht, war kreativ. Alles, was ich auf Spanisch konnte, habe ich nur über Hören und Nachsprechen gelernt. Meine Aussprache war von Anfang an die einer Muttersprachlerin. Mir wurde oft gesagt, dass sich meine Stimme verändert, wenn ich Spanisch spreche. Ich
20 bin dann weicher und emotionaler. Heute spreche ich viel Italienisch und lebe meine südländische Seite in der italienischen Kultur aus. Italienisch habe ich übrigens ebenfalls fast ausschließlich über Hören und Nachsprechen gelernt. Grammatik ist nichts für mich.
Bei meinem Sohn Bruno achte ich sehr darauf, dass ich nur Deutsch mit ihm spreche, Italienisch hört er überall. Mein Mann und ich trennen beide Sprachen zu Hause und Bruno
25 konnte schon mit drei Jahren unterscheiden, ob er „wie die Mama" oder „wie der Papa" spricht. Natürlich vermischt auch er beide Sprachen manchmal und es kommen Sätze zustande wie: „Mama, das ist kaputto!". Ich antworte dann einfach: „Kein Problem, das kann man annamarieren!".

c Welche Aussagen sind richtig? Kreuzen Sie an.

1 ○ Die Autorin kann nicht genau sagen, was ihre Muttersprache ist.
2 ○ Sie hat mit ihrer Mutter immer Spanisch und mit ihrem Vater immer Deutsch gesprochen.
3 ○ Mit Spanisch verbindet sie Kochen, Musik und Kreativität.
4 ○ Anna Maria spricht Spanisch mit einem leichten deutschen Akzent.
5 ○ Anna Maria und ihr Mann erziehen ihren Sohn Bruno zweisprachig.
6 ○ Bruno konnte Deutsch und Italienisch schon sehr früh unterscheiden.

SCHON FERTIG? Ergänzen Sie die Sätze. Deutsch ist für mich … Meine Muttersprache ist für mich …

E3 Ihre Sprachen

a Arbeiten Sie zu zweit. Fragen Sie Ihre Partnerin / Ihren Partner und notieren Sie die Antworten.

1 Wo bist du aufgewachsen? Woher stammt deine Familie?

2 Was ist deine Muttersprache?

3 Sprichst du einen Dialekt? Wenn ja, welchen?

4 Wie viele Sprachen / Fremdsprachen sprichst du? Welche?

5 Welche sprichst du gut, welche ein bisschen?

6 Helfen dir deine Fremdsprachenkenntnisse beim Deutschlernen?

7 Was fällt dir auf, wenn du deine Muttersprache mit der deutschen Sprache vergleichst?

Französisch Russisch Portugiesisch Spanisch Englisch Chinesisch Polnisch Arabisch Koreanisch Farsi

b Stellen Sie Ihre Partnerin / Ihren Partner im Kurs vor.

Teresa kommt aus São Paulo, Brasilien. Sie spricht drei Fremdsprachen: Spanisch, Deutsch und ein bisschen Englisch. Ihre Muttersprache ist Portugiesisch.

Das ist Yun. Er ist in Hongkong aufgewachsen, aber seine Familie stammt aus Südkorea. Koreanisch hat dieselbe Schrift wie Deutsch und Englisch.

Grammatik und Kommunikation

Grammatik

1 Konjunktiv II: Irreale Bedingungen ÜG 5.18

Nebensatz		Hauptsatz		
Wenn ich ihn richtig toll	finden **würde**,	(dann) **hätte**	ich ... für ihn.	
Wenn sie am Wochenende nichts	**vorhätte**,	(dann) **könnten**	wir uns	**treffen**.
Wenn sie nicht so viel	arbeiten **müsste**,	(dann) **könnten**	wir ... trinken	**gehen**.
Wenn er nicht so anstrengend	**wäre**,	(dann) **würde**	ich mich ...	**freuen**.

2 Präposition: wegen + Genitiv ÜG 6.04

wegen
- mein**es** Beruf**s**
- mein**es** Praktikum**s**
- mein**er** Arbeit
- mein**er** Interviews

Warum haben Sie Deutsch gelernt?
Wegen meiner Freundin.

Ergänzen Sie die Sätze.
Wenn ich morgen Urlaub hätte,

Wenn ich nochmal 15 wäre,

Wenn ich fliegen könnte,

Merke:
Wegen benutzt man in der gesprochenen Sprache oft mit Dativ: **wegen dem** Beruf / **einem** Praktikum

Antworten Sie mit wegen.
Warum gehst du heute nicht joggen? (→ das Wetter)

Warum kommst du nicht mit zum Sport? (→ meine Grippe)

Warum freust du dich so? (→ die Note in Mathe)

Kommunikation

ÜBER IRREALE BEDINGUNGEN SPRECHEN: Wenn ich ... könnte, ...

Wenn ich ... könnte, (dann) ...
Wenn ich ... hätte, (dann) ...
Wenn ich (nicht) ... wäre, (dann) ...
Wenn ich (nicht) ... dürfte, (dann) ...

WICHTIGKEIT AUSDRÜCKEN UND BEGRÜNDEN: Für mich ist ... wichtig, weil ...

Ich finde es total wichtig, dass ...
Für mich ist ... wichtig, weil/denn ...
Am allerwichtigsten ist ... Deshalb/Deswegen/Darum/Daher ...

Schreiben Sie fünf Sätze mit wenn.

Wenn ich nie mehr arbeiten müsste, ...

TiPP
Wählen Sie einige Redemittel aus, die für Sie wichtig sind, und schreiben Sie kleine Gespräche.

LEKTION 4 KB 54 vierundfünfzig

UM INFORMATIONEN BITTEN: Wissen Sie, ob …?

Darf ich Sie/dich (kurz) etwas fragen?
Können Sie/Kannst du mir (vielleicht) sagen, wo/ob …?
Wissen Sie/Weißt du, wo/ob …?

ETWAS NICHT VERSTEHEN UND NACHFRAGEN: Und was bedeutet …?

Tut mir leid, das Wort habe ich nicht verstanden. / habe ich noch nie gehört.
Entschuldigung, habe ich das richtig verstanden?
Und was bedeutet …?
Was meinen Sie / meinst du mit …?

UM WIEDERHOLUNG BITTEN: Könnten Sie das bitte wiederholen?

Wie war bitte Ihr/dein Name?
Könnten Sie / Könntest du bitte langsamer sprechen?
Wie bitte? Könnten Sie / Könntest du das bitte wiederholen?

ÜBER SICH SPRECHEN: … ist meine Muttersprache.

Russisch/Spanisch ist/hat … | … ist meine Muttersprache. | … hat eine andere Schrift. | Das finde ich viel einfacher. | Ich kann gut Englisch /… sprechen. | Und jetzt kann ich (auch) schon (ein bisschen) Deutsch.

TiPP

Das macht Ihre Fragen höflicher:
Beginnen Sie Ihre Frage mit „Können Sie / Kannst du mir sagen, …?"

Schreiben Sie die Fragen besonders höflich.
Wann beginnt der Arabischkurs?
Kann man hier auch Salsa lernen?
Wo finden die Kurse statt?
Wie viel kostet der Intensivkurs?

Schreiben Sie: Welche Sprachen haben Sie wann und wie gelernt?

Ich spreche … Sprachen.
Meine Muttersprache ist …

Sie möchten noch mehr üben? 2 | 14–16 AUDIO-TRAINING

Lernziele

Ich kann jetzt …

A … über irreale Bedingungen sprechen: *Wenn ich in dieser Situation wäre, …* ☺ 😐 ☹
B … Wichtigkeit ausdrücken und begründen: *Für mich ist … wichtig, …* ☺ 😐 ☹
C … um Informationen bitten: *Können Sie mir sagen, wo das ist?* ☺ 😐 ☹
   … um Wiederholung bitten: *Könnten Sie das bitte wiederholen?* ☺ 😐 ☹
D … Tipps zum Deutschlernen verstehen und selbst formulieren: *Lerne Vokabeln mit einer App.* ☺ 😐 ☹
E … einen Erfahrungsbericht verstehen und über die Sprachbiografie meiner Partnerin / meines Partners sprechen: *Ihre Muttersprache ist Portugiesisch.* ☺ 😐 ☹

Ich kenne jetzt …

8 Wörter zum Thema *Sprachen*:
die Muttersprache, …

Zwischendurch mal …

SPIEL

Das Abkürzungsspiel

Abkürzungen gibt es überall, sicher auch in Ihrer Sprache. Viele verwendet man nur selten. Andere begegnen einem häufiger, manche sogar täglich. Die Abkürzung „www" kennt heute fast jeder Mensch. Auch im Deutschen finden wir viele Abkürzungen. Diese z. B. kennen Sie, oder? Na klar, „z. B." heißt „zum Beispiel".

ADAC · BMW · DB · DDR · DIN · Hbf. · MfG · PIN · u.A.w.g. · ZDF · MEZ · FAZ · MwSt. · VW · usw. · LKW

1 Lesen Sie den Text. Welche Abkürzungen kennen Sie? Was bedeuten sie? Manche Abkürzungen können auch mehr als eine Bedeutung haben.

Ich kenne BMW. Das heißt …

2 Arbeiten Sie in Gruppen. Wählen Sie Abkürzungen und erfinden Sie eigene Bedeutungen. Wer hat die lustigsten Sätze?

DIN könnte bedeuten: Dora isst Nudeln. Das Internet nervt. …

SCHREIBEN

Sag's mit 50 Worten!

Es macht mich wütend, wenn …
Wenn ich viel Geld hätte, würde ich …
Ich bewundere Sie, weil …
Was ich dir schon lange mal sagen wollte: …
Am Wochenende könnten wir …
Ich habe nichts gegen laute Musik, aber …

Wenn ich viel Geld hätte, würde ich …

Es macht mich wütend, wenn …

… jemand schlecht über andere Menschen redet. Ich finde, so etwas ist eine Charakterschwäche. Und ich frage mich dann immer, was so jemand wohl über mich erzählt, wenn er mit anderen Leuten spricht. Zu solchen Typen sage ich einfach nur: „Stopp! Ich will das nicht hören!"

Wenn ich viel Geld hätte, würde ich …

… ein richtig großes Fest machen. Das Fest würde von Freitagabend bis Sonntagabend dauern. Alle meine Freunde könnten kommen und mitfeiern. Alle könnten so viel essen und trinken, wie sie wollen. Ich würde auch mehrere Bands einladen, dann könnten wir zur Live-Musik tanzen.

4

1 Sag's mit 50 Worten! Wählen Sie auf S. 56 einen Textanfang und schreiben Sie einen 50-Wörter-Text.

Am Wochenende könnten wir …

2 Lesen Sie Ihren Text im Kurs vor.

HÖREN

Missverständnisse

Fritz ist in der Stadt und ruft mit seinem Handy zu Hause bei Josefine an.
Leider ist die Handyverbindung sehr schlecht. Manche Worte kann Josefine fast gar nicht verstehen.
Am Schluss sagt Josefine etwas und Fritz versteht es nicht.

Das versteht Josefine:

Du hast es schon mehrfach versucht?
Wo gehst du entlang?
Wassersport? Wieso Wassersport?
Es ist dir egal?
Du rauchst jetzt?
Es wird immer schlimmer?
Da ist kein Handtuch links oben.

Das hat Josefine gesagt:

Bring Energiesparbirnen mit.
Damit wir einen Vorrat haben.

Das hat Fritz gesagt:

Die Verbindung ist _sehr schwach_.
Ich habe fast keinen _____.
Ich brauche mein _____.
Es ist _____.
Ich _____.
Geh mal _____.
Es steht in dem kleinen _____ links oben.

Das versteht Fritz:

Irgendwie'n paar Birnen?
Damit wir ein Fahrrad haben.

2 ◀)) 17   Hören Sie. Was hat Fritz gesagt? Ergänzen Sie.

Eine Arbeit finden

Folge 5: Selbst was dafür tun

1 Sehen Sie die Fotos an und hören Sie. Beantworten Sie die Fragen.

– Welches Problem hat Tante Lina?   – Was übt sie mit ihm?
– Was rät Ella Tobias?   – Warum sind Ella und Lina überrascht?

2 Hören Sie noch einmal. Was ist passiert? Erzählen Sie. Die Stichpunkte helfen Ihnen.

Foto 1
Lina – Ella anrufen
Sohn Tobias – schlechten Schulabschluss machen
Lina sich Sorgen machen – Tobias keinen Ausbildungsplatz finden
Ella fragen – Tobias bei Bewerbung helfen

Foto 2
Tobias Praktikum bei MediaUniverse gemacht
gut mit Technik auskennen
Ella Idee: als Fachverkäufer bewerben

Foto 3
Tobias um Job bewerben
zum Vorstellungsgespräch eingeladen –
mit Ella Gespräch üben
Ella: Tobias guter Schauspieler

Foto 4
Tina und Ella überrascht: Tobias an Schauspielschule beworben
Platz an der Schauspielschule bekommen

LEKTION 5   KB 58 achtundfünfzig

Stadt-Kurier

Ellas Tag

Tobias L., 17, ~~k~~eine Idee

von Ella Wegmann

Es gibt Menschen, die schon als Kinder wissen, welchen Beruf sie später mal ergreifen. Tobias L. gehört nicht zu dieser Gruppe. Bis kurz vor seinem Realschulabschluss hat er keine Ahnung, was er werden soll. Während seines letzten Schuljahrs nimmt er an mehreren Berufsberatungskursen teil. Auf eine Idee bringt ihn das nicht. Er macht ein Praktikum in einem großen Technik-Markt. Aber ein Leben lang Kunden beraten? Nein, das ist auch nicht sein Ding. In seiner Freizeit beschäftigt sich Tobias viel mit seiner Videokamera. Er macht witzige Clips und stellt sie ins Internet. Irgendwann sagt ihm jemand, dass er ein großes Talent für den Schauspielerberuf hat. In diesem Moment macht es „Bling!" im Kopf des Siebzehnjährigen. Er bewirbt sich bei der bekanntesten Schauspielschule im Land und wird genommen, obwohl es etwa achthundert Mitbewerber für die sieben freien Plätze gibt. Tja, manchmal genügt nur eine einzige Idee … und schon wird alles gut!

---

3 Was ist bei der Berufswahl wichtig? Was meinen Sie?

> *Ich finde, man soll den Beruf lernen, den man wirklich will.*

> *Den Traumjob gibt es nicht. Für mich sind … wichtig …*

4 Ellas Kolumne

Was ist richtig? Lesen Sie die Kolumne und kreuzen Sie an.

a ○ Tobias wusste schon in der Schule, was er werden will.
b ○ Die Berufsberatungskurse haben ihm bei der Berufswahl geholfen.
c ○ Irgendwann sagt ihm jemand, dass er ein guter Schauspieler ist.
d ○ Er bekommt einen Platz an der Schauspielschule, weil es wenig Bewerber gibt.

5 Was hat Ihnen bei der Berufswahl geholfen? Erzählen Sie.

> *Nach meinem Praktikum in einem Kindergarten wusste ich, dass …*

> *Ich weiß noch gar nicht, was ich werden will. Vielleicht …*

Ellas Film

A Fang endlich an, Bewerbungen **zu schreiben**!

A1 Fang endlich an, …!

a Wer sagt was?
Hören Sie. Verbinden Sie und ordnen Sie zu. Ergänzen Sie dann die Tabelle.

- Fang endlich an,   als Verkäufer in einem Technik-Markt zu arbeiten?
- Es ist wirklich toll,   Bewerbungen zu schreiben!
- Hättest du Lust,   Kunden zu beraten.

Infinitiv mit zu

Es ist toll, _____

auch so nach: Es ist (nicht) stressig/interessant/anstrengend/leicht, …

Fang endlich an, _____

auch so nach: sich (nicht) vorstellen können, versuchen, vergessen, aufhören, …

Hättest du Lust, _____

auch so nach: (kein/keine) Zeit/Interesse /Angst/Freude/Spaß/ … haben, …

b Notieren Sie drei Sätze zum Thema „Beruf". Sammeln Sie die Zettel ein und verteilen Sie sie neu. Lesen und raten Sie: Wer hat was geschrieben?

Ich kann mir nicht vorstellen, …   Ich vergesse oft, …   Es ist toll, …

> Ich kann mir nicht vorstellen, nachts zu arbeiten. …

A2 Stellenanzeigen

a Welche Anzeige passt zu den Branchen? Ordnen Sie zu.

- Hotel, Gastronomie ⓐ Maschinenbau ○ Dienstleistung ○ Handel

A Führendes deutsches Unternehmen für Umwelttechnik mit zahlreichen Standorten im Ausland sucht
Praktikanten (m/w)
Wir bieten Ingenieursstudenten (m/w) mit abgeschlossenem Bachelorstudium und ausgezeichneten Computerkenntnissen interessante Praktikumsplätze in unserer Produktions- und Forschungsabteilung.
Wir erwarten gute Deutschkenntnisse, eine selbstständige Arbeitsweise und eine gute Teamfähigkeit. Wir freuen uns auf Ihre Bewerbung.

B Wir suchen für die Sommerferien erfahrene Servicekräfte für unser persönlich geführtes Hotel am Neusiedler See.
Gute Englisch- und Ungarischkenntnisse erwünscht.
Weitere Informationen und Bewerbungsunterlagen bitte an: Hotel

C **Pflichtbewusste und motivierte Studentin gesucht**
Wir, eine Familie mit drei Kindern (7, 4, 2 Jahre alt), suchen ab Juni befristet auf 6 Monate eine Studentin zur Unterstützung im Haushalt. Führerschein von Vorteil. Sie brauchen uns keine schriftliche Bewerbung zu schicken. Rufen Sie

D **Volki Supermärkte**
Wir suchen ab sofort freundliche und zuverlässige Aushilfen auf Stundenlohn-Basis für unsere Geschäfte in St. Gallen.
Rufen Sie uns einfach an.
Tel.: 071 6654408.

> Sie brauchen uns keine schriftliche Bewerbung zu schicken. =
> Sie müssen uns keine schriftliche Bewerbung schicken.
> Sie brauchen nicht/nur … zu … = Sie müssen nicht/nur …

b Lesen Sie die Stellenanzeigen in a noch einmal und markieren Sie:
Welche beruflichen Kenntnisse und persönlichen Fähigkeiten werden verlangt?

LEKTION 5   KB   60 sechzig

A3 Pedros Bewerbungsschreiben

a Auf welche Anzeige aus A2 bewirbt sich Pedro? Lesen Sie und ergänzen Sie im Brief.

b Notieren Sie die Fähigkeiten und Anforderungen aus der Anzeige in A2, auf die Pedro sich bezieht.

Bewerbung als _____

Sehr geehrte Damen und Herren,

mit großem Interesse habe ich Ihre Anzeige gelesen und bewerbe mich für ein Praktikum in Ihrer Produktionsabteilung.

Wie Sie aus meinen Unterlagen ersehen können, studiere ich an der Universität Rovira i Virgili Umwelttechnik. Im letzten Jahr habe ich mein Bachelorstudium abgeschlossen. Auch erste praktische Erfahrungen habe ich bereits bei einem dreimonatigem Praktikum in einem großen Unternehmen sammeln können. Wie Sie dem Zeugnis entnehmen können, durfte ich dort viele Aufgaben selbstständig erledigen. Dabei konnte ich feststellen, dass ich gern Verantwortung übernehme.

Es macht mir aber auch Spaß, im Team zu arbeiten. An der Universität realisiere ich gemeinsam mit anderen Studenten viele Projektarbeiten. Ich bin es gewohnt, mich auf Gedanken und Ideen von anderen einzustellen. Ich beherrsche alle üblichen PC-Programme. Neben meiner Muttersprache Spanisch spreche ich gut Deutsch und Englisch.

Über eine Einladung zu einem persönlichen Gespräch freue ich mich sehr.

Mit freundlichen Grüßen

Pedro Gonzáles

Anlagen: Lebenslauf, Zeugnisse

Ingenieursstudent

SCHON FERTIG? Welche Fähigkeiten und Kenntnisse braucht man für Ihren (Traum)Job? Sammeln Sie.

A4 Wählen Sie eine Stellenanzeige aus A2 oder aus dem Internet / einer Tageszeitung und schreiben Sie ein Bewerbungsschreiben. Die Satzanfänge helfen Ihnen.

Mit großem Interesse …
Wie Sie aus meinen Unterlagen ersehen können, studiere ich / war ich in … / … als … tätig.
Ich habe dort bei … gearbeitet. Das ist eine große / kleine / … Firma / ein großes Unternehmen, die / das … herstellt. / produziert. / verkauft. / importiert. / exportiert. / entwickelt.
Ich konnte in verschiedenen Bereichen Erfahrungen sammeln. So war ich …

Dabei habe ich …
Zu meinen Tätigkeiten gehörte auch …
Ich bin es gewohnt, …
Ich kann mir sehr gut vorstellen, …
Es fällt mir leicht, …
Es macht mir große Freude, …
Über eine Einladung …

B Während seines letzten Schuljahres …

B1 Was bedeuten die Sätze? Kreuzen Sie an.

a Während seines letzten Schuljahres nimmt Tobias an mehreren Berufsberatungskursen teil.
  ○ Tobias hat im letzten Jahr die Schule besucht und zur gleichen Zeit an mehreren Berufsberatungskursen teilgenommen.
  ○ Tobias hat erst seinen Schulabschluss gemacht und danach an mehreren Berufsberatungskursen teilgenommen.

b Außerhalb des Unterrichts macht Tobias witzige Clips für das Internet.
  ○ Tobias macht im Unterricht witzige Clips für das Internet.
  ○ Tobias macht in seiner Freizeit witzige Clips für das Internet.

c Innerhalb weniger Wochen hat er einen Platz an der Schauspielschule bekommen.
  ○ Nach wenigen Wochen hat er einen Platz an der Schauspielschule bekommen.
  ○ Vor wenigen Wochen hat er einen Platz an der Schauspielschule bekommen.

Temporale Präpositionen + Genitiv	
Wann?	
während innerhalb außerhalb	• des Unterrichts • des Schuljahres • der Schulzeit • der Öffnungszeiten

B2 Ohne Nervosität ins Bewerbungsgespräch

a Lesen Sie die Tipps und ordnen Sie die Präpositionen zu.

~~bei~~   beim   bis   vom … an   vor   vor   während   während

WIEDERHOLUNG

Wann?	bei, beim, vor
Wie lange?	bis
Ab wann?	von … an

„BITTE ERZÄHLEN SIE UNS ETWAS ÜBER SICH."

Spätestens nach diesem Satz werden wohl die meisten Bewerber nervös. Was hilft gegen die Nervosität _____ Bewerbungsgespräch?

1 Gute Vorbereitung schafft Sicherheit: Sie können sich schon _____ dem Gespräch auf Standardfragen vorbereiten und sich über das Unternehmen informieren. Warten Sie damit nicht _____ zur Einladung zum Vorstellungsgespräch, sondern beginnen Sie schon _____ Zeitpunkt der Bewerbung _____ .

2 Stress vermeiden: Rechnen Sie für Ihre Anfahrt einen zeitlichen Puffer ein. Ohne Stress _bei_ der Anreise gehen Sie entspannter in das Gespräch.

3 Übung macht den Meister: Spielen Sie Gespräche vor dem Spiegel. Dann fühlen Sie sich _____ des Gesprächs sicherer.

4 Freuen Sie sich auf das Gespräch: Die Firma bewirbt sich auch um Sie. Und vergessen Sie nicht, _____ des Gesprächs zu lächeln.

5 Bewegung baut Stress ab: Gehen Sie _____ dem Gespräch spazieren, wenn Sie noch etwas Zeit haben. Das beruhigt und so können Sie vermeiden, noch zusätzlich nervös zu werden.

b Was halten Sie von den Tipps? Was machen Sie gegen Nervosität bei Bewerbungsgesprächen oder Prüfungen? Sprechen Sie.

Also Tipp fünf finde ich blöd. Spazierengehen macht mich eher nervös. Ich …

B3 Das Bewerbungsgespräch

a Hören Sie das Gespräch und kreuzen Sie an:
Über welche Themen wird gesprochen?

○ Schulabschluss ○ Gehalt ○ Praktikum ○ Grund für die Bewerbung
○ technische Kenntnisse ○ Kenntnisse von PC-Programmen
○ Sprachkenntnisse ○ Arbeitszeiten

b Was sagt Frau Singer? Hören Sie noch einmal und markieren Sie die Sätze.

◆ ==Guten Tag, Herr ...==. Kommen Sie doch bitte herein. ==Schön, dass Sie da sind.==

◆ Setzen Sie sich doch bitte.

◆ Erzählen Sie doch bitte etwas über sich.

◆ Welche Aufgaben hatten Sie in Ihrer letzten Firma / während des Praktikums /...?

◆ Konnten Sie während Ihres Studiums /... schon praktische Erfahrungen sammeln?

◆ Haben Sie auch technische / handwerkliche /... Kenntnisse oder Fähigkeiten? Haben Sie auch Computerkenntnisse / Sprachkenntnisse?

◆ Haben Sie denn noch eine Frage an mich?

◆ Gut, Herr/Frau ..., wir melden uns dann innerhalb der nächsten Woche / in ... Tagen/Wochen bei Ihnen. Vielen Dank, dass Sie hier waren.

○ Danke für die Einladung zum Gespräch.

○ Dankeschön.

○ Ich bin ... / Ich habe ... gearbeitet. / gelernt. / studiert. / Davor habe ich als ... bei ... gearbeitet. Ich beende gerade meine Ausbildung / mein Studium /...

○ Ich war ... im Verkauf / in der Produktion /... tätig. Dort war ich für ... zuständig.

○ Ja, ich habe ein Praktikum in / bei ... gemacht. / Nein, ich habe leider noch keine Berufserfahrung.

○ Ja, ich habe ... / Nein, ich ... / Es fällt mir leicht, ... / Ich bin es gewohnt, ... / Es macht mir Spaß, ... / Ja, ich spreche ...

○ Ja, ich würde gern wissen, ...

○ Ja, vielen Dank auch an Sie. Auf Wiedersehen.

B4 Rollenspiel: Das Bewerbungsgespräch

a Auf welche Stelle würden Sie sich gern bewerben? Welche Fähigkeiten haben Sie? Machen Sie Notizen.

b Spielen Sie ein Bewerbungsgespräch mit Ihrer Partnerin / Ihrem Partner. Hilfe finden Sie in B3. Tauschen Sie auch die Rollen.

Bewerbung als: _____
Ausbildung/Studium: _____
besondere Fähigkeiten: _____
Sprachkenntnisse: _____
Computerkenntnisse: _____

C Berufsberatung

C1 Wie finde ich den richtigen Beruf? Lesen Sie und beantworten Sie die Fragen.

> ### Beruf und Karriere
> **Wie finde ich den richtigen Beruf?**
> Sie sind gerade mit der Schule fertig und auf der Suche nach dem passenden Beruf? Um herauszufinden, welcher Beruf wirklich zu Ihnen passt, sollten Sie zunächst Ihre eigenen Stärken und Interessen kennen. Machen Sie eine Liste und fragen Sie auch andere nahestehende Personen nach ihrer Einschätzung. Nutzen Sie Berufswahltests und Checklisten im Internet. Hier können Sie Ihre eigenen Stärken und Vorlieben mit den Anforderungen verschiedener Berufe vergleichen. Nutzen Sie Angebote, wie Schnuppertage, Praktika und Freiwilligendienste. In der Praxis können Sie Berufe und Branchen am besten kennenlernen.

a An wen richtet sich die Webseite?
b Welche Ratschläge bekommt der Leser?

C2 Berufsberatung im Kurs: Welche beruflichen Wünsche haben Sie?

a Lesen Sie und kreuzen Sie an. Haben Sie noch weitere Wünsche? Ergänzen Sie.

Möchten Sie …	ja	nein		ja	nein
… viel reisen?	○	○	… etwas mit den Händen machen?	○	○
… im Team arbeiten?	○	○	… Verantwortung übernehmen?	○	○
… im Büro tätig sein?	○	○	… künstlerisch tätig sein?	○	○
… im Freien arbeiten?	○	○	… sich mit technischen Fragen beschäftigen?	○	○
… in einer Werkstatt tätig sein?	○	○	… etwas Neues entwickeln?	○	○
… am Computer sitzen?	○	○			
… anderen helfen?	○	○	weitere Wünsche:		
… Menschen beraten?	○	○			

b Fragen Sie Ihre Partnerin / Ihren Partner und machen Sie Notizen.

Ich habe Lust, …
Ich habe Interesse (daran), …
Ich kann mir gut vorstellen, …
Ich finde es (nicht) anstrengend/leicht/schwer, …
Es macht mir Spaß/Freude, …

Hast du Lust, viel zu reisen?

Nein, ich habe gar keine Lust zu reisen. Ich habe Familie und möchte deshalb lieber viel zu Hause sein.

Reisen?
Nein: Familie,
mehr zu Hause sein
…

c Arbeiten Sie in Gruppen. Stellen Sie Ihre Partnerin / Ihren Partner vor. Welchen Beruf würden die anderen ihr/ihm empfehlen?

◆ … möchte nicht reisen, denn er hat Familie. Er kann sich gut vorstellen, im Team zu arbeiten. Auf keinen Fall will er den ganzen Tag am Computer sitzen. Es macht ihm Spaß, auch etwas mit den Händen zu machen. Welchen Beruf würdet ihr ihm empfehlen?
○ Vielleicht Biologe?
▲ Oder Bauingenieur?

D Kreativität

D1 Erzählen Sie.

- Wann und wo sind Sie besonders kreativ?
- Sind Sie eher kreativ, wenn Sie allein sind?
- Kennen Sie besonders kreative Menschen? Was machen sie?

D2 Kreativität – Technik oder Eigenschaft?

a Überfliegen Sie den ersten Absatz des Textes. Worum geht es?

- ○ Um Menschen, die in besonders kreativen Berufen arbeiten.
- ○ Um Techniken, wie man kreative Lösungen finden kann.

b Was ist richtig? Lesen Sie nun den ganzen Text und kreuzen Sie an.

::: Ich wäre gern kreativer :::

Kreativität ist nur etwas für Künstler und Genies? So dachte man früher. Doch Wissenschaftler sind sich einig: Kreativität ist in jedem Gehirn angelegt. Jeder kann kreativ sein. Es geht dabei um die Fähigkeit, bei Problemen querzudenken und so neue nützliche Lösungen zu finden. Das kann man trainieren. Es gibt eine Reihe von Techniken, mit deren Hilfe Ideen entwickelt werden können. Generell kann man diese Techniken in drei Kategorien unterteilen:

1. Techniken wie Brainstorming und Mindmapping, mit denen lose Ideen gesammelt werden
2. Rollenspiele, die dabei helfen, die Perspektive zu verändern
3. Checklisten, die auf Veränderung abzielen und sich besonders für Mitarbeiter eignen, die allein arbeiten

Hier einige Beispiele:

▶ **Brainwriting:** Alle Teammitglieder schreiben ihre Idee auf eine Karte und geben sie an ihren rechten Nachbarn weiter. Dieser liest die Idee aufmerksam und schreibt selbst etwas dazu. Wenn jede Karte wieder beim Verfasser ist, ist die Runde beendet.

▶ **Kopfstandmethode:** Jeder Teilnehmer überlegt sich, wie die Lösung auf gar keinen Fall aussehen sollte. Anschließend werden die Antworten im Team verglichen.

▶ **Rollenspiel:** Alle Teilnehmer schreiben auf sieben Zettel zu jeder Frage eine Antwort: Was würde ein Geizhals vorschlagen? Was würde meine Mutter vorschlagen? Und mein Vater? Ein vierjähriges Kind? Ein Genießer? Jemand Lustiges? Ein Pragmatiker? Vergleichen Sie Ihre Antworten im Team.

Egal, welche dieser Techniken Sie anwenden, wichtig ist: Ideen brauchen Zeit, Raum und Inspiration. Es kann auch geübte kreative Menschen sehr anstrengen, nach genauen Zeitvorgaben und im Büro neue Ideen produzieren zu müssen. Deshalb ist es sinnvoll, manchmal den Raum zu verlassen und einen Spaziergang zu machen oder sich einen Kaffee in der Kantine zu holen. Doch auch die Arbeitsbedingungen müssen stimmen. Arbeitnehmer müssen genug Freiräume haben. So fördert Eigenverantwortung die Kreativität am Arbeitsplatz. Wenn man dann eine Lösung gefunden hat, hat man oft das Gefühl: Das war doch ganz einfach! Ja, die besten Lösungen sind meist ganz einfach, der Weg dahin manchmal jedoch recht schwer …

- a ○ Kreativität ist eine Eigenschaft, die angeboren ist und sich nicht üben lässt.
- b ○ Wer kreativ sein will, muss manchmal ganz anders denken, als er es gewohnt ist.
- c ○ Bei Rollenspielen geht es darum, die Perspektive nicht zu wechseln.
- d ○ Wenn man allein arbeitet, eignen sich Checklisten besonders.
- e ○ Für gute Ideen braucht man Zeit, Freiraum und eine angenehme Umgebung.

D3 Wohin könnte der Kurs einen Ausflug machen? Seien Sie kreativ und entwickeln Sie in kleinen Gruppen Ideen. Benutzen Sie die „Rollenspiel-Methode".

Ein Geizhals/… würde … vorschlagen, weil …
Ein Genießer möchte …, deshalb würde er … vorschlagen.
Mein Vater ist sehr sportlich/ …, daher …

Die Idee von deinem Genießer/ … ist toll/interessant/…
Ach, ich weiß nicht. Ist das nicht etwas (zu) langweilig/ stressig/anstrengend/ teuer…?
Das würde bedeuten, dass wir …
Mir gefällt … am besten.

Ein Geizhals würde eine Wanderung vorschlagen, weil das nichts kostet.

Grammatik und Kommunikation

Grammatik

1 Infinitiv mit *zu* ÜG 10.07

Fang endlich an, Bewerbungen zu schreiben!
auch so: sich (nicht) vorstellen können, erwarten können, versuchen, vergessen, aufhören, …

Es ist toll, Kunden zu beraten.
auch so: Es ist (nicht) leicht/stressig/interessant/anstrengend/ …

Hättest du Lust, als Verkäufer zu arbeiten?
auch so: (kein/keine/keinen) Interesse/Angst/ Zeit/Freude/Spaß/ … haben, …

2 Temporale Präposition: *während* + Genitiv ÜG 6.01

während	• des/eines Kurses • des/eines Schuljahres • der/einer Beratung • der Öffnungszeiten

auch so: innerhalb, außerhalb
Leider rufen Sie außerhalb unserer Öffnungszeiten an.
Wir werden uns innerhalb einer Woche bei Ihnen melden.

Schreiben Sie über sich. Wie viele Sätze finden Sie in fünf Minuten?

Ich möchte endlich aufhören, …
Es macht mir viel Freude, …
Ich versuche, …

Was passt? Ordnen Sie zu.

außerhalb   innerhalb   während

1 Schon beim Frühstück plant sie ihren Arbeitstag. =
Schon _____ des Frühstücks plant sie ihren Arbeitstag.

2 Ich rufe dich in der nächsten Stunde an. =
Ich rufe dich _____ einer Stunde an.

3 Privatgespräche führen Sie bitte nicht in der Arbeitszeit. =
Privatgespräche sind nur _____ der Arbeitszeit erlaubt.

Kommunikation

VON BERUFLICHEN WÜNSCHEN ERZÄHLEN: Ich kann mir gut vorstellen, …

Ich habe Lust, … | Ich habe Interesse (daran), … |
Ich kann mir gut vorstellen, … | Ich finde es (nicht) anstrengend/leicht/ schwer, … | Es macht mir Spaß/Freude, ….

SICH SCHRIFTLICH BEWERBEN: Mit großem Interesse …

Mit großem Interesse …
Wie Sie aus meinen Unterlagen ersehen können, war ich in … / … als … tätig.
Ich habe dort bei … gearbeitet. Das ist eine große/kleine/… Firma / ein großes Unternehmen, die/das … herstellt./produziert./verkauft./importiert./ exportiert./entwickelt.
Ich konnte in verschiedenen Bereichen Erfahrungen sammeln. So war ich …
Dabei habe ich … Zu meinen Tätigkeiten gehörte auch …
Ich bin es gewohnt, … / Ich kann mir sehr gut vorstellen, … / Es fällt mir leicht, … / Es macht mir große Freude, …
Über eine Einladung …

5

ÜBER DIE EIGENE ARBEIT SPRECHEN: Ich habe ein Praktikum bei … gemacht.

Ich bin … / Ich habe … gearbeitet. / gelernt.
Davor habe ich als … bei … gearbeitet.
Ich beende gerade meine Ausbildung / meinen …kurs / …
Ich war … im Verkauf / im Lager / … tätig. Dort war ich für … zuständig.
Ich habe ein Praktikum / einen Kurs bei … gemacht.
Ich habe leider noch keine Berufserfahrung.

IDEEN VORSTELLEN: Ein Genießer möchte …

Ein Geizhals / … würde … vorschlagen, weil …
Ein Genießer möchte …, deshalb würde er … vorschlagen.
Mein Vater ist sehr sportlich / …, daher …
Wir sind zu dem Ergebnis gekommen, dass …

EINE IDEE BEURTEILEN: Das würde bedeuten, dass …

Die Idee von deinem Genießer / … ist toll / interessant / …
Ach, ich weiß nicht. Ist das nicht etwas (zu) langweilig / stressig / anstrengend / teuer …?
Das würde bedeuten, dass wir …
Mir gefällt … am besten …

Schreiben Sie Ihre Berufsbiografie. Lassen Sie sie korrigieren.

Sie möchten ordentlicher / … sein. Verwenden Sie die „Kopfstandmethode" und notieren Sie, wie Sie noch unordentlicher / … werden können.

> So werde ich noch unordentlicher:
> – Ich räume die Sachen nie an ihren Ort zurück.
> – Ich werfe nichts weg, weil ich die Dinge später vielleicht noch einmal gebrauchen könnte.
> …

Sie möchten noch mehr üben? 2 | 24–26 AUDIO-TRAINING

Lernziele

Ich kann jetzt …

A … eine Bewerbung schreiben: *Mit großem Interesse …* ☺ 😐 ☹
B … ein Bewerbungsgespräch führen: *Danke für die Einladung zum Gespräch.* ☺ 😐 ☹
C … von meinen beruflichen Wünschen erzählen: *Ich kann mir gut vorstellen, im Team zu arbeiten.* ☺ 😐 ☹
D … Techniken zur Entwicklung von Ideen verstehen und anwenden: *Ein Geizhals würde eine Wanderung vorschlagen, weil …* ☺ 😐 ☹

Ich kenne jetzt …

10 Wörter zum Thema *Bewerbung*:
die Fähigkeit, …

6 Wörter zum Thema *Kreativität*:
die Idee, …

Zwischendurch mal …

LIED

Es ist Zeit, endlich aufzuwachen!

Macht's euch denn wirklich Spaß,
um sechs Uhr aufzustehen?
Habt ihr denn immer noch Lust,
in diese Firma zu gehen?
Ist es für euch nicht frustrierend,
die müden Gesichter zu sehen?
Habt ihr noch nicht genug davon,
euch dauernd nur im Kreis zu drehen?

Hey, es ist Zeit, mal endlich aufzuwachen.
Ja, es ist Zeit, die Dinge anders zu sehen.
Hört bitte auf, die Welt so grau zu machen!
Fangt lieber an, auf neuen Wegen zu gehen!

Macht's euch denn gar nichts aus,
immer nur zu funktionieren
und diesen täglichen Superstress
auch noch mit zu organisieren?
Wir sollten wirklich versuchen,
nicht noch mehr Zeit zu verlieren.
Drum lasst uns jetzt gleich beginnen,
etwas Neues auszuprobieren.

Hey, es ist Zeit, mal endlich aufzuwachen.
Ja, es ist Zeit, die Dinge anders zu sehen.
Wir fangen an, gemeinsam loszulachen.
Wir fangen an, gemeinsam loszugehen.

1 Hören Sie das Lied und singen Sie mit.

2 Würden Sie auch gern etwas ändern? Wenn ja, was? Schreiben Sie Sätze.

> Wir sollten endlich versuchen, …
> Es ist Zeit, …
> Wir sollten wirklich beginnen, …
> Hört bitte auf, …
> Fangt lieber an, …
> Habt ihr noch nicht genug davon, …?
> Macht es euch wirklich Spaß, …?

5

RÄTSEL

Hallo! Ich bin Lina.

Lesen Sie die Informationen zu Lina. Ordnen Sie zu und lösen Sie dann das Rätsel.

MITARBEITER   CHEFIN   ~~AUSBILDUNG~~   KANTINE   ABTEILUNG   BERUFSERFAHRUNG
UNTERNEHMEN   PRODUZIEREN   MÖBELFIRMA   KOLLEGEN

Hallo! Ich bin Lina. Nach der Schule habe ich eine __AUSBILDUNG__ (9→7) zur Möbelschreinerin gemacht und habe inzwischen fünf Jahre _____ (6→1). Ich arbeite in einer _____ (4→3 / 7→12). Wir _____ (6→10) dort zum Beispiel Tische, Stühle und Betten. In meiner _____ (1→8 / 9→13) machen wir vor allem Küchenschränke. Ich arbeite dort mit sechs _____ (3→4 / 4→5) zusammen. In der Mittagspause essen wir in der _____ (7→6). Die Firma hat fast 200 _____ (3→2). Das _____ (2→9 / 7→11) gibt es schon seit 1955. Unsere _____ (3→14) ist die Enkelin des Firmengründers.

	1	2	3	4	5	6	7	8	9	10	11	12	13	14
Lösungswort:							N							

FILM

Zelihas Grillhaus

Zeliha
Herkunft: türkische Familie,
Großvater in den 60er-Jahren
aus der Türkei nach Deutschland
ausgewandert ...

1 Sehen Sie den Film an und machen Sie Notizen zu Zeliha. Vergleichen Sie dann mit Ihrer Partnerin / Ihrem Partner.

2 Wie gefällt Ihnen Zelihas Grillhaus? Würden Sie dort gern essen? Warum (nicht)?

Dienstleistung

Folge 6: Mädchen für alles

1 Sehen Sie die Fotos an. Was meinen Sie? Welche Aussage von Leon passt?
Ordnen Sie zu. Hören Sie dann und vergleichen Sie.

A — Ich habe einen Job gesucht, bei dem man viel rumkommt, statt nur im Büro zu sitzen.

B — Ich will als Erster bei dem Laden sein, um dort zu warten, bis er öffnet.

C — Ich kenne da einen Typen bei einer Produktionsfirma. Der sucht so einen Elefanten für einen Kinofilm.

D — Haben Sie ein Foto von der Tasse? ... Wunderbar! Schicken Sie es mir bitte gleich, okay? Bis wann müssen Sie die Ersatztasse haben?

Leon

Foto	1	2	3	4
Aussage				

Etwas tun, statt nur zu träumen
von Ella Wegmann

Stadt-Kurier
Ellas Tag

„Raus aus der täglichen Langeweile, statt Tag für Tag immer das Gleiche zu machen. Was anderes tun, was Neues ausprobieren, mein eigener Chef sein, ach, wäre das schön!" Denken Sie das
5 auch manchmal? Und ... was machen Sie dann? Seien Sie ehrlich! Ändern Sie was? Fangen Sie wirklich etwas Neues an?

„Nein, nicht heute. Lieber erst morgen. Es ist doch viel einfacher, alles so zu lassen, wie es ist.
10 Da weiß man wenigstens, was man hat und wie es geht. Das Neue ist ja leider immer so anstrengend. Und überhaupt: Änderungen sollte man sich sehr gut überlegen, damit man keine Fehler macht."

15 Tja, es ist viel leichter, über Änderungen nur zu reden, als wirklich etwas zu ändern. Ein berühmter Deutscher hat mal gesagt:

„Den größten Fehler, den man im Leben machen kann, ist, immer Angst zu haben,
20 einen Fehler zu machen." Man kann nichts Neues lernen, ohne Fehler zu riskieren. In diesem Sinn: Versuchen wir es, probieren wir das Neue, statt immer nur davon zu träumen!

2 Hören Sie noch einmal. Was erfahren Sie über Leons Job? Ergänzen Sie.

Foto 1: Heute Morgen musste Leon sehr früh aufstehen. Sein Service ist für Menschen, die keine _____ oder keine _____ haben, bestimmte Dinge selbst zu erledigen.

Foto 2: Leon arbeitet _____ und ist sein eigener Chef. Wenn er mal warten muss oder wenn es regnet, nutzt er die Zeit für _____.

Foto 3: Leon löst fast jedes _____ für seine Kunden. Wenn er etwas sucht, _____ er es auch. Wie er das macht? Das ist sein Geheimnis.

Foto 4: Wenn Leon einen Gegenstand findet, der für einen Kunden interessant sein könnte, schickt er ihm ein _____, damit er sehen kann, wie der Gegenstand aussieht.

3 Ellas Kolumne

Lesen Sie die Kolumne. Welche Aussage passt zu Ella? Kreuzen Sie an.

a ○ Änderungen sind anstrengend und machen unser Leben nicht unbedingt besser. Wir sollten lieber in unserem ruhigen Alltag bleiben und keine Fehler riskieren.

b ○ Die meisten Menschen möchten kein Risiko eingehen und lassen lieber alles so, wie es ist. Das ist schade, denn nur aus Fehlern lernen wir.

Ellas Film

A Es ist nicht leicht, aber es lohnt sich.

A1 Wer sagt was?
Kreuzen Sie an. Hören Sie dann und vergleichen Sie.

		Ella	Leon
a	Es war drei Uhr, als mein Wecker heute Morgen geklingelt hat!	○	○
b	Es ist unglaublich! Von so etwas kann man doch nicht leben!	○	○
c	Es ist nicht leicht, aber es lohnt sich.	○	○
d	Wenn es mal regnet, mache ich Büroarbeiten.	○	○
e	Es ist verrückt! Du findest für jedes Problem eine Lösung.	○	○

A2 Wann benutzt man *es*? Ordnen Sie zu.

Befinden   Wetter   Tages- und Jahreszeiten   ~~allgemein~~

Verben und Ausdrücke mit *es* (in festen Wendungen)

allgemein : Es ist (nicht) leicht/schwierig/schön/... Es gibt ... / Es lohnt sich.
_____ : Es ist jetzt vier Uhr/Sommer/Nacht/...
_____ : Es regnet / ist heiß / sind dreißig Grad /...
_____ : Wie geht es Ihnen? / Wie geht's?

A3 Der eigene Chef sein
a Lesen Sie die Texte und kreuzen Sie an.

Hung Nguyen	Urszula Mizak	Ahmet Demir	
○	○	○	hat eine eigene Firma für Computerspiele.
○	○	○	arbeitet selbstständig als Sprachlehrer.
○	○	○	besitzt ein Restaurant in Berlin.

Der eigene Chef sein

Hung Nguyen, 29 Jahre
Ich komme aus Vietnam und bin im Norden des Landes aufgewachsen. Mein Vater hat in den 1980er-Jahren in der DDR gearbeitet. Als ich geboren wurde, entschloss er sich, nach Vietnam zurückzugehen. Ich habe
5 in Vietnam Management studiert und bin mit 23 Jahren zum Studium nach Berlin gegangen. Mein Vater hatte immer viel von Deutschland erzählt und ich wollte dieses Land unbedingt kennenlernen. Das Leben in so einer Großstadt fand ich sehr aufregend. Anfangs war ich oft ängstlich und deprimiert und hatte Heimweh, aber dann habe ich meine Freundin kennengelernt und bin geblieben. In Berlin gibt es viele vietnamesische Restaurants. Der Wettbewerb
10 ist sehr groß. Vor drei Jahren habe ich trotzdem selbst ein kleines Restaurant eröffnet. Unsere Spezialität sind Banh Mi. Das ist eine Art Sandwich mit Fleisch oder Ei, dazu Gemüse, Kräuter, Gewürze und eine besondere Soße. Die gab es bis dahin in Berlin noch nicht. Ich mache alles selbst, und es schmeckt den Gästen sehr. Mittlerweile verkaufe ich Banh Mi auch auf Märkten. Streetfood, also Essen, das man auf der Straße kauft und isst, ist hier sehr beliebt.

Urszula Mizak, 27 Jahre

Computerspiele habe ich schon immer geliebt. Dass ich jetzt seit drei Jahren mit meiner eigenen Firma selbst welche entwickle, darauf bin ich sehr stolz. Ich genieße die Freiheit, eigene Ideen zu realisieren. Wir erfinden einfache, kurze Online-Spiele. In unserem letzten musste man einen Bauernhof führen: das Vieh füttern, Getreide anbauen, Pflanzen gießen, Gemüse ernten. Zehn Millionen Menschen auf der ganzen Welt haben es gespielt. Dass man durch Computerspiele ganz andere Welten kennenlernen kann, hat mich schon als kleines Mädchen fasziniert. Ich habe auch schon immer gern gezeichnet und bin Grafikerin geworden. Da ich immer etwas mit Computerspielen machen wollte, habe ich auch noch eine Ausbildung zur Spieleentwicklerin gemacht. Vor fünf Jahren bin ich nach Österreich gekommen, weil es hier viele junge Unternehmen gibt. Ich habe sofort einen Job in einer größeren Firma in Wien gefunden. Doch ich hatte schnell Zweifel und habe gespürt, dass das nichts für mich ist. Ich wollte lieber in einem kleineren Betrieb arbeiten. Außerdem hatte ich selbst so viele Ideen für tolle Spiele. Also haben ein Freund und ich uns selbstständig gemacht. Das war zwar ein finanzielles Risiko, aber es hat geklappt. Mittlerweile haben wir acht Mitarbeiter. Unser Büro ist sehr klein, wir sitzen alle in einem Raum und arbeiten eng zusammen. Obwohl ich viel arbeite und nicht viel Geld verdiene, hat es sich gelohnt. Die Arbeit macht Spaß, und ich bin meine eigene Chefin.

Ahmet Demir, 32 Jahre

Ich bin vor zehn Jahren nach Deutschland gekommen, um zu studieren. Davor hatte ich auch als Kind schon in Deutschland gewohnt. Als ich acht Jahre alt war, ist meine Familie zurück in die Türkei gegangen. An meine Kindheit in Deutschland hatte ich immer schöne Erinnerungen. Es war immer mein Traum, später in Deutschland zu studieren. Es war nicht einfach, aber ich habe mich angestrengt und es geschafft, einen Studienplatz und ein Studentenvisum zu bekommen. Ich habe in Berlin Germanistik und Turkologie studiert und vor vier Jahren meinen Master gemacht. Seitdem unterrichte ich in verschiedenen Firmen Türkisch. Bezahlt werde ich pro Stunde. Ich gebe auch Privatunterricht. Momentan gebe ich Kurse an der Volkshochschule und für ein deutsches Unternehmen, das in der Türkei Autoteile produziert. Letztes Jahr habe ich geheiratet und kürzlich bin ich Vater geworden. Meine Frau und ich leben sehr sparsam. Anders könnte ich als selbstständiger Sprachlehrer meine Familie nicht versorgen. Mein Traum ist es, in zwei bis drei Jahren vielleicht eine eigene Sprachenschule in Berlin zu gründen, und ich bin davon überzeugt, dass ich das schaffen kann.

b Lesen Sie die Texte noch einmal und markieren Sie alle Zahlen. Machen Sie Notizen und sprechen Sie.

> Ahmet ist vor zehn Jahren …

Hung Nguyen	Urszula Mizak	Ahmet Demir
29: Alter	27:	32:
1980:	3:	10: nach Deutschland
23:	10 Mio.:	8:
3:	5:	4:
	8:	2–3:

A4 Welche Geschäftsidee aus A3 finden Sie gut?
Oder haben Sie eine eigene Geschäftsidee? Erzählen Sie.

> Mein Traum wäre ein eigenes Kosmetikstudio. Es ist sicher nicht leicht, selbstständig zu sein, aber es wäre schön, …

B Ich will bei dem Laden sein, **um** dort **zu** warten.

B1 Was ist richtig? Kreuzen Sie an.
Ergänzen Sie dann die Tabelle.

a Leon will als Erster bei dem Laden sein,
○ damit er in Ruhe mit dem Verkäufer sprechen kann.
○ um dort Schuhe für einen Kunden zu kaufen.

b Leon kauft diese Schuhe,
○ damit sein Kunde ausschlafen kann.
○ um sie dem Kunden zu schenken.

> Konjunktion *um ... zu* + Infinitiv und *damit*
> Leon will als Erster bei dem Laden sein, _____ dort Schuhe für einen Kunden _____ kaufen.
> Leon kauft diese Schuhe, _____ sein Kunde ausschlafen kann.

B2 Wozu macht Leon diesen Job? Sprechen Sie.

Leon möchte selbstständig arbeiten.
Leons Kunden müssen diese Dinge nicht selbst erledigen.
Er möchte möglichst viele verschiedene Menschen kennenlernen.
Er möchte viel rumkommen.
Er möchte nicht den ganzen Tag im Büro sitzen.
Sein Alltag wird interessanter.

Er macht diesen Job, um selbstständig zu arbeiten.

Er macht diesen Job, damit seine Kunden ...

B3 Kenntnisse im Beruf

a Hören Sie den Anfang. Welche sozialen Kompetenzen hören Sie? Kreuzen Sie an.

○ Teamfähigkeit ○ Pünktlichkeit ○ Toleranz ○ Konfliktfähigkeit ○ kommunikative Kompetenz
○ Kreativität ○ Zuverlässigkeit ○ Motivation ○ Flexibilität ○ Humor ○ Engagement

b Lesen Sie die Fragen (1–6) und die Antworten (a–f) und ordnen Sie zu.
Hören Sie dann das Interview weiter und vergleichen Sie.

Antwort
1 Warum sind diese sozialen Kompetenzen heute eigentlich so wichtig? — b
2 Welche Soft Skills sollte ein Bewerber denn auf jeden Fall mitbringen? — ○
3 Da ist überall die Rede von Teamfähigkeit und Konfliktfähigkeit. Was genau bedeutet das? — ○
4 Gibt es noch andere wichtige Soft Skills? — ○
5 Kann man diese Dinge eigentlich lernen? — ○
6 Hätten Sie vielleicht noch ein paar Tipps für unsere Hörerinnen und Hörer? — ○

a Kommunikative Kompetenz und ein sicheres Auftreten sind auf jeden Fall wichtig.
b Heute gibt es immer mehr Teamarbeit am Arbeitsplatz.
c Sie sollten wissen, was Sie gut oder auch nicht so gut können.
d Wichtig sind außerdem noch Motivation und Engagement.
e Vieles lernt man schon in der Kindheit, z.B. in der Familie oder in der Schule.
f Das bedeutet, man kann gut im Team arbeiten und auch mal Kompromisse eingehen.

B4 Wozu braucht man das? Arbeiten Sie in Gruppen.
Jede/r schreibt ein blaues und ein grünes Kärtchen. Mischen Sie die Kärtchen. Fragen und antworten Sie.

Was?   Wozu?

Internet   kühl sein
Klimaanlage   recherchieren

Wozu braucht man eine Klimaanlage?
Damit es im Sommer in der Wohnung kühl ist.

LEKTION 6 KB 74 vierundsiebzig

C Etwas tun, statt nur zu träumen

C1 Arbeitsalltag
Ergänzen Sie.

a Man sollte etwas tun. Aber man träumt nur.   Man sollte etwas tun, _statt nur zu träumen_.

b Man möchte viel rumkommen. Aber man sitzt nur im Büro.   Man möchte viel rumkommen, _statt_ _____.

c Man kann nichts Neues lernen. Man muss Fehler machen.   Man kann nichts Neues lernen, _ohne_ _____.

d Man möchte selbstständig arbeiten. Man möchte nicht ständig einen Chef vor der Nase haben.   Man möchte selbstständig arbeiten, _ohne_ _____.

> **Konjunktion statt/ohne ... zu + Infinitiv**
> Man sollte etwas tun, statt nur zu träumen.
> Man kann nichts Neues lernen, ohne Fehler zu machen.

C2 Unglücklich im Job

a Lesen Sie den Forumsbeitrag von Melly99. Was ist ihr Problem? Was wünscht sie sich?

> **Melly99**
> Hoffentlich habt ihr einen guten Rat für mich, ich bin nämlich ziemlich verzweifelt. Ich (26) bin Informatikerin und habe seit zwei Jahren eine Stelle bei einer Softwarefirma. Leider hat es mir dort von Anfang an nicht gefallen. Ihr könnt euch gar nicht vorstellen, wie langweilig dieser Job ist. Statt zu arbeiten, schaue ich spätestens ab 11 ständig auf die Uhr. Jeder macht brav sein Ding. Mit Teamarbeit hat das leider nichts zu tun. Ich hätte so gern interessante Aufgaben und ein junges, motiviertes Team. Was soll ich nur machen? Ich bin dankbar für jeden Beitrag.

b Wie sollte man sich in so einer Situation verhalten? Formulieren Sie Sätze.

Vielleicht lieber so ...
1 nichts entscheiden
2 um interessantere Aufgaben bitten
3 regelmäßig kleine Pausen machen
4 versuchen, mehr Verantwortung zu übernehmen
5 mit netten Kollegen etwas trinken gehen

und nicht so ...
→ nicht vorher mit dem Chef oder der Chefin über die Situation sprechen
→ sofort kündigen
→ ständig auf die Uhr schauen
→ sich immer nur langweilen
→ sich über unsympathische Kollegen ärgern

Man sollte nichts entscheiden, ohne vorher mit dem Chef oder der Chefin über die Situation zu sprechen.

Man sollte um interessantere Aufgaben bitten, statt ...

C3 Schreiben Sie eine Antwort für Melly99 im Forum. Formulieren Sie höfliche Ratschläge.

An deiner Stelle würde ich ... | Du solltest vielleicht mal ... | Du könntest auch / zum Beispiel / vielleicht ... | Wie wäre es, wenn ...? | Wie findest du die Idee, ...? | Was hältst du davon, ...? | Versuch doch mal, ... | Ich kann dir nur raten, ... | Am besten wäre es, wenn ...

D Verkaufsgespräche

D1 Verkaufsgespräche führen

a Welches Foto passt? Hören Sie und ordnen Sie zu.

Gespräch	Foto
1	
2	
3	

b Was ist richtig? Hören Sie noch einmal und kreuzen Sie an.

Gespräch 1 ○ Der Kunde kann sich nicht entscheiden und möchte wiederkommen.
Gespräch 2 ○ Der Kunde kauft das Shampoo sofort, weil es so billig ist.
Gespräch 3 ○ Der Kunde kauft den Pullover, ohne ihn anzuprobieren.

D2 Machen Sie eine Tabelle und ordnen Sie zu.

Darf ich Ihnen … anbieten/empfehlen?   ~~Das ist mir zu teuer / …~~   Das muss ich mir noch überlegen.
Dürfte ich Sie etwas fragen?   Es kommt darauf an, was es kostet.   Haben Sie einen (bestimmten) Wunsch?
~~Ich hätte gern …~~   Ich kann mich noch nicht entscheiden.   Ist es möglich, …?   Wie wär's mit …?
Kann ich sonst noch etwas für Sie tun?   Sie wünschen?   Vielen Dank für Ihre Mühe/Hilfe.

den Kunden ansprechen:	
um Hilfe/Information bitten:	Ich hätte gern …
dem Kunden etwas anbieten:	
sich nicht entscheiden können:	Das ist mir zu teuer / …
das Gespräch beenden:	

D3 Rollenspiel: Ich hätte gern …

Arbeiten Sie zu zweit. Wählen Sie eine Situation aus und spielen Sie ein Gespräch.

In der Drogerie:
Sie brauchen Zahncreme, Waschmittel und eine neue Bürste.

Im Souvenirladen:
Sie sind zu Besuch in Deutschland und wollen Ihren Eltern ein typisches Souvenir aus Deutschland mitbringen.

Verkäuferin/Verkäufer
Sie begrüßen den Kunden und bieten Hilfe an.

Sie empfehlen etwas.

Sie überzeugen die Kundin/den Kunden.

Sie fragen, wie die Kundin/der Kunde zahlen möchte.

Sie bedanken sich. Sie verabschieden sich.

Kundin/Kunde
Sie grüßen und sagen, was Sie möchten.

Sie können sich nicht entscheiden.

Sie entscheiden sich.

Sie möchten bar / mit EC-Karte / Kreditkarte zahlen.

Sie bedanken sich. Sie verabschieden sich.

E Sich beschweren

E1 Eine schriftliche Beschwerde

a Lesen Sie die E-Mail und bringen Sie die Abschnitte in die richtige Reihenfolge.

E-Mail senden

○ Mit freundlichen Grüßen
Nina Winter
PAXON GmbH&Co.

○ seit etwa drei Jahren bucht unsere Firma regelmäßig Zimmer für unsere Mitarbeiter in Ihrem Hotel. Bisher waren alle mit den Zimmern und dem Service vollauf zufrieden.

○ Obwohl sich zwei unserer Mitarbeiter wiederholt an der Rezeption beschwert haben, hat sich an dieser Situation bisher leider nichts geändert. Das ist sehr ärgerlich.

⑤ Ich möchte Sie bitten, mir den Erhalt dieser E-Mail zu bestätigen, und hoffe, dass Sie so schnell wie möglich eine Lösung für dieses Problem finden. Andernfalls sieht sich unsere Firma gezwungen, unsere Mitarbeiter in Zukunft in einem anderen Hotel unterzubringen.

○ Leider mussten wir nun feststellen, dass der Service seit etwa zwei Monaten kontinuierlich nachgelassen hat. Die Minibar wird nicht mehr regelmäßig aufgefüllt, die Betten wurden teilweise nicht ordentlich gemacht und der Service ist insgesamt unfreundlicher als früher.

○ Sehr geehrte Damen und Herren,

---

b Welches Foto passt zu der Beschwerde? Kreuzen Sie an.

A ○   B ○   C ○

E2 Wählen Sie eine Situation und schreiben Sie eine Beschwerde wie in E1.

A Sie haben vor zwei Wochen auf einer Geschäftsreise einen Tagungsraum in einem Hotel gebucht. Leider hat der Beamer in dem Raum nicht ordentlich funktioniert. Sie waren sehr ärgerlich, weil Sie die Präsentation nicht wie geplant durchführen konnten, und bitten nun darum, die Technik so schnell wie möglich in Ordnung zu bringen. Andernfalls sehen Sie sich gezwungen, für die nächste Veranstaltung ein anderes Hotel zu buchen.

B Sie haben einen Mietwagen bestellt, allerdings war das Auto nicht ordentlich gereinigt. Da das bereits zum zweiten Mal vorgekommen ist, haben Sie sich schriftlich beschwert, jedoch keine Antwort erhalten. Sie sind unzufrieden und fordern jetzt 20% des Mietpreises zurück.

Am … habe ich … / haben Sie … | Leider musste ich feststellen, dass … | Obwohl ich mich wiederholt persönlich beschwert habe, hat sich an der Situation nichts geändert.

Das ist sehr ärgerlich. | Ihr Service hat mich sehr enttäuscht. | Ich möchte Sie bitten/auffordern, mir den Erhalt dieser E-Mail/meiner Beschwerde zu bestätigen. | Bitte bestätigen Sie mir schriftlich bis zum …, dass Sie meine Beschwerde erhalten haben. | Wenn ich bis zum … nichts von Ihnen höre, (dann) … Ich hoffe, dass Sie so schnell wie möglich eine Lösung für dieses Problem finden. Andernfalls sehe ich mich gezwungen, … | Über eine schnelle Bearbeitung würde ich mich sehr freuen.

Grammatik und Kommunikation

Grammatik

1 Verben und Ausdrücke mit *es* UG 5.25

allgemein:	Es ist (nicht) leicht/schwierig/schön/möglich/...
	Es gibt ... Es lohnt sich.
Tages- und Jahreszeiten:	Es ist jetzt vier Uhr/Sommer/Nacht/...
Wetter:	Es regnet/ist heiß/sind dreißig Grad/...
Befinden:	Wie geht es Ihnen? Wie geht's?

Wozu braucht man das? Schreiben Sie.

~~Sonnencreme~~ Taschenlampe Smartphone Regenschirm Mütze Laptop Schere ...

Sonnencreme braucht man, um sich vor der Sonne zu schützen.
...

2 Konjunktion *um ... zu* + Infinitiv und *damit* UG 10.10

			Ende
Leon will als Erster bei dem Laden sein,	um	dort Schuhe für einen Kunden	zu kaufen.
Leon will als Erster bei dem Laden sein,	damit	er dort Schuhe für einen Kunden	kaufen kann.
Leon kauft diese Schuhe,	damit	sein Kunde	ausschlafen kann.

Was würden Sie gern mal anders machen? Schreiben Sie Sätze mit *statt/ohne ... zu*.

Ich würde morgens gern mal länger schlafen, statt jeden Tag früh aufzustehen. Ich würde ...

3 Konjunktion *statt/ohne ... zu* + Infinitiv UG 10.12

			Ende
Man sollte etwas tun,	statt	nur	zu träumen.
Man kann nichts Neues lernen,	ohne	Fehler	zu machen.

Kommunikation

ÜBER TRÄUME UND WÜNSCHE SPRECHEN: Es wäre schön, ...

Mein Traum wäre, ...
Es wäre schön, ...

EIN VERKAUFSGESPRÄCH FÜHREN: Sie wünschen?

Sie wünschen? | Haben Sie einen (bestimmten) Wunsch?
Darf ich Ihnen ... anbieten/empfehlen?
Wie wär's mit ...?
Kann ich sonst noch etwas für Sie tun?
Zahlen Sie bar oder mit EC-Karte/Kreditkarte?
Ich hätte gern ...
Dürfte ich Sie etwas fragen? | Ist es möglich, ...?
Ich kann mich noch nicht entscheiden. | Das muss ich mir noch überlegen.
Das ist mir zu teuer. | Es kommt darauf an, was es kostet.
Kann ich auch mit EC-Karte/Kreditkarte bezahlen?
Vielen Dank für Ihre Mühe/Hilfe.

Wie möchten Sie in 20 Jahren leben? Schreiben Sie.

Mein Traum wäre, ...
Ich möchte ...

Im Geschäft: Sie suchen ein Geschenk für Ihre Freundin / Ihren Freund / Ihre Schwester / ... Schreiben Sie ein Gespräch.

◊ *Guten Tag, wie kann ich Ihnen helfen?*
○ *Guten Tag. Ich suche ...*

LEKTION 6   KB 78 achtundsiebzig

6

HÖFLICHE RATSCHLÄGE GEBEN: An Ihrer Stelle würde ich …

An Ihrer/deiner Stelle würde ich …

Sie sollten / Du solltest vielleicht mal …

Sie könnten / Du könntest auch / zum Beispiel / vielleicht …

Wie wäre es, wenn …?

Wie finden Sie / findest du die Idee, …?

Was halten Sie / hältst du davon, …?

Versuchen Sie doch mal, / Versuch doch mal, …

Ich kann Ihnen/dir nur raten, …

Am besten wäre es, wenn …

EINE BESCHWERDE SCHREIBEN: Leider musste ich feststellen, dass …

Am … habe ich … / haben Sie …

Leider musste ich feststellen, dass …

*Obwohl ich mich beschwert habe,
hat sich an der Situation nichts geändert.*

Das ist sehr ärgerlich.

Ihr Service hat mich sehr enttäuscht.

*Ich möchte Sie bitten/auffordern, mir den Erhalt dieser E-Mail /
meiner Beschwerde zu bestätigen.*

*Bitte bestätigen Sie mir schriftlich bis zum …, dass Sie meine
Beschwerde erhalten haben.*

Wenn ich bis zum … nichts von Ihnen höre, (dann) …

*Ich hoffe, dass Sie so schnell wie möglich eine Lösung für dieses Problem
finden. Andernfalls sehe ich mich gezwungen, …*

Über eine schnelle Bearbeitung würde ich mich sehr freuen.

Im Park bittet Sie eine alte Dame um Hilfe. Sie vermisst ihre Handtasche. Geben Sie ihr Ratschläge.

An Ihrer Stelle …

TiPP

Wenn Sie sich schriftlich beschweren möchten, achten Sie darauf, dass Ihr Schreiben folgende Informationen enthält:
– Warum schreiben Sie?
– Was ist bisher passiert?
– Was soll die Firma tun?
– Was machen Sie, wenn weiterhin nichts passiert?

Sie möchten noch mehr üben? 3 | 11–13 AUDIO-TRAINING

Lernziele

Ich kann jetzt …

A … über eine eigene Geschäftsidee sprechen: *Mein Traum wäre ein eigenes Kosmetikstudio.* ☺ ☹ ☻

B … ein Ziel ausdrücken: *Er macht diesen Job, um selbstständig zu arbeiten.* ☺ ☹ ☻

C … höfliche Ratschläge geben und Alternativen ausdrücken: *An deiner Stelle würde ich …, statt … zu … / ohne … zu …* ☺ ☹ ☻

D … ein Kundengespräch führen: *Dürfte ich Sie etwas fragen?* ☺ ☹ ☻

E … eine Beschwerde schreiben: *Leider mussten wir nun feststellen, dass der Service seit etwa zwei Monaten kontinuierlich nachgelassen hat.* ☺ ☹ ☻

Ich kenne jetzt …

6 Wörter zum Thema *Arbeitswelt*:

der Bewerber, …

6 Wörter zum Thema *Beschwerde*:

sich beschweren, …

neunundsiebzig **79** KB **LEKTION 6**

Zwischendurch mal ...

HÖREN

Schnell, schnell ...

3 🔊 14–17 **1** Sehen Sie das Bild an. Hören Sie dann die Gespräche und ordnen Sie zu.

Gespräch	1	2	3	4
Bild				

3 🔊 14–17 **2** Hören Sie die Gespräche noch einmal. Was ist richtig? Kreuzen Sie an.

1 ○ Der Redner will, dass die Welt schneller wird.
2 ○ Man hört eine Radiowerbung.
3 ○ Der Passagier kauft einen Hotdog.
4 ○ Der Sohn ist am Ende sehr traurig.

3 Suchen Sie sich eine Figur im Bild aus und schreiben Sie, was sie gerade denkt.
Lesen Sie vor. Die anderen raten: Wer ist das?

Oh Mann! Ich erreiche den Zug nicht mehr!

Das denkt der Mann vor dem Ausgang. Richtig?

SPIEL

Kennen Sie *iam*?

Nein. Was ist *iam*? Entscheiden Sie selbst und präsentieren Sie *iam* anschließend im Kurs.
Können Sie *iam* überzeugend, seriös, lustig, charmant verkaufen?
Am Ende sollte jede und jeder im Kurs das Gefühl haben:
Oh ja, ich brauche *iam*! *iam* ist genau das Richtige für mich!

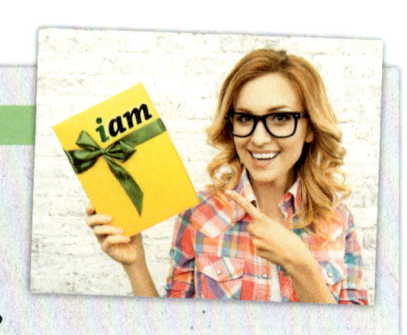

6

1 Arbeiten Sie in Gruppen. Entscheiden Sie, was *iam* ist und machen Sie Notizen: Was kann man damit machen? Wie sieht es aus? Warum ist es super? ...

2 Präsentieren Sie *iam* im Kurs.

> Schokoriegel mit Nüssen, Bananen
> gesund (keine Kalorien) und lecker
> kostet nur 30 Cent

> „iam" ist ein Schokoriegel mit Nüssen und ...
> Er ... Und das Beste: ...

GEDICHT

Verkaufsgespräch

Hallo! Guten Tag! Was kann ich für Sie tun?
Haben Sie einen Wunsch oder sehen Sie sich nur um?
Jacken? Aber sicher! Die haben wir hier drüben.
Darf ich Ihnen einen Cappuccino anbieten?

Wie finden Sie die Jacke hier, ist die nicht wundervoll?
Fühlen Sie den Stoff! Die Qualität ist supertoll.
Probieren Sie mal, die macht auch eine gute Figur.
Und die Farbe passt perfekt zu Ihrer schönen Frisur.

Ich helfe Ihnen gern, was Schönes auszuwählen.
Diese Hose kann ich Ihnen sehr empfehlen.
Ein Designermodell – günstig wie nie!
Sie werden sehen, die ist genau das Richtige für Sie.

Kennen Sie die neuen schicken Freizeitblusen schon?
Die haben wir zurzeit in einer Niedrigpreisaktion.
Ein Sonderangebot: Sie nehmen vier und zahlen zwei.
Und ein Kilo Feinwaschmittel ist auch noch mit dabei.

Sehen Sie mal: Die Gürtel da, die sind sensationell.
Wollen Sie einen haben? Entscheiden Sie sich schnell!
Die sind extrem gefragt. Die gibt's nur kurze Zeit.
Also nutzen Sie doch bitte die Gelegenheit!

Sie möchten gerne zahlen? Bitte folgen Sie mir!
Vielen Dank für Ihren Einkauf. Die Kasse ist hier.
Natürlich können Sie auch mit Kreditkarte zahlen.
Viel Freude mit den Sachen! Bis zum nächsten Mal!

3 ◀)) 18   1 Hören Sie das Gedicht und lesen Sie mit.
Welche Sätze haben Sie beim Einkaufen schon selbst gehört? Markieren Sie.

2 Wie soll eine Verkäuferin / ein Verkäufer sein?
Was soll sie / er (nicht) tun? Sprechen Sie.

> *Ich mag es nicht, wenn der Verkäufer zu viel redet.*

Rund ums Wohnen

Folge 7: Streit ohne Ende

3 🔊 19–22

1 Sehen Sie die Fotos an. Was meinen Sie?
Warum heißt die Geschichte „Streit ohne Ende"? Wer sind die Personen?
Hören Sie dann und vergleichen Sie.

Die Personen sind vermutlich ... Vielleicht haben sie Streit, weil ...

3 🔊 19–22

2 Was ist richtig? Hören Sie noch einmal und kreuzen Sie an.

a ○ Die Hanfmanns hatten mit einem Nachbarn in den letzten drei Jahren fünf Gerichtsprozesse.
b ○ Herr Hanfmann sägt oft Brennholz neben dem Wohnzimmerfenster von Herrn Bremer.
c ○ Herr Bremer findet, dass das Lärm und Schmutz macht.
d ○ Herr Bremer hat Lösungen angeboten.
e ○ Die Hanfmanns sägen auch in den Ruhezeiten.
f ○ Herr Bremer nahm den Lärm mit Mikrofonen auf und beauftragte einen Rechtsanwalt.
g ○ Vor Gericht gewann Herr Hanfmann. Er musste keine neue Säge kaufen.
h ○ Herr Bremer hat neue Lärmschutzfenster einbauen lassen, weil das Sägen immer noch sehr laut ist.
i ○ Die Hanfmanns beschweren sich über einen Kratzer an ihrem Auto und über Müll auf dem Grundstück. Sie verdächtigen Herrn Bremer.

Die zwei „R" – Ein Rezept für gute Nachbarschaft
von Ella Wegmann

Stadt-Kurier
Ellas Tag

Ein schönes Haus mit einem großen Garten, draußen im Grünen vor der Stadt. Die Vögel singen, alles ist friedlich. Das ist zu schön, um wahr zu sein. Die Wirklichkeit sieht oft ganz anders aus. Sich über
5 Nachbarn zu ärgern, gehört in Deutschland zu den häufigsten Problemen. Der Hund bellt zu oft. Die Musik ist zu laut. Der Rasen wird zu oft gemäht. Der Rasen wird zu selten gemäht. Der Nachbar grillt
10 dauernd. Er räumt seinen Müll nicht weg. Darüber und über vieles mehr gibt es viel zu oft Streit. In einer aktuellen Umfrage wurde festgestellt, dass im Bundesland Baden-Württemberg vier von zehn
15 Befragten schon mal Ärger mit den Nachbarn hatten. In Hamburg war es sogar jeder Zweite. Dabei wäre es doch so einfach: Der Nachbar lässt mich in *Ruhe* und ich ihn. Gibt es trotzdem ein Problem, lösen wir es höflich und mit *Respekt* voreinander. Glauben Sie mir: Mit den zwei „R" macht man alles richtig.

3 Wie finden Sie das Verhalten von Herrn Bremer und Herrn und Frau Hanfmann?
Hätten Sie Lösungsvorschläge für die Nachbarn? Sprechen Sie.

Es ist schade, dass die Nachbarn sich nicht einigen konnten. Vielleicht hätte …

4 Ellas Kolumne
Lesen Sie die Kolumne und beantworten Sie die Fragen.

– Worüber streiten sich Nachbarn in Deutschland häufig?
– Wie sieht Ellas Rezept für gute Nachbarschaft aus? Was sind die zwei „R"?

5 Hatten Sie schon mal Ärger mit Ihren Nachbarn? Erzählen Sie.

Ja, ich habe einen Nachbarn, der nachts oft laut Musik hört.

Ellas Film

A ... **nicht nur** Lärm, **sondern auch** Schmutz.

A1 Hören Sie und ordnen Sie zu.
Verbinden Sie dann in der Tabelle.

entweder ... oder   zwar ... aber   nicht nur ... sondern auch

◆ Das macht ja _____ Lärm, _____ Schmutz.
   Ich habe _____ Lösungsvorschläge gemacht, _____
   die Hanfmanns haben sich überhaupt nicht dafür interessiert.

○ Der Anwalt hat geschrieben, dass wir _____ eine leisere Säge
   verwenden sollen, _____ die Sache vor Gericht geht.

Zweiteilige Konjunktionen	
nicht nur..., sondern auch ...	= oder
zwar ..., aber ...	= und
entweder ..., oder ...	= trotzdem

A2 Kettenübung

a Schreiben Sie zehn Wörter zum Thema „Wohnen" auf Kärtchen.

Nachbarn   Wohnung   Miete

b Ziehen Sie abwechselnd ein Kärtchen und beginnen Sie einen Satz mit *nicht nur ..., zwar ..., entweder ...* Ihre Partnerin / Ihr Partner ergänzt den Satz.

Meine Nachbarn sind zwar nett, ...

... aber manchmal auch ganz schön laut. Die Wohnung ist nicht nur schön, ...

... sondern sie liegt auch zentral. Die Miete ...

A3 Unsere goldenen WG-Regeln

a Was ist das Thema? Ordnen Sie die Regeln zu.

○ Pflichten im Haushalt   ○ Gemeinsame Aktivitäten   ○ Eigentum & eigene Räume
1 Rücksicht & Lärm   ○ Gäste

Unsere goldenen WG-Regeln

1 Wir nehmen Rücksicht. Es spricht zwar nichts gegen laute Musik oder spontane Küchenpartys, aber wenn ein Mitbewohner am nächsten Tag eine Prüfung schreibt oder krank ist, dann verzichten wir lieber darauf.

2 Wir kümmern uns alle um den Haushalt. Jeder übernimmt nicht nur seine Aufgaben aus dem Putzplan, sondern hinterlässt Bad und Küche so, wie er die Räume gern vorfinden möchte.

3 Wir achten die Privatsphäre. Wir klopfen an, wenn die Tür zu einem Zimmer geschlossen ist. Außerdem fragen wir um Erlaubnis, wenn wir etwas benutzen oder verbrauchen wollen, was uns nicht gehört.

4 Besuch macht Spaß! Aber bei Dauerbesuchern wird es in unserer Fünfer-WG schnell zu eng. Wir besprechen es vorher miteinander, wenn Besucher länger bleiben möchten.

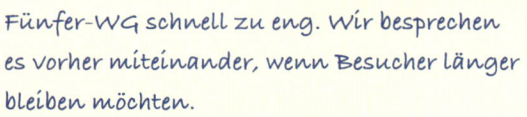

5 Zu guter Letzt: Wir interessieren uns nicht nur füreinander, sondern wir kochen auch mindestens einen Abend pro Woche zusammen. An diesem Abend wollen wir Spaß haben und auf keinen Fall über Putzpläne diskutieren! ☺

b Lesen Sie die Situationen. Welche Regel aus a passt? Ergänzen Sie.
Passt das Verhalten zu der Regel? Notieren Sie ja oder nein.

		Regel	passt?
1	Pablo hat vergessen einzukaufen. Er sieht im Kühlschrank die Nudelreste eines Mitbewohners, bekommt Hunger und greift zu.	③	nein
2	Akira hat mit einer Freundin gekocht. Bevor sie zusammen ins Kino gehen, räumen sie die Küche auf.	○	
3	Maria hat sich frisch verliebt. Da sie viel Zeit mit ihrem neuen Partner verbringen möchte, ist er schon halb in die WG eingezogen.	○	
4	Thien hat kein Interesse an dem regelmäßigen WG-Abend und unterhält sich auch sonst selten mit seinen Mitbewohnern.	○	
5	Jorge bekommt spontan Besuch von zwei alten Schulfreunden. Wegen einer kranken Mitbewohnerin verlegen sie die Wiedersehensparty in die nächste Kneipe.	○	

c Welche Regeln finden Sie sinnvoll? Wie ist es bei Ihnen?
Haben Sie heute oder hatten Sie früher Regeln in der Familie oder in der WG? Erzählen Sie.

> Wir mussten/müssen … | Wir durften/dürfen zwar nicht …, aber …
> Ich war/bin nicht nur zuständig für …, sondern auch für …
> Wir mussten/müssen entweder … oder ….
> Was war/ist bei euch üblich?
> Durfte/Darf man …? | Musste/Muss man …?
> War/Ist das bei euch auch so?

Bei uns zu Hause mussten wir nicht nur die Schuhe vor der Wohnung ausziehen, sondern auch Hausschuhe anziehen. War das bei euch auch so?

A4 Unsere Hausordnung

Arbeiten Sie in Gruppen. Wählen Sie eine Situation und fünf Themen.
Schreiben Sie eine Hausordnung. Präsentieren Sie Ihre Hausordnung im Kurs.

Umgang miteinander Kommunikation Ruhe Essen & Trinken Pünktlichkeit
Kleidung Sauberkeit Pflichten & Rechte Verbote …

Regeln für unseren Deutschkurs

Umgang miteinander

1 Wir machen jeden Tag mindestens einer Kursteilnehmerin / einem Kursteilnehmer ein Kompliment.
2 …

Schreiben Sie eine Hausordnung für Ihre Familie/WG.

Schreiben Sie eine Hausordnung für den Deutschkurs.

B Hätte ich bloß nichts gesagt!

B1 Was wünscht Herr Bremer sich? Hören Sie und ergänzen Sie.

Konjunktiv II Vergangenheit	
Das ist passiert:	Wunsch:
Ich habe etwas gesagt.	_Hätte_ ich bloß nichts _gesagt_!
Die Hanfmanns sind hierher gezogen.	_____ sie bloß nie hierher _____!
Ich bin zum Rechtsanwalt gegangen.	_____ ich bloß nicht zum Rechtsanwalt _____!
Wir haben keine Lösung gefunden.	_____ wir bloß eine Lösung _____!

B2 Streit mit den Nachbarn
Sprechen Sie.

Rücksicht nehmen   freundlicher sein   zuhören
den Streit rechtzeitig beenden   aufmerksamer sein
nicht hierher ziehen   nicht beim Vermieter beschweren
Nachbarn zum Kaffee einladen   …

Hätte ich doch bloß mehr Rücksicht genommen.

Hätte ich	nur …
Wäre ich	doch …
	(doch) bloß …

B3 Beschwerden unter Hotelnachbarn

a Worüber beschweren sich die Leute (1–3)? Welcher Grund (A–F) passt? Hören Sie und verbinden Sie.

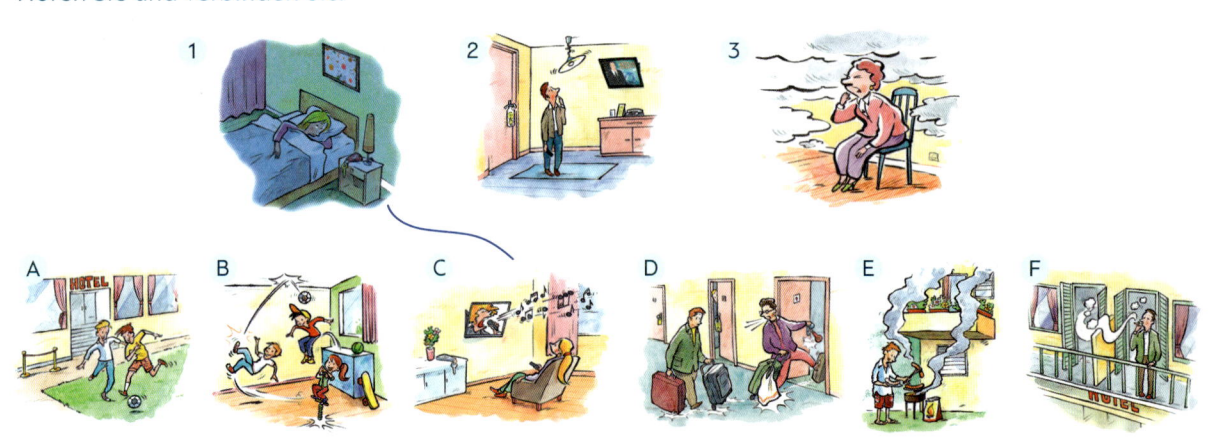

b Hören Sie noch einmal und machen Sie Notizen.

Gespräch	Problem	Lösung?
1	Die Zimmernachbarin hört laut Musik.	

B4 Rollenspiele: Konflikte mit Hotelnachbarn lösen

Arbeiten Sie zu zweit: Wählen Sie eine Situation aus B3. Welche Sätze wollen Sie benutzen? Markieren Sie. Spielen Sie dann ein Gespräch.

Ich hätte da eine Bitte: …	Tatsächlich?	Das tut mir schrecklich leid.	Das ist ja wohl eine Frechheit! | Meinetwegen.
Es wäre schön, wenn Sie da etwas Rücksicht nehmen könnten.	Ach wirklich? Das ist mir noch gar nicht aufgefallen.	Daran habe ich gar nicht gedacht.	Das ist doch lächerlich!
Könnten Sie wohl dafür sorgen, dass …	Wollen Sie behaupten, dass …	Klar, geht in Ordnung.	Wenn Sie nichts unternehmen, werde ich …

LEKTION 7   KB 86 sechsundachtzig

C Wohnungssuche

C1 Zimmer gesucht

a Lesen Sie den Anfang des Forumsbeitrags. Welches Problem hat Katarzyna?

> **GÜNSTIGES ZIMMER IN HAMBURG GESUCHT**
>
> Katarzyna: Hallo!
> Ich mache im Sommer ein Praktikum in Hamburg. Leider ist die Zimmersuche doch wesentlich schwieriger als gedacht. Ich finde im Internet einfach keine bezahlbare Unterkunft für die Zeit vom 5.7. bis zum 7.9. Auf Luxus kann ich gut verzichten und beim Stadtteil bin ich auch flexibel. Weiß irgendjemand von einem freien Zimmer oder habt Ihr vielleicht einen Tipp für die Zimmersuche?

b Welche Tipps geben die Leute Katarzyna? Lesen Sie und ordnen Sie zu.

1 Erzähl vielen Leuten, dass Du ein Zimmer suchst.   2 Du musst vorher mal in die Stadt fahren.
3 Mit einem Wohnungsgesuch geht es leichter.   4 Vergiss die Wohnheime für Studierende nicht!

○ Bella: Ja, für so kurze Zeit ist es nicht leicht, ein passendes Zimmer zu finden. Eine eigene Anzeige im Internet aufzugeben, ist eine gute Möglichkeit.

○ Albatros87: Nach langer, vergeblicher Suche im Internet habe ich es vor ein paar Jahren an der Uni vor Ort versucht. Am schwarzen Brett gibt es immer Zettel mit freien Zimmern.

○ Vincent35: In Deinen sozialen Netzwerken hast Du ja sicherlich von Deiner Suche geschrieben? In meinen werden in der Urlaubszeit manchmal Untermieter gesucht. Ich denke beim nächsten Mal an Dich und stelle den Link dann hier ins Forum.

○ Rajani: Hast Du schon mal an das Studierendenwerk gedacht? Das ist immer eine gute Alternative. Für Gaststudierende und Praktikanten haben die in ihren Wohnanlagen auch Gästezimmer zur Kurzzeitmiete.

WIEDERHOLUNG

Verben mit Präpositionen			Verben mit Präpositionen		
denken an			denken an		
Sache – woran?	Hast Du schon mal an das Studierendenwerk gedacht?		Person – an wen?	Ich denke beim nächsten Mal an Dich.	

c Was ist richtig? Lesen Sie C1a noch einmal und kreuzen Sie an. Schreiben Sie dann vier eigene Sätze zum Text und tauschen Sie sie mit Ihrer Partnerin / Ihrem Partner.

1 ○ Katarzyna sucht ein günstiges Zimmer in Hamburg.   2 ○ Katarzyna möchte im Zentrum wohnen.

C2 Ihre Wohnsituation: Lesen Sie die Fragen und schreiben Sie einen Text.

Mischen und verteilen Sie die Texte und lesen Sie vor. Wer hat den Text geschrieben? Raten Sie.

– Worüber freuen Sie sich?
– Womit sind Sie zufrieden?
– Worüber / Über wen ärgern Sie sich?
– Worauf können Sie leicht / gar nicht verzichten?
– Wovon träumen Sie?
– Was fehlt Ihnen?

> Ich wohne mit zwei Freundinnen in einer WG. Die Wohnung liegt an einer großen Straße. Ich ärgere mich oft über den Lärm. Am meisten fehlt mir ein Balkon zum Innenhof. Ich träume von einem sonnigen Balkon, auf dem wir frühstücken können. …

D Fernbeziehungen

D1 Warum leben immer mehr Menschen in Fernbeziehungen? Was meinen Sie?

Na ja, wenn jemand aus beruflichen Gründen die Stadt wechseln muss, dann kann der Partner vielleicht nicht so einfach seinen Job kündigen und mitgehen.

D2 Fernbeziehungen

a Welche Überschrift passt? Überfliegen Sie den Text und kreuzen Sie an.

○ Warum immer mehr Menschen in Fernbeziehungen leben
○ Fernbeziehungen und wie sie besser funktionieren

Die Liebe ist groß aber der Partner weit weg? Eine Fernbeziehung ist kein Wunschzustand, aber auch kein Unglück. Hier ein paar Tipps, wie eine Fernbeziehung gelingen kann.

Ungefähr 1,7 Millionen Paare in Deutschland leben mehr als 100 Kilometer voneinander entfernt und führen eine Fernbeziehung. Manche Paare sehen sich jedes Wochenende, andere nur alle drei Wochen
5 oder sogar Monate. Für die meisten Paare ist das nicht einfach. „Das größte Problem in Fernbeziehungen ist, dass die Partner keinen gemeinsamen Alltag haben", sagt Ines Hensel, Psychologin und Paartherapeutin in Hamburg. „Deshalb ist es wichtig, regelmäßig Kontakt zu haben, am besten jeden Tag." So können sie am Leben der anderen Person teilhaben, und die emotionale Verbindung bleibt bestehen. Die meisten Paare in einer Fernbeziehung telefonieren täglich, schicken sich Nachrichten
10 oder skypen regelmäßig.

Trotz der großen Freude, sich nach Wochen wiederzusehen, ist aber auch das nicht immer einfach. Verständlich, meint Ines Hensel. Denn: Beide Partner kommen aus ganz verschiedenen Alltagen. „Deshalb ist es wichtig, sich beim Wiedersehen erst einmal Zeit zu zweit zu nehmen", sagt sie. Ein bestimmtes Ritual kann zum Beispiel helfen, das Gefühl der Distanz schneller zu verlieren.

15 Ein anderes Problem ist, dass Paare in Fernbeziehungen häufig zu hohe Erwartungen haben. „Die meisten denken, dass die wenige Zeit, die sie miteinander verbringen, perfekt sein muss", sagt sie. „Das klappt natürlich nicht." Niemand kann die ganze Zeit gute Laune haben oder dauernd Probleme nicht beachten. „Wie in anderen Beziehungen muss natürlich auch über Schwierigkeiten und Ärger gesprochen werden", so Hensel.

20 Für das Gelingen einer Fernbeziehung empfiehlt sie außerdem, dass beide Partner für ihren Alltag einen eigenen Freundeskreis aufbauen oder ein eigenes Hobby haben. Denn: „Beide leben zufriedener, wenn ihr Glück nicht von der Anwesenheit des Partners abhängt und jeder auch schöne Erlebnisse hat, wenn der Partner gerade nicht da ist."

Trotz vieler Nachteile können Fernbeziehungen auch Vorteile haben: „Wir wissen, dass die Kommuni-
25 kation und der Austausch in vielen Fernbeziehungen tiefer ist als in normalen Beziehungen", sagt Hensel. Und: In so einer Beziehung bleibt die Liebe länger frisch, weil man sich mehr aufeinander freut und sich bewusst Zeit füreinander nimmt.

Präposition: *trotz* + Genitiv

trotz der großen Freude =
obwohl die Freude groß ist

b Lesen Sie noch einmal und machen Sie Notizen. Vergleichen Sie anschließend mit Ihrer Partnerin / Ihrem Partner.

Nachteile	Ratschläge	Vorteile
kein gemeinsamer Alltag	regelmäßiger Kontakt: …	

SCHON FERTIG? Welche Vor- und Nachteile sehen Sie in einer Fernbeziehung? Notieren Sie.

D3 Wie ist das in einer Fernbeziehung? Zwei Paare erzählen.

a Hören Sie den Anfang der Radiosendung und beantworten Sie die Fragen.

1 Wie viele Deutsche haben schon mal in einer Fernbeziehung gelebt?
2 Warum leben immer mehr Menschen in Fernbeziehungen?

b Hören Sie jetzt die ganze Sendung. Was ist richtig? Kreuzen Sie an.

1 ○ Die beiden haben sich auf einer Party in Berlin kennengelernt.
2 ○ Trotz regelmäßiger Telefonate finden sie das Abschiednehmen immer noch schwer.
3 ○ Im Urlaub hatten sie viel Zeit füreinander und konnten neue Seiten aneinander entdecken.
4 ○ Sogar wenn sie sich lange nicht gesehen haben, klappt das Wiedersehen problemlos.
5 ○ In einem halben Jahr wollen sie zusammenziehen.
6 ○ Sie sind gespannt, wie das Zusammenleben mit einem gemeinsamen Alltag funktioniert.
7 ○ Nicole lebt jetzt seit einem Jahr aus beruflichen Gründen in Manchester.
8 ○ Michael hat eine eigene Firma und konnte daher nicht mitgehen.
9 ○ Michael hat sich schnell an die neue Situation gewöhnt.
10 ○ Die beiden sehen sich in der Regel alle vier Wochen und machen es sich dann meistens zu Hause gemütlich.
11 ○ Sie telefonieren täglich und schicken sich über den Tag verteilt gegenseitig mehrere Nachrichten.
12 ○ Wenn Nicole im nächsten Jahr nach Hamburg zurückkommt, wollen die beiden heiraten.

Nadine und René

Nicole und Michael

D4 Können Sie sich vorstellen in einer Fernbeziehung zu leben? Warum (nicht)? Erzählen Sie.

> *Vor ein paar Jahren hatte ich mal für kurze Zeit eine Fernbeziehung. Das war nichts für mich. Mir hat der gemeinsame Alltag zu sehr gefehlt.*

Vor ein paar Jahren …
Das war nichts / genau das Richtige für mich.
Das hat (nicht so) gut geklappt.
Eigentlich wollte ich nie / immer …

Das kann ich mir gut / nicht so gut / … vorstellen.
Mir ist … wichtig / nicht so wichtig.
… würde mir fehlen / guttun.
An … könnte ich mich gut / gar nicht gewöhnen.

Grammatik und Kommunikation

Grammatik

1 Zweiteilige Konjunktionen ÜG 10.13

Das macht ja	nicht nur	Lärm,	sondern auch	Schmutz.
Ich habe	zwar	Lösungsvorschläge gemacht,	aber	sie haben sich nicht dafür interessiert.
Wir sollen	entweder	eine leisere Säge verwenden,	oder	die Sache geht vor Gericht.

nicht nur…, sondern auch …	= und
zwar …, aber …	= trotzdem
entweder …, oder …	= oder

Ihre Traumwohnung? Schreiben Sie drei Sätze mit *nicht nur …, sondern auch / entweder …, oder / zwar …, aber*.

Meine Traumwohnung hat nicht nur fünf Zimmer, sondern auch …

2 Konjunktiv II Vergangenheit: Konjugation ÜG 5.18

ich	hätte		wäre	
du	hättest		wärst	
er/es/sie	hätte	gesagt	wäre	gegangen
wir	hätten		wären	
ihr	hättet		wärt	
sie/Sie	hätten		wären	

3 Konjunktiv II Vergangenheit: Irreale Wünsche ÜG 5.18

Hätte	ich bloß nichts	gesagt!
Wäre	ich bloß nicht zum Rechtsanwalt	gegangen!

4 Wiederholung: Verben mit Präpositionen ÜG 5.23

Verb + Präposition	Präpositionaladverb	Präposition + Personalpronomen	Fragewort	
	Sachen	Personen	Sachen	Personen
denken an	daran	an ihn/-/sie	Woran?	An wen?

5 Präposition: *trotz* + Genitiv ÜG 6.04

Trotz	der großen Freude, sich nach Wochen wiederzusehen, ist aber auch das nicht immer einfach.

trotz der großen Freude
= obwohl die Freude groß ist

Nach der Trennung. Was denkt die Person? Schreiben Sie.

Jetzt ist Paula ausgezogen …

aufmerksam sein
mehr Zeit miteinander verbringen
nicht getrennt in den Urlaub fahren
häufiger zusammen essen
mehr Rücksicht aufeinander nehmen
sich ein gemeinsames Hobby suchen

Wären wir doch bloß aufmerksamer gewesen.

7

Kommunikation

ÜBER GEPFLOGENHEITEN SPRECHEN: War das bei euch auch so?

*Wir mussten/müssen ... | Wir durften/dürfen zwar nicht ..., aber ...
Ich war/bin nicht nur zuständig für ..., sondern auch für ... |
Wir mussten/müssen entweder ..., oder ... | Was war/ist bei euch üblich?
Durfte/Darf man ...? | Musste/Muss man ...? | War/Ist das bei euch auch so?*

HÖFLICH KRITIK ÄUSSERN: Ich hätte da eine Bitte:

*Ich hätte da eine Bitte: ... | Könnten Sie wohl dafür sorgen, dass ...
Es wäre schön, wenn Sie da etwas Rücksicht nehmen könnten.*

AUF KRITIK ERSTAUNT REAGIEREN: Ach wirklich?

*Tatsächlich? | Ach wirklich? Das ist mir noch gar nicht aufgefallen.
Wollen Sie behaupten, dass ...*

AUF KRITIK FREUNDLICH REAGIEREN: Klar, geht in Ordnung.

*Das tut mir schrecklich leid. | Daran habe ich gar nicht gedacht.
Klar, geht in Ordnung.*

AUF KRITIK VERÄRGERT REAGIEREN: Das ist doch lächerlich.

*Das ist ja wohl eine Frechheit! | Das ist doch lächerlich!
Meinetwegen. | Wenn Sie nichts unternehmen, dann ...*

VON ERFAHRUNGEN ERZÄHLEN: Das hat gut geklappt.

*Vor ein paar Jahren ... | Das war nichts / genau das Richtige für mich.
Das hat (nicht so) gut geklappt. | Eigentlich wollte ich nie / immer ...*

VORSTELLUNGEN AUSDRÜCKEN: Mir ist ... wichtig.

*Das kann ich mir gut / nicht so gut / ... vorstellen.
Mir ist ... wichtig / nicht so wichtig. | ... würde mir fehlen / guttun. /
An ... könnte ich mich gut / gar nicht gewöhnen.*

Beschwerden unter Hotelnachbarn: Schreiben Sie das Gespräch zwischen dem Mann und der Frau.

◊ Entschuldigung, haben Sie einen Moment Zeit?
○ Ja, natürlich. Was gibt's denn?
◊ Ich hätte da eine Bitte an Sie ...

Sie möchten noch mehr üben? 3 | 30–32 AUDIO-TRAINING

Lernziele

Ich kann jetzt ...

A ... Regeln verstehen und von Gepflogenheiten und Regeln erzählen: *Bei uns zu Hause mussten wir nicht nur ..., sondern auch ...* ☺ ☺ ☹

B ... Kritik äußern und auf Kritik reagieren: *Es wäre schön, wenn Sie da etwas Rücksicht nehmen könnten.* ☺ ☺ ☹

C ... Forumstexte zur Zimmersuche verstehen: *Ich finde im Internet einfach keine bezahlbare Unterkunft.* ☺ ☺ ☹

... Von meiner Wohnsituation erzählen: *Ich träume von einem sonnigen Balkon.* ☺ ☺ ☹

D ... einen Zeitungsartikel und eine Radiosendung zum Thema Fernbeziehungen verstehen: *Trotz vieler Nachteile können Fernbeziehungen auch Vorteile haben.* ☺ ☺ ☹

Ich kenne jetzt ...

... 10 Wörter zum Thema *WG* und *Wohnung*:
der Putzplan, ...

... 6 Wörter zum Thema *Beschwerden* und *Konflikte*:
die Rücksicht, ...

einundneunzig **91** KB **LEKTION 7**

Zwischendurch mal ...

LANDESKUNDE

Wo und wie werden wir leben?

Sie interessieren sich für eine Zukunft in den deutschsprachigen Ländern? Dann sollten Sie diese vier Zukunftstrends für das Leben und Wohnen dort unbedingt kennen!

Trend Nummer 1

In den deutschsprachigen Ländern werden die Menschen viel älter werden. Der Anteil der über 60-Jährigen wird von 27 auf 36 Prozent steigen, der Anteil der unter 60-Jährigen wird von 73 auf 64 Prozent zurückgehen. Der Anteil der Erwerbstätigen (20 bis 60 Jahre) wird besonders stark sinken, von 55 auf nur noch 47 Prozent im Jahr 2040.

Trend Nummer 2

Immer mehr Menschen werden in Städten leben. Aber schon heute gibt es in den meisten Städten viel zu wenige Wohnungen. Dieses Problem wird in den nächsten Jahren und Jahrzehnten noch schlimmer werden. Bis zum Jahr 2030 werden in den Ballungszentren München, Wien, Frankfurt, Hamburg, Zürich und Stuttgart etwa 1 Million Wohnungen fehlen. Was dies bedeutet, kann man schon heute deutlich sehen: Die Mieten steigen hier besonders schnell.

Trend Nummer 3

Wohnen wird immer teurer. Die durchschnittlichen Wohnkosten steigen schon seit einiger Zeit stärker als die Einkommen. Für Miete plus Mietnebenkosten (Betriebskosten, Heizung und Strom) muss man in manchen Gegenden heute bis zu 50 Prozent seines Einkommens bezahlen. In den Stadtzentren und in den schöneren Stadtteilen können sich viele Leute schon jetzt kaum mehr eine Wohnung leisten.

Trend Nummer 4

Immer mehr Wohneinheiten werden zu sogenannten Smarthomes. Das bedeutet, dass Haushaltsgeräte zentral ferngesteuert und schnell an persönliche Bedürfnisse angepasst werden können. So kann man z. B. die Waschmaschine oder den Herd von unterwegs aus einschalten oder die Heizung regulieren.

1 Lesen Sie den Text und ergänzen Sie das Diagramm zu Trend Nummer 1:

über 60 Jahre   unter 60 Jahre   20 bis 60 Jahre   ~~0 bis 20 Jahre~~

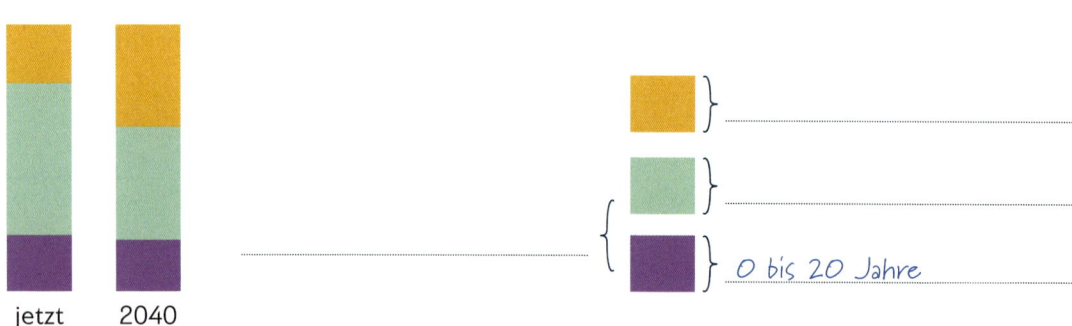

jetzt   2040

} _____
} _____
} 0 bis 20 Jahre

2 Lesen Sie noch einmal und markieren Sie: Welche Informationen finden Sie besonders interessant? Sprechen Sie.

Ich finde es interessant, dass es viel zu wenige Wohnungen geben wird. Warum ...

LESEN

Von Tür zu Tür

Räume ohne Fenster kann man sich leicht vorstellen. Denken Sie zum Beispiel an Kinos, Keller oder Garagen. Einen Raum ohne Tür gibt es nicht, man könnte ihn ja nicht mal betreten. Türen spielen aber nicht nur in unserem Leben eine wichtige Rolle, sondern auch in unserer Sprache. Im Deutschen findet man sehr viele Sprichwörter und Redewendungen, in denen die Tür vorkommt. Hier nur mal ein paar:

1 Kehren Sie doch bitte vor Ihrer eigenen Tür!
2 Man soll nicht mit der Tür ins Haus fallen.
3 Das besprechen wir nicht zwischen Tür und Angel.
4 Ich hatte dort schon einen Fuß in der Tür.
5 Meine Tür steht immer für dich offen.
6 Dort stand ich dann vor verschlossener Tür.
7 Es gibt Dinge, die erzählt man besser hinter verschlossener Tür.
8 Damit rennst du offene Türen bei mir ein.

1 Lesen Sie den Text. Ordnen Sie dann die Redewendungen und Sprichwörter aus dem Text zu.

a ⑥ Dort war niemand. Ich kam nicht rein.
b ○ Darüber redet man nicht einfach so ohne Vorbereitung.
c ○ Komm rein! Das muss nicht jeder hören.
d ○ Du kannst mit allen Problemen zu mir kommen.
e ○ Dort hatte ich schon Kontakte geknüpft.
f ○ Das besprechen wir in aller Ruhe und ohne Eile.
g ○ Kümmern Sie sich um Ihre eigenen Sachen!
h ○ Du musst mich nicht überzeugen, ich denke genau wie du.

2 Gibt es in Ihrer Sprache ähnliche Sprichwörter oder Redewendungen?
Können Sie sie ins Deutsche übersetzen?

3 Kennen Sie weitere deutsche Sprichwörter und Redewendungen? Sammeln Sie im Kurs.

FILM

Unsere WG

1 Sehen Sie den Film. Aljoscha, Mona, Paulette ...
Wer ist Ihnen am sympathischsten? Warum?

2 Haben Sie auch WG-Erfahrungen oder würden Sie gern in einer Wohngemeinschaft wohnen? Erzählen Sie.

Unter Kollegen

Folge 8: Der wichtige Herr Müller

1 **Was meinen Sie? Sehen Sie die Fotos an und beantworten Sie die Fragen.**
Hören Sie dann und vergleichen Sie.

Foto 1: Ella ist schlecht gelaunt. Warum?
Foto 2–4: Wo sind die beiden Frauen? Was machen sie dort?
Foto 3+4: Wer ist der Mann?

Vielleicht ist Ella schlecht gelaunt, weil die Frau keine Zeit für sie hat.

2 **Was passt? Ordnen Sie zu. Hören Sie noch einmal und vergleichen Sie.**

E = Ella   JL = Jessica Langer   M = Herr Müller

a _____ hat eine Idee für einen Artikel über die Arbeit als Journalistin.
b _____ und _____ langweilen sich.
c _____ interviewt _____ zum ersten Mal.
d _____ freut sich, dass sie ihr großes Vorbild _____ endlich mal kennenlernt.
e _____ hält Sami Kirsch für einen tollen Journalisten.
f _____ erzählt, dass man auf _____ oft lange warten muss.
g _____ meint, dass _____ immer das Gleiche sagt.

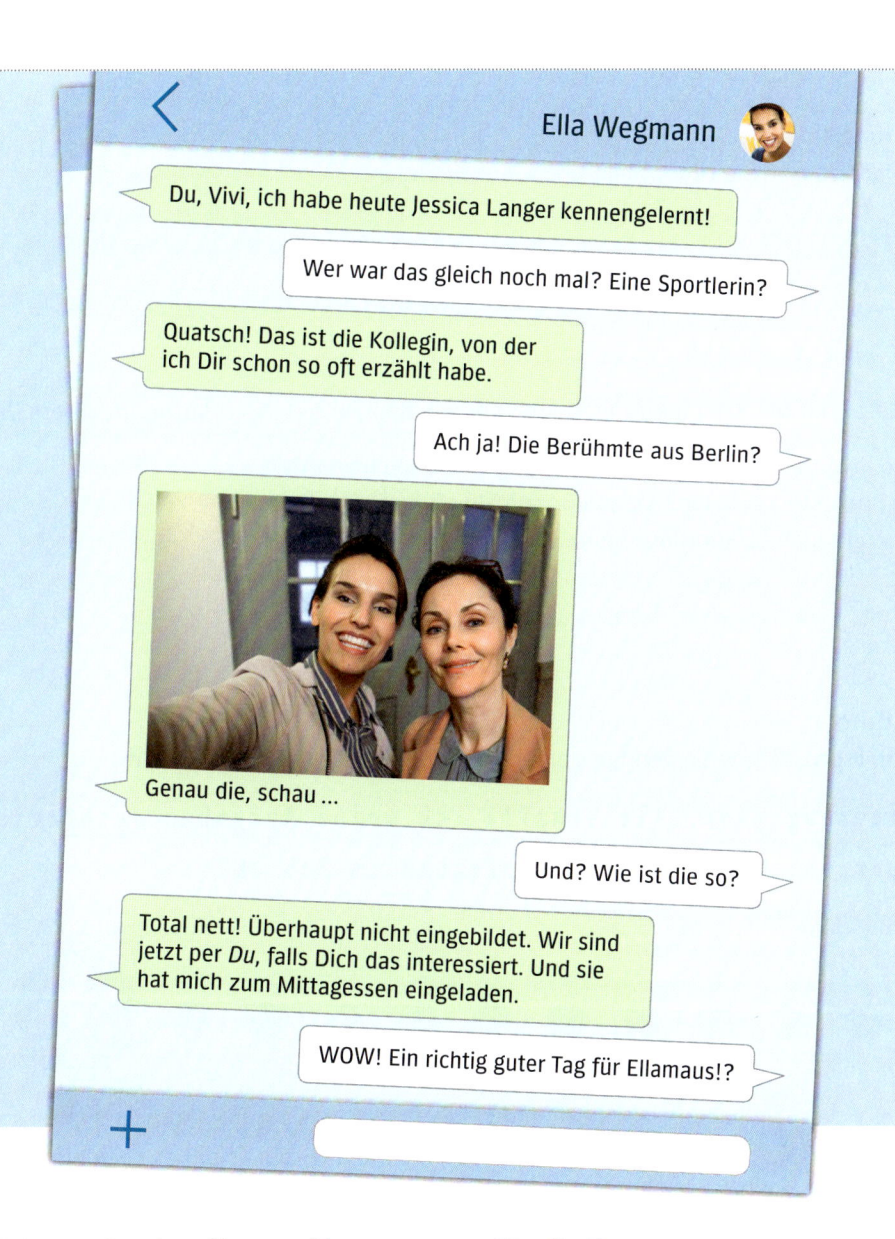

Ella Wegmann

> Du, Vivi, ich habe heute Jessica Langer kennengelernt!

> Wer war das gleich noch mal? Eine Sportlerin?

> Quatsch! Das ist die Kollegin, von der ich Dir schon so oft erzählt habe.

> Ach ja! Die Berühmte aus Berlin?

> Genau die, schau …

> Und? Wie ist die so?

> Total nett! Überhaupt nicht eingebildet. Wir sind jetzt per *Du*, falls Dich das interessiert. Und sie hat mich zum Mittagessen eingeladen.

> WOW! Ein richtig guter Tag für Ellamaus!?

3 Lesen Sie den Chat und beantworten Sie die Fragen.

– Was erfahren Sie über Jessica Langer?
– Wie findet Ella Jessica Langer?

4 Haben Sie ein Vorbild? Zeigen Sie ein Foto und erzählen Sie.

Mein großes Vorbild ist meine Freundin Svetlana. Zu ihr kann ich immer gehen, wenn ich Probleme habe. Sie kann sehr gut zuhören und hat immer gute Ratschläge.

Ellas Film

A Wir sind jetzt per *Du*, **falls** dich das interessiert.

A1 Ein guter Tag für Ella?

a Was bedeutet *falls*? Lesen Sie die Tabelle und kreuzen Sie an.

Konjunktion: *falls*			
Wir sind jetzt per *Du*,	falls	dich das	interessiert.
Kein Problem ist unlösbar,	falls	man seine Hausaufgaben ordentlich	gemacht hat.

falls = ○ weil ○ wenn ○ obwohl

b Schreiben Sie Sätze mit der Konjunktion *falls* und vergleichen Sie mit Ihrer Partnerin / Ihrem Partner.

1 Sie haben ein Problem? Dann können Sie sich gern an mich wenden.
2 Sie möchten noch etwas wissen? Dann können Sie einfach anrufen.
3 Sie haben noch Fragen? Dann sind meine Mitarbeiter immer für Sie da.

1 Falls Sie ein Problem haben, können ...

A2 Probleme im Büro

a Welche Überschrift passt? Überfliegen Sie den ersten Abschnitt und kreuzen Sie an.

○ Gutes Zeitmanagement: Wie schaffe ich meine Aufgaben rechtzeitig?
○ Grenzen setzen: Wie lehne ich Aufgaben im Job ab?

Sie kennen es sicher: Sie haben viel zu tun und wissen kaum, wie Sie Ihre Arbeit schaffen sollen. Plötzlich steht ein Kollege vor Ihnen und bittet Sie um Hilfe oder der Chef hat noch eine weitere Aufgabe für Sie. Sie möchten hilfsbereit sein und niemanden enttäuschen? Eventuell haben Sie auch Angst vor negativen Konsequenzen, falls Sie *Nein* sagen. Doch auch wenn es schwerfällt:

5 Es ist wichtig, rechtzeitig *Nein* zu sagen. Denn Sie wirken unzuverlässig, falls Sie Ihre Aufgaben dann doch nicht schaffen.

• Achten Sie darauf, wie Sie *Nein* sagen: Seien Sie freundlich, aber bestimmt.
• Erklären Sie, warum Sie *Nein* sagen müssen. Beachten Sie dabei, dass Sie mit kurzen und klaren Erklärungen sicherer wirken.
10 • Sprechen Sie das Problem auch an, falls Sie schon zugesagt haben und Ihnen erst nachher klar wird, dass Sie das zeitlich nicht schaffen können.
• Zeigen Sie Verständnis für die Situation des Kollegen bzw. des Chefs und bieten Sie Alternativen/Kompromisse an. Vielleicht können Aufgaben getauscht oder verschoben werden?

b Lesen Sie den Text jetzt ganz und beantworten Sie die Fragen.

1 Warum ist es nicht so leicht, im Job *Nein* zu sagen?
2 Wie sollte man Aufgaben ablehnen?
3 Was sollte man tun, wenn man eine Aufgabe abgelehnt hat?

A3 „Könnten Sie das für mich übernehmen?" – Wie reagieren Sie? Ordnen Sie zu.

Alternativen vorschlagen | auf Alternativvorschläge reagieren | Aufträge/Aufgaben ablehnen

Tut mir leid, aber ich habe gerade selbst viel zu viel zu tun.	*Wenn wir ... tauschen/verschieben, könnte ich dir/Ihnen vielleicht helfen.*	*Ja, gute Idee.*
Ich habe leider gerade überhaupt keine Zeit, zusätzliche Aufgaben zu übernehmen.	*Vielleicht könnte ... meine Aufgaben übernehmen, dann könnte ich ...*	*Ja, stimmt. Das wäre möglich.*
Da kann ich dir/Ihnen leider nicht helfen, weil ...	*Ich könnte dir/Ihnen helfen, falls du/Sie jemanden für meine Aufgaben/... findest/finden.*	*Das geht leider nicht, weil ...*
Ich muss noch ... bis ... bearbeiten. / erledigen. / vorbereiten. / Deshalb ...		

A4 Rollenspiel: Arbeitsaufträge ablehnen

a Arbeiten Sie zu zweit: Wählen Sie die Rollen oder schreiben Sie eigene Rollenkärtchen. Markieren Sie in A3: Welche Sätze wollen Sie benutzen?

Partner A
Sie schaffen es nicht, die heutige Konferenz vorzubereiten. Sie bitten eine Kollegin / einen Kollegen um Hilfe. Es muss sich jemand um heiße und kalte Getränke, die Technik und um Blöcke und Kulis für die Teilnehmer kümmern.

Partner B
Sie müssen heute die morgige Geschäftsreise für den Chef vorbereiten. Eine Kollegin bittet Sie um Hilfe bei der Vorbereitung der Konferenz. Lehnen Sie die Aufgabe ab, nennen Sie den Grund und bieten Sie Alternativen an.

b Spielen Sie ein Gespräch. Tauschen Sie auch die Rollen.

A Kollegin/Kollege   B Kollegin/Kollege

Sie bitten B um Hilfe. Sie haben eine zusätzliche Aufgabe für B.

Sie lehnen die Aufgabe ab. Sie erklären, warum Sie *Nein* sagen.

Sie machen einen Alternativ-Vorschlag.

Sie reagieren auf den Vorschlag.

- ◆ Frau Aigner, ich brauche dringend Ihre Hilfe.
- ○ Worum geht's denn?
- ◆ Ich schaffe es heute leider nicht, die Konferenz vorzubereiten. Es muss sich jemand um ... kümmern. Könnten Sie das für mich übernehmen?
- ○ Tut mir leid, aber ich habe ...
- ◆ ...

siebenundneunzig 97 KB **LEKTION 8**

B Je länger man wartet, desto schlechter wird ...

B1 Wo bleibt der denn so lange?

a Hören Sie und verbinden Sie. Ergänzen Sie dann die Tabelle.

1 Je länger man wartet,   desto länger muss man auf sie warten.
2 Je wichtiger die Leute sind,   desto weniger muss man glauben.
3 Je mehr man weiß,   desto schlechter wird die Stimmung.

Zweiteilige Konjunktion: *je ... desto*

Je länger man _____, desto/umso schlechter _____ die Stimmung.

b Kettenspiel: Arbeiten Sie in Gruppen und schreiben Sie zehn Kettensätze.

> Je netter meine Kollegen sind, desto lieber gehe ich zur Arbeit.
> Je lieber ich zur Arbeit gehe, desto ...

B2 Freundschaften im Job. Lesen Sie den Text. Was ist richtig? Kreuzen Sie an.

Freundschaften im Job haben positiven Einfluss auf das Betriebsklima. Trotzdem warnt die Karriereexpertin Tanja Pieper vor zu engen Freundschaften am Arbeitsplatz.

Frau Pieper, Studien zeigen, dass Freundschaften am Arbeitsplatz das Betriebsklima verbessern. Je angenehmer die Arbeitsatmosphäre ist, desto weniger Stress haben die Mitarbeiter und desto besser arbeiten sie. Warum warnen Sie trotzdem vor Freundschaften im Job?

Nun ja, Freundschaften im Job können auch zu Problemen führen. So kann zum Beispiel die Freundin plötzlich zur Chefin werden.

Privat- und Berufsleben sollten also getrennt werden?

Nein, ein gutes Betriebsklima ist schon wichtig. Je kälter das Betriebsklima ist, desto schneller wechseln die Mitarbeiter den Betrieb und desto häufiger sind sie krank.

Ist es nicht schwierig, immer auf Distanz zu bleiben?

Einen freundschaftlichen Umgang kann man nicht vermeiden. Aber der Kontakt muss trotzdem professionell bleiben.

Und wie schafft man das?

Zunächst sollte man gute Zusammenarbeit nicht mit Freundschaft verwechseln. Außerdem gibt es am Arbeitsplatz natürlich Tabuthemen, beispielsweise Beziehungsprobleme und Geldsorgen.

1 ○ Freundschaften im Job beeinflussen die Arbeitsleistung negativ.
2 ○ Frau Pieper meint, dass Freundschaften im Job auch problematisch sein können.
3 ○ Angestellte, die sich am Arbeitsplatz nicht wohlfühlen, melden sich häufiger krank.
4 ○ Auch sehr private Gesprächsthemen sind am Arbeitsplatz sinnvoll.

B3 Kollegen oder Freunde? Machen Sie Notizen. Diskutieren Sie.

1 Sind Freundschaften im Job in Ordnung?
2 Welche Gesprächsthemen sind im Job okay/tabu?
3 Welche Regeln im Umgang mit Kollegen finden Sie wichtig?
4 ...

> 1 Ja: sinnvoll, man arbeitet besser

◆ Ich finde, dass Freundschaften im Job nicht nur völlig in Ordnung, sondern auch sinnvoll sind. Denn je besser man sich mit den Kollegen versteht, desto besser arbeitet man.

○ Ja, das denke ich auch. Ich habe meine beste Freundin ...

C ... die Kollegin, **von der** ich dir erzählt habe.

C1 Lesen Sie die Tabelle und ergänzen Sie.

a Das ist die Kollegin, _von_ _der_ ich dir so oft erzählt habe.
(Ich habe dir so oft von ihr erzählt.)

b Sami gehört zu den Kollegen, _____ _____ ich nur Gutes sagen kann.
(Ich kann von ihnen nur Gutes sagen.)

c Das ist ein Mann, _____ _____ man Bescheid weiß,
wenn man einmal mit ihm gesprochen hat.
(Man weiß über ihn Bescheid, wenn man einmal mit ihm gesprochen hat.)

Relativsatz mit Präpositionen			
Bescheid wissen über	+ ihn/sie:	..., über den/die	... Bescheid weiß.
erzählen von	+ ihm/ihr:	..., von dem/der	... erzählt habe.
sagen von	+ ihnen:	..., von denen	... sagen kann.

C2 Wer ist ...? Ergänzen Sie und vergleichen Sie mit Ihrer Partnerin / Ihrem Partner.

1 *Mit ihm bin ich monatelang durch Asien gereist.*

2 *Von ihm bekomme ich oft so schöne Gedichte.*

3 *Ich muss immer über sie lachen.*

4 *An sie denke ich oft.*

1 Enzo? Das ist so ein verrückter Bekannter,
mit dem

2 Leo? Das ist mein treuester und romantischster Freund,

3 Isabel? Das ist eine witzige Bekannte,

4 Maria? Das ist eine meiner besten Freundinnen,

Adjektiv als Nomen
bekannt → der/die Bekannt**e**
ein Bekannt**er** / eine Bekannt**e**
auch so: Jugendlicher, Erwachsener, ...

C3 Was machen Sie mit wem?
Notieren Sie Namen von Freunden, Nachbarn, Bekannten und Kollegen auf einen Zettel. Tauschen Sie dann die Zettel mit Ihrer Partnerin / Ihrem Partner. Fragen und antworten Sie.

◆ Alexander, wer ist Kaito?
○ Kaito ist ein Kollege, mit dem ich donnerstags nach der Arbeit im Orchester spiele. Wer ist ...

n-Deklination
der/ein Kollege
den/einen Kollege**n**
dem/einem Kollege**n**
auch so: einen Nachbarn, Menschen, Journalisten, ...

D Von mir aus können wir uns gern duzen.

D1 Das *Du* anbieten

a *Du* oder *Sie*? Sehen Sie das Foto an. Duzen oder siezen sich die Personen? Was meinen Sie?

Die beiden Personen sind ungefähr im gleichen Alter, daher glaube ich, dass sie sich duzen.

Nein, das glaube ich nicht. Ich vermute ...

b Wo sind die Leute? Hören Sie und kreuzen Sie an.

Gespräch 1 ○ im Büro ○ im Treppenhaus
Gespräch 2 ○ auf dem Spielplatz ○ im Kindergarten
Gespräch 3 ○ auf dem Markt ○ im Restaurant

c Was ist richtig? Kreuzen Sie an. Hören Sie dann noch einmal und vergleichen Sie.

1 ○ Frau Richter arbeitet schon lange in der Firma.
2 ○ Frau Stein soll sich an Herrn Ramsauer wenden, wenn sie Fragen hat.
3 ○ Die beiden Väter kommen zu spät zum Elternabend.
4 ○ Die beiden Väter unterhalten sich zum ersten Mal.
5 ○ Amadou Bah hat seinen ersten Arbeitstag als Koch.
6 ○ Lars Kramer kümmert sich um den Einkauf.

D2 Wie bieten die Leute das *Du* an? Wie nehmen sie das *Du* an?

Hören Sie noch einmal. In welchem Gespräch (1–3) hören Sie das? Ergänzen Sie.

das *Du* anbieten	Gespräch	das *Du* annehmen	Gespräch
Wir sagen hier alle *Du* zueinander. Wenn es Ihnen recht ist, dann können wir uns gern duzen.	○	Ja, gern! Ich heiße ...	○
Übrigens, von mir aus können wir uns gern duzen. Ich heiße ...	○	Schön! Hallo ... Ich bin ...	○
Ach, wollen wir uns nicht lieber duzen?	○	Alles klar! Ich heiße ...	○

D3 Rollenspiele: Arbeiten Sie zu zweit und wählen Sie eine Rollenkarte.

Wählen Sie ein bis zwei Situationen und spielen Sie ein Gespräch. Verwenden Sie die Sätze aus D2.

Wetter Urlaub Hobbys Familie Bücher Filme Essen ...

Sie treffen eine Mutter aus dem Kindergarten Ihres Kindes auf dem Spielplatz und unterhalten sich. Die andere Mutter bietet Ihnen das *Du* an.

Sie treffen eine Nachbarin im Zug und kommen ins Gespräch. Im Laufe des Gesprächs bieten Sie der Nachbarin das *Du* an.

Sie treffen einen älteren Kollegen aus einer anderen Abteilung auf der Weihnachtsfeier und unterhalten sich. Der Kollege bietet Ihnen das *Du* an.

8

D4 Duzen oder Siezen?

a Überfliegen Sie den Text und ordnen Sie zu.

Im Privatleben   Grundsätzlich   Im Arbeitsleben

DUZEN ODER SIEZEN?

Gibt es da eigentlich verbindliche Regeln? Das ist eine schwierige Frage. Wir haben versucht, für Sie eine kurze Antwort zu finden.

1 _____ wird in der Regel gesiezt. Das gilt vor allem bei Kontakt zu Kunden sowie auf Ämtern und Behörden. Allerdings gibt es zunehmend Branchen, in denen das *Du* üblich ist, wie z. B. in der Computerbranche, in der Werbung, in der Gastronomie und auf dem Bau. Wird in einem Betrieb normalerweise gesiezt, dann bietet die Person das *Du* an, die eine höhere Position hat oder schon länger im Betrieb ist.

2 _____ wird im Vergleich zu früher mehr geduzt, also nicht nur in der Familie und unter Freunden. Das *Du* schafft Gemeinschaft, egal, ob man über die Kinder, die Nachbarn, denselben Arbeitsweg oder den Hund spricht. Es gilt dabei nach wie vor die altbekannte Regel, nach der die Älteren den Jüngeren das *Du* anbieten.

3 _____ kann man sicherlich sagen: Wer zu schnell duzt, gilt möglicherweise als unhöflich; wer zu lange siezt, kann steif wirken.

---

b Wer kann das *Du* anbieten? Wie lauten die beiden Regeln? Lesen Sie noch einmal und ergänzen Sie.

Im Arbeitsleben: Die Person, die _____

Im Privatleben: Die Person, _____

D5 Wie ist das bei Ihnen?

SCHON FERTIG? Hat Ihnen schon einmal jemand das *Du* angeboten? Schreiben Sie.

a Beantworten Sie die Fragen und machen Sie Notizen.

am Arbeitsplatz   Nachbarn   im Geschäft   in meiner Lieblingskneipe   im Verein   an der Uni   …

1 a In Ihrer Sprache gibt es die Anrede mit *Sie* und *Du*:
Wen siezen/duzen Sie?
b In Ihrer Sprache gibt es die Anrede mit *Sie* und *Du* nicht:
Wen reden Sie mit Vornamen/mit Nachnamen an?
2 Wer darf das *Du*/die Anrede mit dem Vornamen anbieten?
3 Was beachten Sie außer der Anrede, wenn Sie höflich sein möchten?

am Arbeitsplatz
siezen: Chef, Kunden, …
duzen: die meisten Kollegen, …

b Arbeiten Sie in Gruppen und erzählen Sie.

> Am Arbeitsplatz duze ich fast alle meine Kollegen, nur …

Grammatik und Kommunikation

Grammatik

1 Konjunktion: *falls* ÜG 10.11

	Konjunktion		Ende
Wir sind jetzt per *Du*,	falls	dich das	interessiert.
Kein Problem ist unlösbar,	falls	man seine Hausaufgaben ordentlich	gemacht hat.

> Was machen Sie am Wochenende? Schreiben Sie drei Sätze mit *falls*.
>
> *Ich gehe ins Kino, falls es einen guten Film gibt.*
> *Ich mache ein Picknick, falls …*

2 Zweiteilige Konjunktion: *je … desto/umso* ÜG 10.13

Je länger man wartet, desto/umso schlechter wird die Stimmung.

> Im Berufsleben: Schreiben Sie Sätze mit *je … desto …* Wie viele Sätze finden Sie in fünf Minuten?
>
> *Je mehr Berufserfahrung man hat, desto höher wird das Gehalt.*
> *Je besser ein Team zusammenarbeitet, desto …*

3 Relativsatz mit Präpositionen ÜG 10.14

Ist das der Kollege,	von dem	man nur Gutes sagen kann? (sagen von + Dativ)
	von dem	du erzählt hast? (erzählen von + Dativ)
Ist das die Bekannte,	von der	man nur Gutes sagen kann?
	von der	du erzählt hast?
Sind das die Kollegen,	von denen	man nur Gutes sagen kann?
	von denen	du erzählt hast?

4 Adjektiv als Nomen: *bekannt → die/der Bekannte* ÜG 4.06

Nominativ	Akkusativ	Dativ
• der Bekannte ein Bekannter	den Bekannten einen Bekannten	dem Bekannten einem Bekannten
• die Bekannte eine Bekannte	die Bekannte eine Bekannte	der Bekannten einer Bekannten
• die Bekannten – Bekannte	die Bekannten – Bekannte	den Bekannten – Bekannten

auch so: jugendlich → die/der Jugendliche
erwachsen → die/der Erwachsene
deutsch → die/der Deutsche

> Schreiben Sie so viele Sätze wie möglich zu einer Person.
> sprechen mit
> sich verabreden mit
> sich ärgern über
> denken an   warten auf
> spazieren gehen mit
> sich freuen über   …
>
> Tina

5 n-Deklination ÜG 1.04

Nominativ	Akkusativ	Dativ
• der/ein Kollege	den/einen Kollegen	dem/einem Kollegen
• die/– Kollegen	die/– Kollegen	den/– Kollegen

auch so: der Mensch, der Nachbar, der Praktikant, der Herr, der Junge, der Pole, der Grieche, …

> *Das ist meine Nachbarin Tina,*
> *– mit der ich am Wochenende manchmal spazieren gehe.*
> *– für die ich die Blumen gieße, wenn sie im Urlaub ist.*
> *– …*

8

Kommunikation

AUFTRÄGE/AUFGABEN ABLEHNEN: Tut mir leid, aber …

Tut mir leid, aber ich habe gerade selbst viel zu viel zu tun. | Ich habe leider gerade überhaupt keine Zeit, zusätzliche Aufgaben zu übernehmen. | Da kann ich dir/Ihnen leider nicht helfen, weil … | Ich muss noch … bis … bearbeiten/erledigen/vorbereiten … Deshalb …

ALTERNATIVEN VORSCHLAGEN: Ich könnte Ihnen helfen, falls …

Wenn wir … tauschen/verschieben, könnte ich dir/Ihnen vielleicht helfen. Vielleicht könnte … meine Aufgaben übernehmen, dann könnte ich … Ich könnte dir/Ihnen helfen, falls du/Sie jemanden für meine Aufgaben findest/finden.

AUF ALTERNATIVVORSCHLÄGE REAGIEREN: Ja, gute Idee.

Ja, gute Idee. | Ja, stimmt. Das wäre möglich. Ich spreche gleich mal mit … Das geht leider nicht, weil …

DAS *DU* ANBIETEN: Ach, wollen wir uns nicht lieber duzen?

Wir sagen hier alle Du zueinander. | Wenn es Ihnen recht ist, dann können wir uns gern duzen. | Übrigens, von mir aus können wir uns gern duzen. Ich heiße … | Ach, wollen wir uns nicht lieber duzen?

DAS *DU* ANNEHMEN: Ja, gern! Ich heiße …

Ja, gern! Ich heiße … | Schön! Hallo … Ich bin … | Alles klar! Ich heiße …

Schreiben Sie ein Gespräch.

Ihr Kollege hat nächste Woche Urlaub und bittet Sie um Hilfe.

◇ Frau … / Herr …, ich brauche dringend Ihre Hilfe. Sie wissen ja, dass ich …

Das *Du* anbieten: Wählen Sie ein Bild und schreiben Sie ein Gespräch.

◇ Guten Tag. Ich bin Ihr neuer Nachbar.
○ …

Sie möchten noch mehr üben? 4 | 9–11 AUDIO-TRAINING

Lernziele

Ich kann jetzt …

A … Ratgebertexte verstehen: *Wie lehne ich Aufgaben im Job ab?* ____
… Arbeitsaufträge ablehnen und Alternativvorschläge machen:
Tut mir leid, aber … _____
B … über Freundschaften im Job diskutieren: *Je besser man sich mit den Kollegen versteht, desto besser arbeitet man.* _____
C … erzählen, was mir andere Personen bedeuten und was ich mit ihnen unternehme: *Kaito ist ein Kollege, mit dem ich …* _____
D … das *Du* anbieten und annehmen: *Ach, wollen wir uns nicht lieber duzen?* _____
… von den Regeln für das Siezen und Duzen in deutschsprachigen Ländern erzählen: *Im Arbeitsleben bietet die Person das Du an, die …* _____

Ich kenne jetzt …

… 6 Wörter zum Thema *Arbeit*:
das Betriebsklima, …

… 4 Charaktereigenschaften:
treu, …

einhundertdrei **103** KB **LEKTION 8**

Zwischendurch mal …

GEDICHT

Freundschaft

Refrain: Freundschaft nur bei Sonnenschein?
Kann keine echte Freundschaft sein.
Freundschaft ist wie ein gutes Haus:
Sie hält auch schlechtes Wetter aus.

Wenn du mich an der Schulter packst
und dabei lächelst und mir sagst,
dass das, was ich grad mache, Mist ist,
und dass du deshalb jetzt bei mir bist,
um mir zu helfen, zu verstehen
und einen besseren Weg zu gehen,
dann ist mein Ärger schnell verschwunden.
Ich habe einen Freund gefunden!

Refrain

Wenn meine Traurigkeit mal groß ist,
so groß, dass ich nicht weiß, was los ist,
bist du ganz nah und aufmerksam,
bist ehrlich, lügst mich niemals an.
Weißt du, wie wunderbar du bist?
Wie wichtig deine Freundschaft ist?
Ich geb' dir hoffentlich ein Stück
von diesem großen Glück zurück.

Refrain

1 Hören Sie das Gedicht und lesen Sie mit.
Was bedeutet: „Freundschaft nur bei Sonnenschein? Kann keine echte Freundschaft sein."? Sprechen Sie.

2 Was bedeutet für Sie „echte Freundschaft"? Erzählen Sie.

PROJEKT

„NETZWERKEN"

In der deutschen Umgangssprache gibt es seit einiger Zeit ein neues Verb: „netzwerken". Es bedeutet: seine Beziehungen zu Kollegen, Geschäftspartnern, Bekannten, Nachbarn oder Freunden verbessern und neue Beziehungen schaffen. Je größer das eigene Netzwerk ist, desto schneller und einfacher kann man sich einen Rat holen, Hilfe organisieren und Probleme lösen. Anders gesagt: Je besser dein Netzwerk ist, desto leichter ist dein Alltag.

1 Lesen Sie den Text „Netzwerken" auf Seite 104 und sammeln Sie im Kurs:
Wo kann man besonders gut Menschen kennenlernen?

Kollegin Lina — in der Arbeit — ICH — in der Freizeit — in Vereinen / in der Kneipe
Nachbarn — im Stadtteil — ICH — im Internet / in sozialen Netzwerken

2 Ergänzen Sie Personen in Ihrem persönlichen Netzwerk in 1 und erzählen Sie zu jeder Person, warum diese Person für Sie wichtig ist.

> Lina habe ich in der Arbeit kennengelernt. Mittlerweile sind wir gute Freundinnen. Sie kann gut zuhören und hilft mir, wenn ich Probleme habe. …

LESEN

Die Sterne lügen nicht

Es ist Nacht. Der Himmel ist klar und voller Sterne. Jeder Mensch, der dort hinauf sieht, kennt wahrscheinlich diesen Gedanken: Wie groß ist das Weltall! Wie klein bin ich! Schon vor Jahrtausenden haben Menschen beobachtet, dass in den verschiedenen Jahreszeiten ganz unterschiedliche Sterne dort oben zu sehen sind. Sie wollten wissen, warum Sonne, Mond und Sterne immer wieder über
5 den Himmel „wandern". Sie haben verstanden, dass das Leben auf der Erde ohne das Licht und die Wärme der Sonne nicht möglich wäre. Sie haben bemerkt, dass das Meer irgendwie mit dem Mond „zusammenarbeitet".
Deshalb haben sie geglaubt, dass man die Welt verstehen und sogar die Zukunft voraussagen kann, wenn man die Bewegungen der Sterne und Planeten genau kennt. So entstand die Astrologie. Auch heute noch glauben manche Menschen an
10 die „Macht der Tierkreiszeichen" und lassen sich persönliche Horoskope machen.

Diese Tierkreiszeichen gibt es in der westlichen Astrologie:

ERDZEICHEN: ruhig, tief, ändern sich nur langsam
Stier (21. April bis 20. Mai) sucht Sicherheit, sparsam, meist entspannt, liebt gutes Essen
15 **Jungfrau** (24. August bis 23. September) ruhig, fleißig, hilfsbereit, möchte geliebt werden
Steinbock (22. Dezember bis 20. Januar) zuverlässig, sucht Erfolg, arbeitet hart und fleißig

LUFTZEICHEN: viele Interessen, oft kopfbetont
20 **Zwillinge** (21. Mai bis 21. Juni) neugierig, kommunikativ, gern unter Menschen
Waage (24. September bis 23. Oktober) sucht das Gleichgewicht und die Gemeinschaft
Wassermann (21. Januar bis 19. Februar) tolerant,
25 freundlich, viel Verständnis für andere

WASSERZEICHEN: gefühlsbetont, empfindlich
Krebs (22. Juni bis 22. Juli) fantasievoll, sucht Sicherheit, liebt sein Zuhause
Skorpion (24. Oktober bis 22. November) intensive Gefühle,
30 oft sehr nachdenklich
Fische (20. Februar bis 20. März) starke Gefühle, gern allein, voller Liebe

FEUERZEICHEN: spontan, schnell, vertrauen ihrer Energie
Widder (21. März bis 20. April) sucht die Herausforderung,
35 immer in Bewegung
Löwe (23. Juli bis 23. August) steht gern im Mittelpunkt, braucht viel Aufmerksamkeit
Schütze (23. November bis 21. Dezember) sucht das Neue, liebt Abenteuer, langweilt sich schnell

1 Lesen Sie den Text. Welches Tierkreiszeichen sind Sie?
Passt die Beschreibung zu Ihnen? Sprechen Sie.

2 Gibt es in Ihrer Heimat dieselben Tierkreiszeichen oder haben Sie andere? Erzählen Sie.

Virtuelle Welt

Folge 9: Alex Müller ist weg!

1 Wörter rund um den Computer

Arbeiten Sie zu zweit mit dem Wörterbuch. Welche Wörter verstehen Sie, welche nicht? Schreiben Sie zu jedem Wort einen Beispielsatz. Wer hat zuerst alle Sätze geschrieben?

- der Ordner • die Festplatte • die Datei • die Sicherungskopie
/ • das/der Virus • der Monitor • die Speicherkarte
• das Programm • die Tastatur löschen umbenennen kopieren
anschließen speichern anklicken (he)runterladen

Auf meinem Computer sind 39 Ordner.

2 Sehen Sie die Fotos an. Ordnen Sie zu und ergänzen Sie in der richtigen Form.

Hören Sie dann und vergleichen Sie.

• Computer • Speicherkarte • Ordner • Kamera • Sicherungskopie löschen speichern herunterladen

Sami findet auf seinem Computer den _____ „Alex Müller" nicht. Er hat auch leider keine _____ gemacht und glaubt, dass jemand den Ordner _____ hat. Ella _____ ein Programm _____, mit dem man Dateien finden kann. Sie findet aber nichts. Sami wollte Fotos von seiner _____ auf seinen Computer kopieren.

LEKTION 9   KB 106 einhundertsechs

Stadt-Kurier

Ellas Tag

Sind Maschinen besser als wir?
von Ella Wegmann

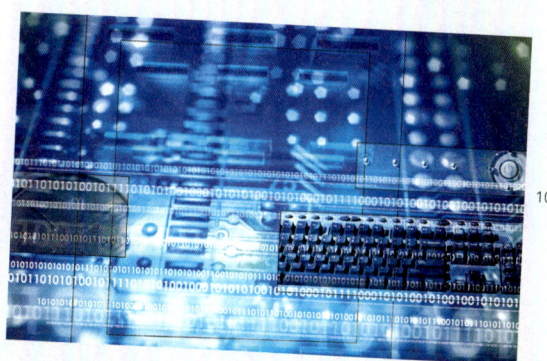

Ich hasse es, wenn ich irgendwelche dummen Arbeiten hundertmal hintereinander erledigen muss. Geht's Ihnen auch so? Und machen Sie dann auch irgendwann aus lauter Langeweile die ersten Fehler? Tja, Maschinen können so etwas viel, viel besser. Sie erledigen tagelang die dümmsten Arbeiten, ohne einen einzigen Fehler zu machen. Sind die Maschinen also besser als wir? Quatsch! Man sollte lieber mal scharf nachdenken, bevor man solch einen Unsinn glaubt. Es stimmt, der Computer kann schneller rechnen als wir. Aber genau dafür haben wir ihn doch erfunden: Damit wir selbst nicht mehr so viel rechnen müssen. Alle unsere Werkzeuge und Maschinen haben wir entwickelt, um unser Leben leichter und bequemer zu machen. Es gibt also überhaupt keinen Grund, so zu tun, als ob unsere Erfindungen intelligenter und besser wären als wir. Seien wir lieber mal ein bisschen stolz auf uns!

Ella findet heraus, was Sami falsch gemacht hat: Er hat den Ordner „Alex Müller" aus Versehen auf die Kamera-_____ kopiert und von seinem _____ gelöscht. Der Ordner ist aber in der Kamera _____. Gott sei Dank! Der Ordner ist nun wieder da!

3 Hatten Sie auch schon einmal Probleme mit der Technik? Erzählen Sie.

Letzten Monat ist der Akku von meinem Handy kaputtgegangen. Deshalb konnte ich kein Back-up machen. Leider …

4 Ellas Kolumne
Lesen Sie die Kolumne. Was ist richtig? Kreuzen Sie an.

a ○ Die Menschen haben Werkzeuge und Maschinen erfunden, damit alles schneller geht.
b ○ Auch Maschinen können Fehler machen.
c ○ Menschen machen Fehler, wenn die Arbeit langweilig ist.

5 Welche Maschinen helfen Ihnen besonders im Alltag / in der Arbeit?

Mein Geschirrspüler! Wenn ich keinen hätte, dann müsste ich alles mit der Hand abwaschen. …

Ellas Film

A Du suchst weiter, **während** ich …

A1 Was kann man auch sagen? Kreuzen Sie an.

a Du suchst jetzt weiter nach der Datei, während ich das Programm runterlade.
  ○ Du suchst erst die Datei. Danach lade ich das Programm runter.
  ○ Du suchst die Datei. Zur gleichen Zeit lade ich das Programm runter.
b Alex Müller war Polizist, bevor er „Superstar" wurde.
  ○ Alex Müller war zuerst Polizist, danach „Superstar".
  ○ Alex Müller war zuerst „Superstar", danach Polizist.
c Nachdem du den Ordner „Alex Müller" auf die Kamera-Speicherkarte kopiert hattest, hast du ihn auf deinem Computer gelöscht.
  ○ Du hast den Ordner auf die Speicherkarte kopiert. Danach hast du ihn auf deinem Computer gelöscht.
  ○ Du hast den Ordner auf deinem Computer gelöscht. Danach hast du ihn auf die Speicherkarte kopiert.

> Konjunktionen: *während, bevor, nachdem*
> Du suchst nach der Datei, während ich das Programm runterlade.
> Alex war Polizist, bevor er „Superstar" wurde.
> Nachdem du den Ordner kopiert hattest, hast du ihn gelöscht.

A2 Was machen Ella und Sami wann? Schreiben Sie Sätze mit *bevor*, *während* und *nachdem*.

A einen Artikel schreiben – telefonieren
B zehn Stunden arbeiten – nach Hause gehen 
C einen Kaffee trinken – zur Arbeit gehen 

> A Ella schreibt einen Artikel, …

A3 Mitteilungen am Arbeitsplatz
Ergänzen Sie *bevor*, *während*, *nachdem*.

A
Achtung!
Ab 16 Uhr wird auf Ihrem Rechner ein neues Antivirenprogramm installiert. Drücken Sie bitte keine Taste, _____ die Installation läuft.
Ihre IT

B
Lieber Herr Lutz,
_____ Sie gestern das Haus verlassen hatten, rief Herr Nitsche aus der IT-Abteilung an. Bitte rufen Sie ihn an, _____ Sie versuchen, Ihren Laptop mit dem WLAN zu verbinden. Es ist wichtig!
Gruß, Martin Bauer

C E-Mail senden

Liebe Kollegen,
wie Ihr wisst, verlässt uns Gisela zum 1.10. Wir wollen eine kleine Überraschungsparty für sie vorbereiten. _____ wir uns Gedanken machen, sagt uns doch bitte Bescheid, ob Ihr am 30.9. um 17 Uhr Zeit habt!
Und wer hat schon eine gute Idee, was wir Gisela schenken könnten? _____ Ihr darüber nachdenkt, sammeln wir schon einmal das Geld dafür ein ☺!
Erika und Thomas

D E-Mail senden

Liebe Frau Hennig,
würden Sie den Vertrag mit TT Tilp erst von Frau Orth unterschreiben lassen, _____ Sie ihn an Frau Kowalski senden?
Vielen Dank! Hermine Ritter

SCHON FERTIG? Antworten Sie auf eine der Mitteilungen.

A4 Etwas planen

a Hören Sie. Was planen die Kollegen?

b Hören Sie noch einmal. Ergänzen Sie: T (Thomas), E (Erika), N (Nora) oder L (Luisa).

1. **L** findet, die Küche ist zu klein für die Party.
2. ○ macht Salate.
3. ○ isst kein Fleisch.
4. ○ besorgt Brot.
5. ○ backt Kuchen.
6. ○ kauft Getränke.
7. ○ findet, dass es viel Arbeit ist, eine Party vorzubereiten.

A5 Im Vorbereitungskomitee

a Arbeiten Sie zu dritt. Wählen Sie eine Situation und organisieren Sie das Fest / das Picknick.

| kleine Überraschungsfeier für Ihre Kursleiterin / Ihren Kursleiter | Kursausflug mit Picknick |

Was? Picknick am See
Wie?
Essen und Getränke?
...

Was? Wann? Wo/Wohin? Wie lange? ...
Kosten Essen/Getränke Fahrkarten Transportmittel ...

b Welche Sätze möchten Sie benutzen? Markieren Sie je zwei Sätze in jeder Rubrik.

jemandem eine Aufgabe geben	eine Aufgabe annehmen	eine Aufgabe ablehnen
Würdest du ...? | Wie wäre es, wenn du ...? | Könntest du nicht ...? Würdest du das tun?	Das übernehme ich. | Ja, lass mich das machen. | Das mache ich gern. Darum kann ich mich kümmern.	Ich weiß nicht. Ich kann nicht so gut ... | Das kommt für mich nicht infrage. | Eher nicht. Aber ich würde ...

c Planen Sie und verteilen Sie die Aufgaben. Verwenden Sie Sätze aus b.

◆ Ich schlage vor, wir machen mit dem Kurs ein Picknick am See.
○ Und wie kommen wir dorthin?
▲ ...
◆ Könntest du einkaufen gehen, während ich ...?
▲ Klar. Darum kann ich mich kümmern, nachdem ich ...

B Du tust ja so, **als ob** ich keine Ahnung **hätte**.

B1 Wie ist es in Wirklichkeit? Ordnen Sie zu.
Hören Sie dann und vergleichen Sie.

a Du tust ja so, als ob ich keine Ahnung hätte. — Aber in Wirklichkeit …
b Du tust so, als ob du die ganze Arbeit noch einmal machen müsstest.
c Du sagst das so, als ob ich das absichtlich getan hätte.

… war das ein Versehen.
… kenne ich mich ziemlich gut damit aus.
… finden wir eine Lösung für das Problem.

> Konjunktion: *als ob*
> Du tust ja so, als ob ich keine Ahnung hätte.

B2 Schreiben Sie.

A *Ja, Mama. Alles gut, alles klasse!*
Sarah tut so, als ob … (gut gehen)

B *Ja, ja, Susi, ich habe ihn repariert. Du weißt ja, ich bin Computerspezialist!*
Max tut so, … (Computer reparieren können)

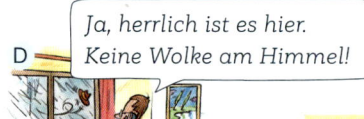

C *Tut mir leid, das geht nicht, ich habe gerade wahnsinnig viel zu tun!*
Hanna tut so, … (gerade arbeiten)

D *Ja, herrlich ist es hier. Keine Wolke am Himmel!*
Fabian tut so, … (schönes Wetter sein)

> A … als ob es ihr gut gehen würde. Aber in Wirklichkeit …

B3 Der Angeber
a Lesen Sie Michaels „Steckbrief" und hören Sie dann das Gespräch. Ergänzen Sie.

Was ist Ihr Beruf?	technischer Angestellter
Wo wohnen Sie?	in einem Wohnblock in Bonn
Haben Sie ein Auto?	nein, im Moment nicht
Ihr Familienstand?	verheiratet, 2 Kinder
Was machen Sie in Ihrer Freizeit?	Fernsehen, Computer spielen
Wohin führte Ihre letzte Reise?	an die Nordsee

Im Gespräch tut er so, als ob …
Topmanager

b Sprechen Sie.

[Er tut so / Er sagt das so / Es scheint so / Es hört sich so an / Es sieht so aus, als ob … Aber in Wirklichkeit …]

> Michael tut so, als ob er Topmanager wäre. Aber in Wirklichkeit ist er technischer Angestellter.

B4 Erfinden Sie selbst „Als-ob-Leute" wie Michael.
Arbeiten Sie zu zweit. Schreiben Sie einen „Steckbrief" auf ein Plakat und spielen Sie ein Gespräch wie in B3a. Der Kurs beschreibt „Ihre" Person wie in B3b.

C Laden Sie die App.

C1 Bedienungsanleitungen
a Hören Sie und ordnen Sie zu.

Gespräch	1	2	3	4
Bild				

b Ordnen Sie die Gespräche den Sätzen zu. Hören Sie dann noch einmal und vergleichen Sie.

Gespräch

Jemand liest die Bedienungsanleitung. Alles funktioniert wie beschrieben. ○
Jemand macht alles wie beschrieben. Trotzdem kommt immer wieder eine Fehlermeldung. ○
Jemand macht alles wie beschrieben. Es ist aber schwierig und dauert ziemlich lange. ○
Jemand versteht die Bedienungsanleitung nicht und beschließt, das Problem allein zu lösen. ○

C2 Gepäckaufbewahrung am Bahnhof
a Ordnen Sie die Wörter den Bildern zu (Gepäckaufbewahrung: 1–4 / Gepäckabholung: 5–8).

zahlen · ~~stellen~~ · abziehen · schließen · entnehmen · stecken · öffnen

1 Gepäck in das Schließfach _stellen_
2 angezeigten Betrag _____ 
3 Fach _____ 
4 Schlüssel _____ 
5 Schlüssel in das Schlüsselloch _____ 
6 Fach _____ 
7 Gepäck _____ 
8 weiterreisen ☺ 

b Spielen Sie ein Gespräch mit Ihrer Partnerin / Ihrem Partner.

Partner A
Sie sind am Bahnhof und möchten Ihr Gepäck aufbewahren.
Sie wissen nicht, wie das funktioniert. Bitten Sie um Hilfe.

Entschuldigung/Verzeihung, könnten Sie mir bitte helfen? Könnten Sie mir vielleicht sagen, wie das hier funktioniert?

Partner B
Erklären Sie Ihrer Partnerin / Ihrem Partner, was sie/er tun muss.

Kein Problem, gern. | Sehen Sie, zuerst müssen Sie hier ... | Dann ... | Danach ... | Und dann ... Zuletzt müssen Sie ...

C3 Wie funktioniert das? Sprechen Sie.

Erklären Sie, wie Sie mit Ihrem Handy: eine Sprachnachricht/Fotos verschicken, den Weg zur Haltestelle finden, das Passwort ändern, ...

Sieh mal, zuerst musst du auf das Symbol „Mikrofon" drücken. Dann ...

D Internetforum

D1 Was soll ich bloß tun?
Überfliegen Sie die Forumstexte und beschreiben Sie kurz die Situationen der beiden Personen.

A   Hallo! Ich heiße Hanna und bin 42. Ich habe Angst, dass mein Sohn (16) spielsüchtig ist. An den Wochenenden spielt er teilweise zehn bis 12 Stunden pro Tag und an Schultagen auch mindestens sechs Stunden. Er macht nichts anderes mehr, er trifft keine Freunde, er geht nicht raus, nichts! Jetzt haben wir gerade Herbstferien und da spielt er die ganze Nacht durch, bis 8 Uhr früh. Dann schläft er zehn Stunden und dann geht alles wieder von vorn los. Ich glaube sogar, gestern hat er gar nicht geschlafen, sondern durchgespielt. Wir wissen wirklich nicht mehr, wie wir mit der Situation umgehen sollen und machen uns ernsthafte Sorgen. Hat irgendwer einen guten Rat?

B   Hallo zusammen, ich bin seit fünf Jahren mit meinem Mann zusammen. Letztes Jahr haben wir dann geheiratet und eine Wohnung gekauft, wofür wir einen Kredit aufnehmen mussten, der nun Monat für Monat abbezahlt werden muss. Mein Mann ist wirklich der liebste Mensch, den ich kenne, aber er kann nicht mit Geld umgehen. Den Kredit für die Wohnung muss ich ganz alleine abbezahlen, weil mein Mann sein sämtliches Geld für unwichtige Dinge ausgibt: einen Motorroller (der steht ungefahren in der Garage), ein neues Snowboard (obwohl er nicht Snowboard fährt), ein Mountainbike (obwohl er die Berge sowieso nicht mag), eine Spiel-Konsole (mit der er einmal gespielt hat) und so weiter und so fort. Ich habe schon oft versucht, mit ihm darüber zu reden, aber es nutzt nichts. Was soll ich bloß tun? Ich weiß irgendwie nicht mehr weiter. Danke für Eure Antworten! Eure Tami

irgend-: irgendwer, irgendwie, irgendwann, ...

D2 In einem Forum antworten
a Wählen Sie einen Text aus D1 und schreiben Sie einen Kommentar dazu.

Das Gefühl/Problem kenne ich gut.	Ehrlich gesagt hat man den Eindruck, dass/als ob ...	Ich rate Dir ...
Mir geht es (manchmal) genauso.	Keine Ahnung, wieso Dich das so aufregt.	Ehrlich gesagt, würde ich ...
Auch bei mir/bei uns ...	Das finde ich unmöglich/übertrieben.	Versuch doch ...
Ich kann Dich gut verstehen.		Deshalb solltest Du ...
		An Deiner Stelle würde ich ...

Hi Hanna, das Problem ...

b Arbeiten Sie zu zweit. Tauschen Sie Ihre Kommentare.
Lesen Sie den Kommentar Ihrer Partnerin / Ihres Partners.
Schreiben Sie dann eine Antwort auf den Kommentar.

Ich sehe das auch so wie Du/wie ... | Grundsätzlich würde ich Dir ja zustimmen, aber ... | Ich denke, so kann man das nicht sehen.

D3 Lebendiges Forum
Bilden Sie zwei Gruppen, eine für jeden Forumstext aus D1. Hängen Sie alle Kommentare und Antworten aus D2b an ein Plakat. Lesen Sie sie. Welchen Beitrag finden Sie besonders interessant? Wieso? Erzählen Sie.

E Radioreportage

E1 Hören Sie eine Radiodiskussion zum Thema „Digitale Welt".

a Um welche Themen geht es? Kreuzen Sie an.

1. ☒ Wie verändern Smartphones die Kommunikation zwischen den Menschen?
2. ○ Wie viele Kinder nutzen Smartphones?
3. ○ Welche Vorteile haben Smartphones im Alltag?
4. ○ Sollen auch Erwachsene Lernspiele am Computer machen?
5. ○ Welchen Einfluss haben die digitalen Medien auf Kinder und Jugendliche?

b Hören Sie die Diskussion noch einmal. Wer sagt was? Kreuzen Sie an.

	Frau Fröhlich	Herr Melkonian
1 In meinem Freundeskreis bleiben die Smartphones aus, wenn wir uns unterhalten.	☒	○
2 Meine Freunde und ich – wir arbeiten den ganzen Tag digital. Im Büro und unterwegs.	○	○
3 Früher habe ich das gemacht: Ich habe mit meinen Freunden geredet und gleichzeitig auf meinem Smartphone Nachrichten geschrieben.	○	○
4 Man sollte nicht nur über die negativen Seiten der digitalen Welt sprechen.	○	○
5 Man kann heute umsonst weltweit telefonieren. Das ist ein Vorteil.	○	○
6 Es ist praktisch, dass man Fahrkarten nun über Handy kaufen kann.	○	○
7 Das Gehirn von Kindern entwickelt sich im echten Leben besser als am Bildschirm.	○	○
8 Lehrer und Eltern sollten gut darüber nachdenken, wie Kinder den Umgang mit digitalen Medien lernen.	○	○

E2 Diskussion: Ein Leben ohne Handy, PC und Internet – ist das möglich?

Arbeiten Sie zu fünft: Jede/r übernimmt eine Rolle. Bereiten Sie Ihre Rolle vor und notieren Sie sich Stichpunkte. Diskutieren Sie dann.

Anton Schürle
Moderator. Er leitet die Diskussion und achtet darauf, dass alle zu Wort kommen und ihren Standpunkt zum Thema sagen können.

Jan Schwarz
Vater von zwei Kindern (10/12). Die beiden haben kein Handy und dürfen nur eine halbe Stunde am Tag an den Computer.

Susan Klein
Erfolgreiche Managerin. Sie braucht ihr Handy privat und im Beruf und macht auch gern Computerspiele. Sie kann sich ein Leben ohne Handy nicht vorstellen

Andreas Taube
Er hat versucht, ein Jahr ohne Handy und Internet zu leben. Sein Lebensmotto war: „Ich bin dann mal offline." Sein Leben hat sich dadurch komplett geändert und er findet die Erfahrung toll.

Klara Schulze
Lehrerin an der Schiller-Gesamtschule in Berlin. Sie arbeitet viel mit Computern und Medien in ihrer Klasse. Sie findet, Kinder müssen lernen, mit Medien umzugehen. „Das ist unsere moderne Welt. Es gibt kein Zurück."

Grammatik und Kommunikation

Grammatik

1 Konjunktionen: *während, nachdem, bevor* ÜG 10.08

Du suchst nach der Datei, während ich das Programm runterlade.
Alex war Polizist, bevor er „Superstar" wurde.
Nachdem du den Ordner kopiert hattest, hast du ihn gelöscht.

2 Konjunktion: *als ob* ÜG 5.18

	Konjunktion	Ende: Konjunktiv II
Du tust ja so,	als ob ich keine Ahnung	hätte.

Schreiben Sie drei Sätze mit *während/nachdem/bevor*.

> MONTAG
> 6.00 im Wald joggen gehen
> 8.00 frühstücken + private E-Mails beantworten
> 18.00 bis 21.00: Lotte anrufen
> 22.00 spätestens ins Bett! ☺

> Nachdem er gestern aufgestanden war, ...
> Während ...
> Bevor ...

Willi tut so, ... Schreiben Sie drei Sätze mit *als ob*.

> Willi tut so, ...

Kommunikation

JEMANDEM EINE AUFGABE GEBEN: Würdest du ...?

Würdest du ...? | Wie wäre es, wenn du ...?
Könntest du nicht ...? | Würdest du das tun?

EINE AUFGABE ANNEHMEN: Das mache ich gern.

Das übernehme ich. | Ja, lass mich das machen.
Das mache ich gern. | Darum kann ich mich kümmern.

EINE AUFGABE ABLEHNEN: Eher nicht. Aber ...

Ich weiß nicht. Ich kann nicht so gut ... | Das kommt für mich nicht infrage.
Eher nicht. Aber ich würde ...

IRREALES AUSDRÜCKEN: Er tut so, ...

Er tut so / Er sagt das so / Es scheint so /
Es hört sich so an / Es sieht so aus, als ob ...
Aber in Wirklichkeit ...

LEKTION 9 KB 114 einhundertvierzehn

UM HILFE BITTEN: Könnten Sie mir vielleicht sagen, ...?

Entschuldigung/Verzeihung, könnten Sie mir bitte helfen? Könnten Sie mir vielleicht sagen, wie das hier funktioniert?

ETWAS ERKLÄREN: Zuletzt müssen Sie ...

Kein Problem, gern.
Sehen Sie, zuerst müssen Sie hier ...
Dann ... | Danach ... | Und dann ...
Zuletzt müssen Sie ...

VERSTÄNDNIS/MITLEID ZEIGEN: Ich kann dich gut verstehen.

Das Gefühl/Problem kenne ich gut.
Mir geht es (manchmal) genauso.
Auch bei mir/bei uns ...
Ich kann dich gut verstehen.

ERSTAUNT/KRITISCH REAGIEREN: Das finde ich unmöglich.

Ehrlich gesagt, hat man den Eindruck, dass/als ob ...
Keine Ahnung, wieso dich das so aufregt.
Das finde ich unmöglich./übertrieben.

EINEN RAT GEBEN: Versuch doch ...

Ich rate dir ... | Ehrlich gesagt, würde ich ... | Versuch doch ...
Deshalb solltest du ... | An deiner Stelle würde ich ...

ETWAS KOMMENTIEREN: Ich denke, ...

Ich sehe das auch so wie du/wie ... | Grundsätzlich würde ich dir ja zustimmen, aber ... | Ich denke, so kann man das nicht sehen.

Erklären Sie dem Mann, wie der Fahrkartenautomat funktioniert.
- Reiseziel eingeben
- Verbindung wählen
- Kauf bestätigen   Geld einwerfen / Geldkarte einstecken
- Fahrkarte entnehmen

> Zuerst müssen Sie das Reiseziel eingeben. Dann ...

Geben Sie der Frau drei Ratschläge.

> *Ich weiß nicht mehr, was ich tun soll. Mein Freund kommt jeden Abend von der Arbeit nach Hause und setzt sich vor den Fernseher. Mit mir redet er den ganzen Abend kein Wort.*

> Ich kann dich gut verstehen. ...

Sie möchten noch mehr üben?   4 | 25–27 AUDIO-TRAINING

Lernziele

Ich kann jetzt ...

A ... kurze Mitteilungen im Arbeitsalltag verstehen: *Bitte rufen Sie ihn an, bevor ...* _____ ☺ 😐 ☹
 ... mit anderen etwas planen: *Das übernehme ich.* _____ ☺ 😐 ☹
B ... Irreales mit *als ob* ausdrücken: *Er tut so, als ob er Topmanager wäre.* _____ ☺ 😐 ☹
C ... eine Bedienungsanleitung verstehen: *Wählen Sie das Programm.* __ ☺ 😐 ☹
 ... erklären, wie etwas funktioniert: *Zuerst müssen Sie ...* _____ ☺ 😐 ☹
D ... in einem Forum kommentieren und Ratschläge geben: *Ehrlich gesagt würde ich ...* _____ ☺ 😐 ☹
E ... eine Radioreportage zum Thema „digitale Welt" verstehen. _____ ☺ 😐 ☹
 ... über das Thema „digitale Welt" diskutieren: *In meinem Freundeskreis bleiben die Smartphones aus, wenn ...* _____ ☺ 😐 ☹

Ich kenne jetzt ...

... 10 Wörter zum Thema *Digitale Welt*:
die Sicherungskopie, ...

Zwischendurch mal ...

LIED

Ich bin nicht „irgendwer"

1 Ich hab' mir ein Gerät mit Supermultifunktion gekauft,
ein Spitzenqualitätsprodukt der neuesten Generation,
mit Treibersoftware in der aktuellen Version.
Zum Starten braucht man leider eine Zahlenkombination.

Refrain:
Irgendwo steht das. ... Es muss doch irgendwo stehen!
Irgendwie geht das. ... Es muss doch irgendwie gehen!
Irgendwer weiß das. ... Irgendwer weiß es bestimmt!
Aber ich bin ja nicht irgendwer.

2 Also schau' ich lieber gleich in die Bedienungsanleitung
und stelle dabei fest: Das Ding hat 570 Seiten!
Muss ich wirklich Urlaub nehmen für die Vorbereitung?
Na, es hat ja keinen Sinn, jetzt schlechte Laune zu verbreiten.

3 Nach sieben Stunden Lesen hab ich immer noch nichts kapiert.
Ich weiß nur, dass das Startprogramm den Code nicht akzeptiert.
Jetzt habe ich die Software einfach noch mal installiert,
denn ich bin ja nicht der Typ, der die Geduld verliert.

4 13 Stunden sind vergangen, es ist mitten in der Nacht
und kein einziger Versuch hat mir irgendwas gebracht.
Deshalb hab' ich jetzt die Werkzeugkiste aufgemacht.
Und nun werden wir gleich sehen, wer hier als Letzter lacht!

Refrain:
Irgendwann reicht's mir! ... Und dann reicht's mir total!
Irgendwann reicht's mir! ... Und dann werd' ich brutal!
Irgendwann reicht's mir! ... Dann ist mir alles egal!
Ich bin nicht irgendwer, ist das klar? Ja?

1 Sehen Sie das Foto an. Was meinen Sie? Worum geht es in diesem Lied?

2 Hören Sie das Lied und lesen Sie mit.

3 Hören Sie noch einmal. Die Stimmung des Mannes ändert sich. Ordnen Sie zu.

| wütend | verzweifelt | leicht genervt | ~~stolz~~ |

1. Strophe: _stolz_
2. Strophe: _____
3. Strophe: _____
4. Strophe: _____

4 Hatten Sie auch schon einmal ein Problem mit einem komplizierten Gerät? Erzählen Sie.

SCHREIBEN

So funktioniere ich.
Was passt und was gar nicht geht.

In dieser Übung wollen wir eine „Bedienungsanleitung" für uns selbst schreiben. Sie soll den anderen zeigen: SO sollst du mit mir umgehen. DIES kannst du gern tun und DAS ist auch okay, aber DAS solltest du auf keinen Fall mit mir machen! Ein Beispiel? Aber gern! Leyla hat schon mal so eine „Bedienungsanleitung" für sich selbst geschrieben:

Bedienungsanleitung für Leyla

Ich funktioniere eigentlich völlig normal und problemlos.
Es gibt nur ein paar Dinge, die du unbedingt beachten solltest:

1. Ich stehe morgens nicht auf, bevor ich einen starken Kaffee bekommen habe.
2. Du solltest mich auf keinen Fall stören, während ich Musik höre.
3. Wenn du mich nicht ausreden lässt, bekomme ich schlechte Laune.
4. Ich brauche normalerweise ein kurzes Schläfchen, nachdem ich gegessen habe.
5. Ich muss mindestens einmal pro Woche tanzen gehen, sonst fühle ich mich nicht wohl.

---

1 Lesen Sie den Text und schreiben Sie eine „Bedienungsanleitung" für sich selbst.
2 Schreiben Sie eine „Bedienungsanleitung" für Ihre Partnerin / Ihren Partner.
3 Vergleichen Sie die beiden „Bedienungsanleitungen".

SPIEL

MENSCHEN SIND SO UNTERSCHIEDLICH!
Das kann man schon an den kleinsten Dingen sehen.
Zum Beispiel, wo jemand sein Geld mit sich herumträgt:
in einem Geldbeutel oder einfach in der Hosentasche? Oder, wo jemand sein Smartphone aufbewahrt: in der Jacke, in der Hose oder in einem Täschchen? Welche Schuhe jemand trägt. Wie jemand die Schuhe bindet. Wie jemand die Lernsachen transportiert. Welche verschiedenen Brillenformen die Leute tragen und, und, und … In diesem „Forschungsspiel" geht es darum, in Ihrem Kurs ganz genau hinzusehen und festzustellen, wie unterschiedlich die Kursteilnehmer sind.

1 **Wählen Sie mit Ihrer Partnerin / Ihrem Partner ein Thema aus dem Text.**
Oder denken Sie sich selbst ein Thema aus. Welche Fragen wollen Sie stellen?
Machen Sie Notizen. Gehen Sie dann im Kurs herum und fragen Sie.

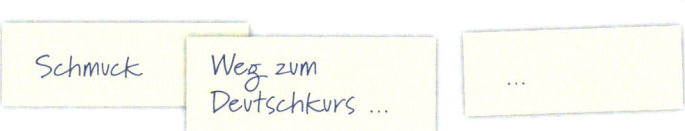

> Schmuck

> Weg zum Deutschkurs ...

> ...

> Geldbeutel
> Wer hat einen?
> Farbe? Größe?
> Was ist noch in deinem Geldbeutel?
> ...

2 **Präsentieren Sie Ihre Ergebnisse im Kurs.**
Erzählen Sie.

> *Interessant ist, dass fast alle einen Geldbeutel haben. Drei Frauen haben einen großen Geldbeutel. Gefallen hat uns, dass Fatima ein Foto von ihren Kindern in ihrem Geldbeutel hat. …*

Werbung und Konsum

Folge 10: Der Gute-Laune-Tee

1 Was passt? Verbinden Sie.

a veröffentlichen   Man bekommt Geld, wenn man Nachteile hatte.
b Hautausschlag   z. B. in einem sozialen Netzwerk oder in einer Zeitung berichten
c Schadensersatz   Punkte z. B. im Gesicht, auf der Brust oder am Hals

2 Sehen Sie die Fotos an. Hören Sie und beantworten Sie die Fragen.

Foto 1: Warum ist Ella schlecht gelaunt?
Foto 2: Was macht Philipp König bei Ella und Sami in der Redaktion?
Foto 3: Warum zeigt Sami ein Foto von Philipp König und einen Brief?
Foto 4: Warum ist Ella gut gelaunt?

3 Erzählen Sie die Geschichte.

• Stau   • Radiowerbung: Lecker „Gute-Laune-Tee"   • Philipp König   • Hautausschlag
Foto: • soziales Netzwerk   • Ärger mit dem Rechtsanwalt   • Tee-Test   …

10

Stadt-Kurier

Ellas Tag

Der strahlende Sieger
von Ella Wegmann

Philipp K. (28) hatte ziemlich viel Stress in letzter Zeit. Zuerst bekam er allergischen Hautausschlag, weil er einen „Wellness-Tee" getrunken hatte. Seine Erfahrung postete er im Internet und bekam deshalb Probleme
5 mit seinem sozialen Netzwerk. Zuletzt lag auch noch Post vom Rechtsanwalt im Briefkasten. Die Teefirma wollte ihm verbieten, von dem Erlebnis öffentlich zu berichten. Da reichte es K. Er kam mit dem Tee zum „Stadt-Kurier" und wir machten einen Live-Allergie-Test in der Redak-
10 tion. Als wir der Firma das Ergebnis zeigten, nahm sie den Tee vom Markt, entschuldigte sich bei K. und zahlte ihm 500 Euro Entschädigung. Die Antwort des strahlenden Siegers: „Wer sich nicht wehrt, lebt verkehrt."

4 Ellas Kolumne
Was ist richtig? Lesen Sie die Kolumne und kreuzen Sie an.

a ○ Die Teefirma hat der Zeitung den Live-Allergie-Test verboten.
b ○ Die Firma verkauft den Tee nach dem Test nicht mehr.
c ○ Philipp König musste 500 Euro Schadensersatz an die Teefirma zahlen.
d ○ Philipp König meint: Wenn man ungerecht behandelt wird, muss man etwas dagegen tun.

5 Lassen Sie sich von Werbung beeinflussen? Erzählen Sie.

Ich probiere manchmal neue Produkte aus, die ich in der Werbung gesehen habe. Vorige Woche ...

Wenn ich im Fernsehen Werbung sehe, schalte ich sofort um.

Ellas Film

A Der Tee soll **sowohl** lecker ... **als auch** ... machen.

A1 Produktwerbung

a Was passt? Verbinden Sie.

1 Der Tee soll sowohl lecker schmecken — als auch Post vom Rechtsanwalt.
2 Ella meint, dass der Tee weder lecker ist — noch sonst irgendwo veröffentlichen.
3 Philipp K. bekommt sowohl Probleme mit seinem Netzwerk — noch gute Laune macht.
4 Er darf das Foto weder im Internet — als auch gute Laune machen.

> Zweiteilige Konjunktionen: *weder ... noch / sowohl ... als auch*
> **weder** lecker **noch** gesund = nicht lecker und nicht gesund
> **sowohl** lecker **als auch** gesund = lecker und gesund

b Schreiben Sie Sätze mit zweiteiligen Konjunktionen zu den Bildern.

1 **Wellness-Tee** — lecker und gesund
2 **Fitnessriegel** — kein Zucker und kein Fett
3 **Limonade** — schmeckt fruchtig und erfrischend

1 Der Tee soll sowohl lecker als auch ...

SCHON FERTIG? Schreiben Sie eine eigene Produktwerbung.

A2 Kundenwünsche

a Hören Sie und ordnen Sie zu.

A   B   C   D

Gespräch	1	2	3	4
Bild				

b Ergänzen Sie: *weder ... noch ...* – *sowohl ... als auch ...* Hören Sie dann noch einmal und vergleichen Sie.

1 Ja, also, Sie haben mir dieses Kleid zugeschickt und ... Ja, also ich bin wirklich sehr verärgert! ... Beim Auspacken musste ich dann aber feststellen, dass das Kleid _weder_ die richtige Farbe _____ die richtige Größe hat. ... Das ist nun schon die zweite falsche Lieferung!
2 Sie können einfach mit dem Zelt und Ihrer Rechnung an die Kasse gehen. – Tja, das ist ja das Dumme: Wir haben _____ die Verpackung _____ die Rechnung weggeworfen.
3 Bei meinem letzten Handy hatte ich _____ auf das Gerät _____ auf den Akku zwei Jahre Garantie. – ... Aber die Hersteller haben da leider unterschiedliche Garantiebedingungen. ... Ich kann das Gerät einschicken. ... Wenn es am Gerät liegt, müssen Sie natürlich _____ für die Überprüfung _____ für die Reparatur bezahlen.
4 Hören Sie mal, ich komme gerade aus dem Urlaub zurück. Es war abgemacht, dass Sie _____ das Bad renovieren _____ die Wände streichen.

10

A3 Wer sagt was? Markieren Sie: Kunde oder Verkäufer.

Dazu möchte ich aber noch anmerken, dass... | Ich musste nun leider feststellen, dass ...
Ich kann verstehen, dass Sie enttäuscht/verärgert sind. | Das geht doch nicht.
Selbstverständlich, das ist überhaupt kein Problem. | Ich bin wirklich sehr verärgert/wütend/enttäuscht.
Oh, das tut mir leid. Da sehe ich leider nur eine Möglichkeit: ... | Es war abgemacht/vereinbart, dass ...
Das Hauptproblem war, ... | Das kann man doch nicht machen.
Also, ich muss sagen, das hat mich schon etwas enttäuscht. | Ach, wirklich? Das ist wirklich sehr ärgerlich.
Ich werde mich sofort persönlich darum kümmern.

A4 Rollenspiel: sich beschweren

a Arbeiten Sie zu zweit. Wählen Sie eine Situation oder finden Sie selbst eine Situation.

Kundin/Kunde:
Ihr Fotoapparat ist nicht so gut wie in der Werbung versprochen.
Sie sind mit dem Vorschlag einverstanden, aber Sie haben keinen Beleg.
Vorschlag: Umtausch

Verkäuferin/Verkäufer:
Vorschlag: Geld zurück
Es wird der Beleg benötigt.
Umtausch möglich

Hotelgast:
Das Hotelzimmer war nicht wie versprochen ruhig und mit Balkon. Sie wollen kein gratis Abendessen im Restaurant, sondern einen Teil des Geldes zurück.

Hotelangestellte/Hotelangestellter:
Vorschlag: gratis Abendessen im Restaurant des Hotels
Es gibt kein Geld zurück.

b Spielen Sie ein Gespräch. Tauschen Sie auch die Rollen. Benutzen Sie Sätze aus A3.

Kundin/Kunde

Verkäuferin/Verkäufer oder Hotelangestellte/Hotelangestellter

Gruß – Sie stellen Ihr Problem vor und beschweren sich. Sie betonen, was Ihnen versprochen wurde / erklären genau, was nicht funktioniert hat.

Gruß – Sie zeigen Verständnis. Sie schlagen der Kundin / dem Kunden etwas vor.

Sie sind einverstanden oder Sie lehnen den Vorschlag ab und schlagen etwas anderes vor.

Sie gehen auf den Vorschlag der Kundin/des Kunden ein oder Sie bedauern, dass Sie in diesem Fall nichts tun können.

Sie sind einverstanden und bedanken sich oder Sie sind richtig verärgert. – Verabschiedung

Sie bedanken sich ebenfalls oder Sie sagen noch einmal, dass Sie in diesem Fall leider nichts tun können. – Verabschiedung

B Warum fahre ich **dort**, **wo** der Stau …

B1 Welches Foto passt? Ordnen Sie zu.

1 Warum fahre ich immer genau dort, wo der Stau am schlimmsten ist?
2 Das, was du suchst, findest du immer dort, wo du zuletzt nachschaust.
3 Warum gehen Elektrogeräte immer kurz nach Ablauf der Garantie kaputt?
4 Die andere Schlange kommt stets schneller voran.

Satz	1	2	3	4
Foto				

Relativsatz mit *wo* und *was*
Warum fahre ich immer genau dort, wo der Stau am schlimmsten ist?
Das, was du suchst, findest du immer …

auch so: da / überall / die Stadt / der Ort /…, wo …
auch so: nichts / etwas / alles /…, was …

B2 Pannen und Missgeschicke

a Hören Sie die Gespräche und ordnen Sie zu.

Gespräch	1	2	3	4
Foto				

b Ordnen Sie zu und ergänzen Sie *wo* oder *was*. Hören Sie noch einmal und vergleichen Sie.

alles   alles   alles   dort   nichts   etwas   etwas   ~~da~~

1 Ich finde meinen Schlüssel nicht. Lach nicht! Sag mir lieber, wo ich suchen soll! – Na, am besten _da_, _____ du ihn immer hinlegst. Oder vielleicht in deiner Handtasche.
2 Sag mal, gibt's sonst noch _____, _____ wir brauchen? … – … Dass wir uns ausgerechnet _____ anstellen, _____ es am langsamsten geht.
3 Ist das _____, _____ dir dazu einfällt? … – … Es gibt _____, _____ ich richtig mache. … – … Es gibt so Tage, an denen geht _____ schief, _____ schiefgehen kann.
4 Warum dauert eigentlich _____, _____ man noch schnell erledigen möchte, länger, als man denkt? – Keine Ahnung! Das ist _____, _____ ich noch nie verstanden habe.

B3 Peinliche und lustige Pannen und Missgeschicke

Wählen Sie ein Bild oder wählen Sie ein eigenes Missgeschick. Schreiben Sie eine Geschichte.
Hängen Sie dann die Geschichten im Kurs auf. Lesen Sie und kommentieren Sie.

> Mir ist mal etwas richtig Peinliches passiert: Ich habe mal eine Nachricht abgeschickt, die für jemand anderen war. …

[Oje, wie peinlich! | Das kenne ich. Das ist mir auch schon passiert.
  Darüber hast du später bestimmt noch oft gelacht, oder?]

C Der **wohltuende** Tee

C1 Ordnen Sie zu und ergänzen Sie dann die Tabelle.

1. **B** der wohltuende Tee
2. ○ die sprechende Puppe
3. ○ das hupende Fahrzeug
4. ○ die leuchtenden Schuhe

Partizip Präsens als Adjektiv
- ein wohltuen**der** Tee ist ein Tee, *der wohltut*.
- ein hupen**des** Fahrzeug ist ein Fahrzeug, *das* _____.
- eine sprechen**de** Puppe ist eine Puppe, _____.
- leuchten**de** Schuhe sind Schuhe, _____.

C2 Markt der ungewöhnlichen Produkte

a Wie würden Sie diese Produkte nennen?

sprechend ~~kochend~~ singend fliegend wachsend schrumpfend korrigierend sich drehend ...

1. *der kochende Kühlschrank*
2. _____
3. _____
4. _____

b Arbeiten Sie in Gruppen. Wählen Sie eins der Produkte aus a oder erfinden Sie ein neues Produkt. Machen Sie Notizen.

> Der kochende Kühlschrank
> — kennt alle Rezepte der Welt.
> — bestellt selbstständig alles, was er braucht, im Online-Supermarkt.
> — reinigt sich selbstständig.
> Das Essen gelingt immer und schmeckt ausgezeichnet.

c Sie wollen Ihr Produkt vorstellen. Markieren Sie die Redemittel, die Sie verwenden wollen. Bilden Sie dann neue Gruppen. Alle stellen das Produkt aus ihrer Gruppe vor.

Unser/Der/... ist einfach super!
Stellen Sie sich nur vor, er kann nicht nur ..., sondern auch ...
Damit können Sie sowohl ... als auch ...
Das Beste kommt noch!

Unglaublich! / Wahnsinn!
Ach, wirklich? Das ist ja nicht zu glauben.

◆ Unser kochender Kühlschrank ist einfach super! Er kann sowohl kühlen als auch kochen.
○ Unglaublich!
◆ Ja, aber das Beste kommt noch! Er kennt ...

d Welches Produkt gefällt Ihnen am besten? Warum? Sprechen Sie.

> Also mir gefällt der kochende Kühlschrank am besten. Ich koche gar nicht gern und ...

D Crowdsourcing

D1 Crowdsourcing – mit der Hilfe von vielen

a Hören Sie den Anfang der Reportage und kreuzen Sie an.

1 Wobei hat Fred mitgeholfen?
   ○ bei der Entwicklung eines neuen Produktes
   ○ bei der Gründung einer neuen Firma

2 Was bekommt Fred als Dank für seine Hilfe?
   ○ einen Arbeitsplatz beim *Nuss-Werk* in Bremerhaven
   ○ ein Paket mit dem neuen Nuss-Snack

b Wie wurde das Produkt entwickelt? Hören Sie die Reportage nun ganz und korrigieren Sie.

1 Zunächst hat die Firma *Nuss-Werk* ihre Kunden ~~in Briefen~~ dazu eingeladen, eine neue Nussmischung zu erfinden. — *im Internet*
2 Auf der Internetseite des Unternehmens haben 2000 Firmen ihre Lieblingsmischung zusammengestellt.
3 Hinterher konnte telefonisch über die 50 am häufigsten genannten Ideen abgestimmt werden.
4 Eine Jury probierte die drei besten Snacks und wählte die Nussmischung, die produziert werden sollte.
5 Die Mitarbeiter des Unternehmens haben den Namen für das neue Produkt entwickelt.
6 Für die Unternehmen ist das Crowdsourcing mit vielen Nachteilen verbunden: Sie sparen einerseits Kosten für die Marktforschung, andererseits auch Kosten für Verbrauchertests und Werbung.
7 Die Verbraucher, die freiwillig bei der Entwicklung von neuen Produkten mithelfen, werden in der Regel gut bezahlt.

D2 Was halten Sie von Crowdsourcing?

Würden Sie bei so einem Projekt mitmachen? Sprechen Sie.

Na ja, es ist vielleicht beim ersten Mal spannend, aber …

D3 Unsere Lieblingsschokolade

a Arbeiten Sie in Gruppen. Stellen Sie Ihre Lieblingsschokolade zusammen. Finden Sie auch einen passenden Namen für das Produkt.

> Stellen Sie Ihre Lieblingsschokolade zusammen:
> Schokoladenart: ○ weiß   ○ Vollmilch   ○ dunkel
> Weitere Zutaten: ○ Nüsse   ○ Beeren   ○ Marzipan
>   ○ Kokos   ○ Keks   ○ Honig
>   ○ Espresso ○ Joghurt ○ Zitrone
>   ○ Pflaume ○ Aprikose ○ …
> Gewürze: ○ Chili   ○ Salz   ○ Pfeffer
>   ○ Zimt   ○ Vanille ○ Ingwer

Winterzauber! Dunkle Schokolade mit Ingwer, Zimt und Honig. Für kalte Tage!

b Stellen Sie Ihre Schokoladenkreation vor. Welche Schokolade soll produziert werden? Stimmen Sie ab.

E Die sprechende Zahnbürste – eine Kolumne

E1 Lesen Sie die Kolumne von Axel Hacke und beantworten Sie die Fragen.

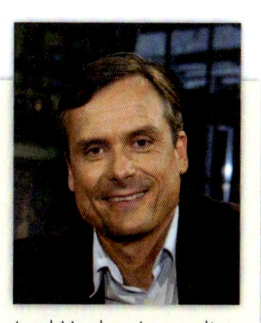

Tag für Tag die gleichen Kämpfe mit Luis: Ob er dieses Mal das Zähneputzen auslassen darf. Ob es nicht reicht, dass er sich gestern die Zähne besonders sorgfältig geputzt hat. ... Paola hat dann neulich eine sprechende Zahnbürste gekauft, sehr schön, mit neongelber Bürste und einer kleinen sommersprossigen
5 Figur am Griff. Wenn Luis sich damit die Zähne zu putzen begann, sagte die Zahnbürste mit roboterhafter Stimme: „Weitermachen!" Sie redete, bis drei Minuten vorbei waren.
Das funktionierte gut. ... Aber nun ist die Zahnbürste weg. Das kam so.
Eines Nachts wachte ich auf, weil ich eine leise Stimme hörte. Ich dachte, Luis
10 wäre wach geworden, stand auf, sah nach ihm, aber er schlief. ... „Hat Paola den Fernseher vergessen?", dachte ich und machte mich auf den Weg zum Wohnzimmer. Dabei kam ich am Bad vorbei. Aus dem Bad hörte ich ein leises, metallisches „Weitermachen!". Ich dachte: „Die Zahnbürste! Ist ein Dieb im Bad, hat sie aus Versehen berührt und ...?" Entschlossen öffnete ich die Tür und machte Licht. Die Zahnbürste war vom Waschbecken gefallen, lag auf dem Fußboden und sagte: „Weitermachen!"
15 Ich schüttelte sie, aber sie sprach weiter. Ich versuchte sie auszuknipsen, aber es gab keinen Schalter. Ich bedeckte sie mit drei Handtüchern, schloss die Tür und ging wieder ins Bett. Das „Weitermachen!" hörte nicht auf. Das Metallstimmchen war durch kein Handtuch aufzuhalten. „Weitermachen!", hörte ich. „Weitermachen!" 
Ich ging wieder ins Bad. Versuchte, die Batterie aus dem Gerät zu nehmen. Sie
20 befand sich hinter einer Klappe, die mit einer winzigen Schraube verschlossen war. Ich suchte einen Schraubenzieher, aber alle Schraubenzieher, die ich fand, waren zu groß für diese winzige Schraube. Ich wurde nervös ... und holte ein Messer, um die Schraube zu lösen.
Aber ich rutschte mit dem Messer ab und schnitt mich. Blutete. Leise fluchend
25 holte ich ein Pflaster. „Weitermachen!" ... Ich war jetzt hysterisch. Was, zum Teufel, sollte ich tun? Ich konnte mir nicht den Rest der Nacht mit der Zahnbürste um die Ohren schlagen.
Ich ging ins Wohnzimmer, öffnete das Fenster und warf die Zahnbürste hinaus. ... Die Zahnbürste fiel in eine tiefe Kanalbaugrube vor unserem Haus. „Weitermachen!", hörte ich leise aus der Tiefe. „Weitermachen!" Es war drei Uhr nachts.
30 Ein Betrunkener wankte den Bürgersteig entlang. Am Rand der Baugrube blieb er stehen und lauschte. „Es ist nichts!", rief ich. „Nur eine Zahnbürste!" Er blickte zu mir hinauf. „Da lllliegt wer drinnn", lallte er, „muss runtagefallllln sssseinnnn ..." „Weitermachen!", hörte ich leise. „Weitermachen!" „Es ist nur eine defekte Zahnbürste!", rief ich. „Gehen Sie weiter!" Ich dachte, wie es wäre, wenn er jetzt um Hilfe schreien und die ganze Straße wecken würde. Wenn man in der Baugrube nach einem Verschütte-
35 ten zu suchen begänne. Und nur eine Zahnbürste fände, eine kleine sprechende Zahnbürste mit neongelber Bürste ... „Sssshanbürssste?", lallte der Mann. Er schwieg und starrte in die Grube. Dann wandte er sich mir zu: „Ich höre Ssssahnbürssssten schprechn, Ssssahnbürsten schprechn ausss der Tiefe sssu mir." Er schüttelte den Kopf und wischte sich mit der Hand übers Gesicht. „Scheisss-Sssauferei", hörte ich noch.

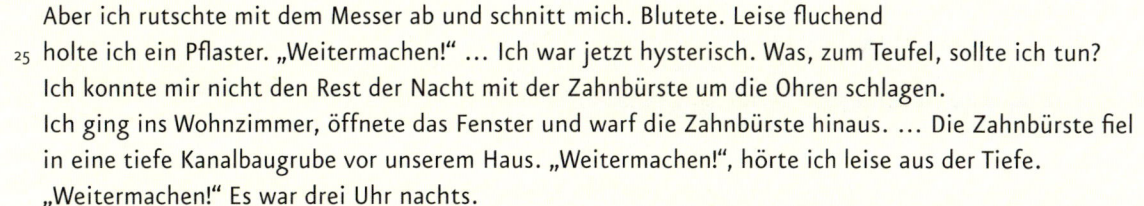

Axel Hacke, Journalist und Kolumnist, geb. 1956 in Braunschweig

a Wer ist Paola? Wer ist Luis? Wer ist der Ich-Erzähler?
b Warum hat Paola die Zahnbürste gekauft?
c Was ist mit der Zahnbürste nachts im Badezimmer passiert? Wie hat der Erzähler zuerst reagiert?
d Warum hat er dann ein Messer geholt?
e Was hat er dann mit der Zahnbürste gemacht? Warum?
f Was ist daraufhin passiert?

Grammatik und Kommunikation

Grammatik

1 Zweiteilige Konjunktion: *sowohl ... als auch* ÜG 10.13

| Der Tee soll | sowohl lecker schmecken | als auch gute Laune machen. |

sowohl lecker als auch gesund = lecker und gesund

2 Zweiteilige Konjunktion: *weder ... noch* ÜG 10.13

| Ella meint, dass der Tee | weder lecker ist | noch gute Laune macht. |

weder lecker noch gesund = nicht lecker und nicht gesund

3 Relativsatz mit *wo* und *was* ÜG 10.14

| Warum fahre ich immer genau | dort, wo | der Stau am schlimmsten ist? |

auch so: da/überall/die Stadt/der Ort/..., wo ...

| Das, was | du suchst, | findest du immer ... |

auch so: nichts/etwas/alles/..., was ...

4 Partizip Präsens als Adjektiv ÜG 4.05

Partizip Präsens		
wohltun	wohltuend	• der wohltuende / ein wohltuender Tee
hupen	hupend	• das hupende / ein hupendes Fahrzeug
sprechen	sprechend	• die sprechende / eine sprechende Puppe
leuchten	leuchtend	• die leuchtenden / leuchtende Schuhe

Ihre Einkaufs- und Essgewohnheiten: Schreiben Sie Sätze mit *sowohl ... als auch* und *weder ... noch*.

> Ich achte beim Einkauf sowohl auf Werbung als auch auf Sonderangebote.
> Ich trinke zum Frühstück ...

Schreiben Sie einen Relativsatz mit *wo* oder *was* und überlegen Sie sich dann eine kleine Geschichte dazu.

> Das ist genau das, was Thien immer wollte. Vor vielen Jahren ist Thien ...

Ordnen Sie zu und ergänzen Sie dann in der richtigen Form.

duften   klingeln   machen   ~~lachen~~   aufgehen

Mir gefallen am Morgen ...

meine _lachenden_ Kinder

der _____ Kaffee

die _____ Sonne

ein fit _____ Frühstück

Aber der _____ Wecker gefällt mir überhaupt nicht.

LEKTION 10 | KB 126 einhundertsechsundzwanzig

10

Kommunikation

ENTTÄUSCHT/ÜBERRASCHT SEIN: Also, ich muss sagen, ...

Ich bin wirklich sehr verärgert/wütend/enttäuscht.
Also, ich muss sagen, das hat mich schon etwas enttäuscht.

SICH BESCHWEREN: Das geht doch nicht.

Das geht doch nicht.
Das kann man doch nicht machen.

EIN PROBLEM GENAUER BESCHREIBEN: Es war abgemacht, dass ...

Dazu möchte ich aber noch anmerken, dass ... | Ich musste nun leider feststellen, dass ... | Es war abgemacht/vereinbart, dass, ... | Das Hauptproblem war, ...

MIT VERSTÄNDNIS AUF DEN KUNDEN REAGIEREN: Oh, das tut mir leid.

Ich kann verstehen, dass Sie enttäuscht/verärgert sind. | Selbstverständlich, das ist überhaupt kein Problem. | Ach wirklich? Das ist wirklich sehr ärgerlich. | Oh, das tut mir leid. Da sehe ich leider nur eine Möglichkeit. Ich werde mich sofort persönlich darum kümmern.

AUF ERZÄHLUNGEN ÜBER MISSGESCHICKE REAGIEREN: Oje, wie peinlich!

Oje, wie peinlich! | Das kenne ich. Das ist mir auch schon passiert. Darüber hast du später bestimmt noch oft gelacht, oder?

EIN PRODUKT PRÄSENTIEREN: Das Beste kommt noch!

Unser/Der/... ist einfach super! | Stellen Sie sich nur vor, er kann nicht nur ..., sondern auch ... | Damit können Sie sowohl ... als auch ... | Das Beste kommt noch!

ERSTAUNEN AUSDRÜCKEN: Wahnsinn!

Unglaublich! / Wahnsinn! | Ach, wirklich? Das ist ja nicht zu glauben.

Der Kunde möchte den Koffer umtauschen. Schreiben Sie ein Gespräch.

◊ Entschuldigen Sie?
○ Ja, bitte. Womit kann ich Ihnen helfen?
...

Sie möchten noch mehr üben? 5 | 15–17 AUDIO-TRAINING

Lernziele

Ich kann jetzt ...

A ... Produktwerbung verstehen: *Der Tee soll sowohl lecker schmecken als auch gute Laune machen.* ☺ ☺ ☹
... Beschwerden äußern: *Ich bin wirklich sehr verärgert.* ☺ ☺ ☹
B ... von Pannen und Missgeschicken erzählen: *Ich habe mal eine Nachricht abgeschickt, die für jemand anderen war.* ☺ ☺ ☹
... darauf reagieren: *Oje, wie peinlich!* ☺ ☺ ☹
C ... ein Produkt präsentieren: *Unser ... ist einfach super!* ☺ ☺ ☹
... Erstaunen äußern: *Ach, wirklich? Das ist ja nicht zu glauben.* ☺ ☺ ☹
D ... eine Reportage verstehen: *Crowdsourcing – mit der Hilfe von vielen* ☺ ☺ ☹
E ... eine Kolumne verstehen: *Die sprechende Zahnbürste* ☺ ☺ ☹

Ich kenne jetzt ...

... 10 Wörter rund ums Produkt:
die Lieferung, ...

Zwischendurch mal …

GEDICHT

Willkommen bei Sternemarkt!

Überall, wo drei Sterne stehen,
kannst du in den Sternemarkt gehen.
Alles, was du willst, mein Kind,
bekommst du dort, wo die drei Sterne sind!

Es gibt sicher nichts, was dir besser gefällt
als der freche Rock hier für so wenig Geld.
Der macht dich jugendlich, der macht dich schön,
zieh ihn mal an, du wirst super aussehen!

Ach, diese Hose da ist wirklich schick!
Nein, liebes Kind, du bist doch nicht dick!
Übergrößen? Na klar, gibt's auch.
Und die hier, die macht einen schlanken Bauch.

Dies ist das neueste Trainingsgerät.
Es kostet nicht viel und ist Topqualität.
Wirst sehen, du hättest das niemals gedacht,
wie schlank und wie glücklich dich so etwas macht.

Hier kommt noch etwas, das du haben musst:
Der bunte Schmuck, der macht selbstbewusst.
Die Kette ist frech und sehr attraktiv.
Komm, häng sie um! Denke positiv!

1 Hören und lesen Sie das Gedicht.
Was soll man bei „Sternemarkt" kaufen? Warum? Sprechen Sie.

> *Man soll einen Rock kaufen. Dann sieht man jugendlich und hübsch aus.*

2 „Wirtschaft und Werbung leben davon, dass die Menschen unzufrieden sind."
Was denken Sie über diesen Satz? Haben Sie Beispiele? Sprechen Sie.

> *Viele Menschen finden sich zu dick und kaufen deshalb Diätprodukte … Das finde ich schade. Denn …*

> *Viele Leute haben keine Zeit, Sport zu machen. Deshalb kaufen sie sich teure Fitnessgeräte, um zu Hause Sport zu machen. Oft benutzen sie die aber gar nicht. Denn auch dafür braucht man Zeit.*

HÖREN

Hallo? Hier spricht die AUTOMATIK AG

1 Hören Sie das Gespräch. Was ist richtig? Kreuzen Sie an.

a ○ Herr Meier bekommt einen Anruf von einem Reklamations-Automaten.
b ○ Er war am 13. August Gast in einem selbstfahrenden Taxi.
c ○ Der Taxifahrer beschwert sich über Herrn Meier.
d ○ Herr Meier sagt, dass er nichts Schlimmes gemacht hat.
e ○ Der Automat hat eine Videoaufnahme. Dort kann man alles hören, was Herr Meier gesagt hat.
f ○ Herr Meier hat laut geflucht und den Taxifahrer beleidigt und das Auto kaputt gemacht.
g ○ Herr Meier bittet den Automaten um Entschuldigung.
h ○ Der Automat nimmt die Entschuldigung nicht an.

LEKTION 10 KB 128 einhundertachtundzwanzig

2 Denken Sie sich selbst lustige Beschwerden von Geräten oder Dingen über das Verhalten ihrer Besitzer aus. Stellen Sie Ihre Ideen im Kurs vor.

Mein Handy würde sagen: „Also, Nina! Du redest immer so laut und außerdem auch viel zu lange! Außerdem schreibst du so viele Nachrichten! Das ist total stressig für mich. ..."

Also mein Kochtopf würde sagen: „Tom, ich stehe hier immer rum und habe nichts zu tun! Und wenn ich mal zum Einsatz komme, dann muss ich so langweilige Sachen kochen! Puh!"

LANDESKUNDE

Revolution und Geschäft

Außenwerbung sieht man überall in deutschen Städten. Sie klebt auf Plakaten, sie hängt an Bushaltestellen und Hauswänden, sie läuft auf großen Monitoren in U-Bahn-Stationen. Und dann gibt es da auch noch diese sonderbaren runden Türme aus Beton. Mehr als 60.000 sind es in Deutschland. In diesem Text
5 erfahren Sie, seit wann es sie gibt, warum es sie gibt und wie sie heißen.

Gehen wir zurück ins Jahr 1848. In Berlin und anderen deutschen Städten gab es
10 damals eine Revolution. Naja, sagen wir besser: einen Revolutionsversuch. Viele Menschen wollten, dass aus den vielen kleinen
15 deutschen Staaten ein großes neues Deutschland wird. Auch der Druckereibesitzer Ernst Litfaß in Berlin war dafür. Er druckte und verkaufte sogar eine revolutionäre Zeitung. Aber die Herrscher in den kleinen Staaten wollten ihre Macht nicht verlieren
20 und sorgten dafür, dass die Revolution ein Misserfolg wurde. Da änderte Herr Litfaß schnell seine politische Meinung und hatte eine neue Geschäftsidee. Die Berliner Polizei ärgerte sich damals über die vielen Plakate und Info-Zettel, die die Leute ein-
25 fach überall an die Wände klebten.

Ernst Litfaß hatte bei einem Besuch in Paris kleine runde Türme extra für Werbeanzeigen gesehen. Er machte der Berliner Polizei ein Angebot: Er würde solche Türmchen in Berlin aufstellen, aber nur, wenn
30 Plakate nur noch dort angeklebt werden dürfen.

Gesagt, getan! Wer in Berlin Plakatwerbung machen wollte, musste ab 1855 zu Ernst Litfaß gehen. Für diesen Service musste man natürlich bezahlen. 1865
35 gehörten Litfaß schon 150 Plakattürme in der ganzen Stadt. Von den Bürgern
40 wurden sie „Litfaßsäulen" genannt. So wurde Litfaß reich und die Polizei freute sich. Weil sie nun genau kontrollieren konnte, welche Informationen man in Berlin sehen konnte und welche nicht.

1 Sehen Sie die Fotos an. Was ist eine Litfaßsäule? Lesen Sie dann und vergleichen Sie.

2 Lesen Sie noch einmal und erzählen Sie, wie die Litfaßsäule entstanden ist.

1848 in Deutschland Revolutionsversuch – viele Plakate und Zettel an Wände kleben – Polizei nicht gefallen – Herr Litfaß eine Idee: Türmchen aufstellen – nur dort Plakate kleben – Leute mussten zu Herrn Litfaß – Geld bezahlen – Plakate nur dort aufhängen – 1865 schon 150 Litfaßsäulen in der Stadt – Herr Litfaß viel Geld verdienen

3 Fotografieren Sie eine Litfaßsäule oder Werbung. Zeigen Sie Ihr Bild und sagen Sie, wo Sie die Litfaßsäule gesehen haben. Oder erzählen Sie, warum Sie die Werbung mögen.

Miteinander

Folge 11: Alles „bestens", oder?

1 Sehen Sie die Fotos an.
Was meinen Sie? Was ist eine Kürbisstation? Hören Sie und vergleichen Sie.

2 Sehen Sie die Fotos an. Hören Sie und beantworten Sie die Fragen.

Foto 1: Wo ist Ella? Was macht sie da?
Foto 2: Warum filmt Ella den Mann?
Foto 3: Worüber spricht Ella mit dem Mann?
Foto 4: Wie erklärt der Mann sein Verhalten?

3 Wie finden Sie das Verhalten des Mannes?

Also, ich finde das nicht so schlimm. Der Bauer muss damit rechnen, dass es immer Leute gibt, die betrügen und nicht bezahlen.

Das ist doch illegal! Ich finde, das muss angezeigt und bestraft werden.

Stadt-Kurier

Ellas Tag

Alles hat seinen Preis
von Ella Wegmann

Billig, billig, billig! Alles muss heute billig sein. Und am billigsten ist ganz umsonst. Alles bekommen und nichts dafür geben, das wäre für manche Leute die ideale Welt.
5 Also „vergessen" sie schon mal, die Zeitung zu bezahlen, die sie aus dem Zeitungskasten nehmen. Oder sie parken am Blumenfeld, schneiden sich einen schönen großen Strauß ab, sehen nach links und rechts und fahren
10 einfach weiter, ohne Geld in die Kasse zu werfen. Wisst ihr kleinen (und großen!) Diebe eigentlich, was ihr tut? Ihr zerstört Vertrauen! Ohne Vertrauen werden wir aber keine gute Zukunft haben. Es wird uns allen
15 schlechter gehen. Tja, alles hat seinen Preis. Am Ende wird alles teurer werden. Nein, bloß das nicht, schreit ihr? Dann hört auf zu stehlen!

4 Ellas Kolumne
Was ist richtig? Lesen Sie die Kolumne und kreuzen Sie an.

a ○ Manche Menschen möchten alles umsonst bekommen.
b ○ Sie stehlen z. B. Zeitungen aus Zeitungskästen.
c ○ Ella meint, dass damit das Vertrauen kaputt gemacht wird.
d ○ Aber das beeinflusst unsere Zukunft nicht.

5 Was bedeutet die Redewendung „Alles hat seinen Preis"?
Was meinen Sie? Sprechen Sie.

Vielleicht heißt das, dass alles immer teurer wird.

Nein, das glaube ich nicht. Damit meint man wahrscheinlich ...

Ellas Film

A Sie **werden** jetzt sofort hier **weggehen**!

A1 Hören Sie und ergänzen Sie.

◆ Hören Sie: … Sie _werden_ jetzt sofort hier _____, damit ich losfahren kann. … In Ordnung?

○ Nein, das ist nicht in Ordnung. Wissen Sie, wenn jeder einfach Kürbisse nimmt und nicht bezahlt, dann _____ es im nächsten Sommer hier keine billigen Kürbisse mehr _____.

> **Futur I**
> Sie **werden** jetzt sofort hier **weggehen**.

A2 Welche Aussage passt zu welchem Foto?

a Ordnen Sie zu. Hören Sie dann und vergleichen Sie.

A  B  C  D  E

1 ⓑ Auch im benachbarten Ausland wird es in den Skigebieten voraussichtlich große Staus geben.
2 ◯ Mach dir keine Sorgen, Mama. Ich werde keinen einzigen Tropfen Alkohol trinken.
3 ◯ Sie werden auf der Stelle hier wegfahren. Sie behindern die Fußgänger.
4 ◯ Ab September habe ich eine neue Stelle. Ich werde jetzt versuchen, so schnell wie möglich eine Wohnung in Bremen zu finden.
5 ◯ Anfang Juni fange ich eine Ausbildung zum Hotelfachmann an.

> **Anfang Juni fange** ich eine Ausbildung zum Hotelfachmann **an**.
> Drückt aus, was man in der Zukunft macht.
>
> Ich **werde** keinen einzigen Tropfen Alkohol **trinken**.
> Drückt Vorhersagen/Vermutungen, Aufforderungen, Versprechen und Vorsätze/Pläne aus.

b Was ist richtig? Hören Sie noch einmal und kreuzen Sie an.

1 ◯ Der Wetterbericht meldet gute Schneeverhältnisse und sagt Staus voraus.
2 ◯ Der junge Mann verspricht, mit dem Taxi nach Hause zu fahren.
3 ◯ Die Politesse fordert den Mann auf wegzufahren, weil er im Haltverbot parkt.
4 ◯ Die Frau zieht zuerst allein nach Bremen und ihre Familie kommt später nach.
5 ◯ Der junge Mann muss erst richtig Deutsch lernen, bevor er mit der Ausbildung beginnen kann.

A3 Gute Vorsätze: Ab morgen …

Überlegen Sie sich ein Thema und notieren Sie gute Vorsätze. Spielen Sie dann ein Gespräch.

Gesundheit: endgültig das Rauchen aufgeben; mich bemühen, regelmäßig Sport zu machen; jede Erkältung ernst nehmen

Freizeit: ein Instrument, z. B. Flöte lernen …

Arbeit: …

[So geht das nicht mehr weiter. Ab morgen … / In Zukunft / Nächsten Montag … | Das habe ich mir fest vorgenommen. | Das verspreche ich dir.]

[Eine tolle Idee! Das … Nicht schlecht. Mal sehen, … Wirklich? Das ist ja super!]

[Ach, ist das nicht …? | Ich weiß ja nicht … Bist du sicher / Meinst du wirklich, dass …? | Das ist doch nicht realistisch!]

LEKTION 11 KB 132 einhundertzweiunddreißig

B Ich wollte schnell los, **da** ich viel zu spät bin.

Ich wollte einfach nur schnell los, da ich schon viel zu spät dran bin.

B1 Welcher Satz hat die gleiche Bedeutung? Kreuzen Sie an.

○ Ich wollte einfach nur schnell los, obwohl ich schon viel zu spät dran bin.
○ Ich wollte einfach nur schnell los, weil ich schon viel zu spät dran bin.

> Konjunktion: *da*
> Ich wollte einfach nur schnell los, **da** ich schon viel zu spät dran bin.

B2 Gutes Benehmen?

a Lesen Sie den Text und ordnen Sie die Überschriften zu.

1 Die Bahn als Büro
2 Wie pünktlich ist pünktlich?
3 Rücksicht in öffentlichen Verkehrsmitteln
4 Eine Frage der Erziehung?!
5 Das Smartphone allzeit bereit
6 Augenkontakt – ja oder nein?

Gute Umgangsformen im Alltag

Höflichkeit und ein guter Umgang miteinander – eigentlich ganz selbstverständlich, oder? Nur: Was ist eigentlich gutes Benehmen? Was für manche als unhöflich gilt, ist für Menschen aus einer anderen Generation oder einer anderen Kultur vielleicht durchaus üblich. Gutes Benehmen ist auf jeden Fall eine Frage des Respekts gegenüber seinen Mitmenschen und der jeweiligen Kultur, in der man sich bewegt. Wir alle kennen Alltagssituationen, die wir als unhöflich empfinden. Lesen Sie hier ein paar Beispiele:

A ○ Sie haben sich mit einem Freund am Hauptbahnhof verabredet. Es war geplant, dass er Sie vom Zug abholt. Er verspätet sich um 20 Minuten, ohne Sie vorher informiert zu haben.

B ○ Sie unterhalten sich mit mehreren Kollegen über ein wichtiges Thema. Einer in der Runde nimmt plötzlich sein Handy und schreibt eine Nachricht, während die anderen weitersprechen.

C ○ Ein Mann unterhält sich mit seiner Kollegin. Während des Gesprächs vermeidet er es, sie direkt anzusehen.

D ① Sie sitzen im ICE im Speisewagen und möchten in Ruhe essen. Neben Ihnen führt ein junger Mann minutenlang mit lauter Stimme Geschäftstelefonate.

E ○ Sie haben der kleinen Tochter von Freunden ein Geschenk mitgebracht. Die Kleine weigert sich, „Danke" zu sagen, nimmt das Geschenk und verschwindet in ihr Zimmer. Die Eltern schauen zu, ohne etwas zu sagen, und lächeln.

F ○ Sie fahren mit der U-Bahn. Neben Ihnen sitzt ein junger Mann und isst einen Döner mit Zwiebeln. Sie finden den Geruch unerträglich.

SCHON FERTIG? Was finden Sie unhöflich? Finden Sie weitere Beispiele aus dem Alltag.

b Wie beurteilen Sie das Verhalten der Personen? Ordnen Sie die Situationen (A–F) in a auf der Skala ein und begründen Sie Ihre Meinung. Wie ist das bei Ihnen?

völlig in Ordnung	in Ausnahmen möglich	absolut unmöglich
10	5	0

> *Meiner Meinung nach ist es eindeutig unhöflich, wenn man in der U-Bahn isst.*

> *Ich finde es nicht schlimm, mit dem Handy zu telefonieren, da das mittlerweile vollkommen normal ist. Deshalb würde ich Situation D bei 10 einordnen.*

C Ach, seien Sie doch bitte so nett!

C1 Ärger im Straßenverkehr

a Welche Situation passt? Sehen Sie die Fotos an, hören Sie das Gespräch und kreuzen Sie an.

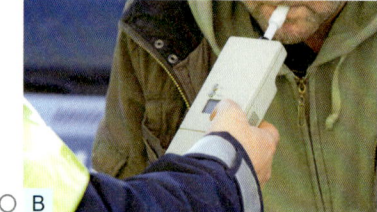

○ A   ○ B   ○ C

b Was ist richtig? Hören Sie noch einmal und kreuzen Sie an.

1 ○ Der Mann ist zu schnell gefahren. Er hat sich nicht an die Geschwindigkeitsbeschränkung gehalten.
2 ○ Er hatte es eilig und hat vom Handy aus nur schnell die Bank angerufen.
3 ○ Der Mann muss ein Bußgeld zahlen und bekommt einen Punkt in Flensburg (= Eintrag im Verkehrszentralregister).
4 ○ Der Polizist akzeptiert seine Entschuldigung und lässt ihn fahren.
5 ○ Der Polizist droht mit einer hohen Strafe, wenn der Mann das Bußgeld und den Punkt nicht akzeptiert.

c Wer sagt das? Kreuzen Sie an.

	Polizist	Fahrer
1 Tut mir leid, das ist mir wirklich unangenehm.	○	○
2 Da haben Sie ja vollkommen recht.	○	○
3 Tut mir leid, aber das ist nicht in Ordnung.	○	○
4 Ach, kommen Sie, so schlimm war das doch gar nicht.	○	○
5 Das kommt überhaupt nicht infrage!	○	○

C2 Rollenspiel: Im Straßenverkehr

Arbeiten Sie zu zweit. Wählen Sie eine Situation und spielen Sie ein Gespräch.

Sie haben mit dem Fahrrad bei Rot die Straße überquert. Strafe: 60,– Euro Bußgeld

Sie sind auf der Landstraße außerhalb einer Ortschaft 35 km/h zu schnell gefahren. Strafe: 120,– Euro

außerhalb einer Ortschaft = nicht in einer Ortschaft
innerhalb einer Ortschaft = in einer Ortschaft

Polizistin/Polizist
Sie sagen, was der/die andere falsch gemacht hat.

Sie akzeptieren die Entschuldigung nicht. Der/Die Fahrer/in soll Strafe zahlen.

Fahrerin/Fahrer
Sie entschuldigen sich und erklären die Situation.

Sie wollen das nicht und versuchen, den Polizisten/die Polizistin zu überreden.

{ Tut mir leid, das ist mir wirklich unangenehm. | Sie haben ja vollkommen recht. | Ich wollte nur schnell … | Aber hören Sie, es war doch keine Absicht. | Es wird bestimmt nie wieder vorkommen. | Ach, bitte, so schlimm war das doch gar nicht. | Ach, seien Sie doch bitte so nett. | Können Sie nicht mal ein Auge zudrücken? }

{ Aber das geht doch nicht. | Das ist nicht in Ordnung. | Das kommt überhaupt nicht infrage. }

D In der Fremde

D1 Lesen Sie die Zitate.
Welches Zitat gefällt Ihnen? Warum? Was ist damit gemeint?
Sprechen Sie.

> Fremde sind vielleicht Freunde, die wir heut' noch nicht kennen.
> *Friedrich Nietzsche, 1844–1900, deutscher Philosoph*

> Fremd ist der Fremde nur in der Fremde.
> *Karl Valentin, 1882–1948, deutscher Kabarettist und Komiker*

> Jeder ist Ausländer – fast überall.

*Mir gefällt das Zitat ...
Ich glaube, das bedeutet ...*

D2 Straßeninterviews

a Hören Sie den Anfang des Interviews. Was ist das Thema? Kreuzen Sie an.
- ○ Ausländer in deutschsprachigen Ländern
- ○ das Gefühl von Fremdheit
- ○ Interkulturelle Missverständnisse

b Hören Sie die Interviews. Zu wem passen die Aussagen? Ordnen Sie zu.

A ○ Das Gefühl von Fremdheit hat mit der kulturellen und geografischen Distanz zum Herkunftsland zu tun.

B ○ Wenn man auf der Flucht ist und seine Heimat verlassen musste, fühlt man sich zuerst überall fremd und hat Heimweh.

C ○ Man kann sich auch im eigenen Land fremd fühlen, wenn man die Menschen um sich herum nicht versteht.

D ○ Wenn man an vielen verschiedenen Orten gelebt hat und für fremde Kulturen offen ist, gibt es dieses Gefühl von Fremdheit eigentlich nicht.

D3 Haben Sie sich schon einmal irgendwo fremd gefühlt?
Warum? Erzählen Sie.

Ja, dieses Gefühl kenne ich. Als ich mein Auslandssemester in Südamerika gemacht habe, war am Anfang alles so fremd und ich hatte große Probleme, mich zu verständigen.

E Andere Länder, andere Sitten

E1 Arbeitsalltag anders

a Lesen Sie den Text und die Informationen zu den Personen. Können Sie sich vorstellen, woran sich die Personen erst gewöhnen mussten? Sprechen Sie.

> Immer mehr ausländische Fachkräfte arbeiten eine Zeit lang in deutschsprachigen Ländern, um dort Berufserfahrung zu sammeln. Die Unterschiede zu ihren Herkunftsländern sind gewöhnlich recht groß und sie müssen sich auch in ihrem Arbeitsalltag an allerlei Neues gewöhnen. Wir haben drei ausländische Arbeitskräfte gebeten, uns von ihren Erfahrungen zu berichten.

A — Sally kommt aus Texas und ist seit fünf Jahren bei einem Berliner IT-Unternehmen tätig.

B — Mohd kommt aus Mumbai und arbeitet seit drei Jahren bei einer Versicherung in Wien.

C — María kommt aus Bogotá und arbeitet seit drei Jahren bei einer Bank in Zürich.

> Ich kann mir vorstellen, dass María vielleicht Probleme mit der Pünktlichkeit hatte.

b Lesen Sie die Aussagen und vergleichen Sie mit Ihren Vermutungen.

Sally: „Ich finde es fantastisch, so viel Urlaub zu haben! Zuerst wusste ich gar nicht, was ich mit den vielen Urlaubstagen anfangen soll. Aber daran gewöhnt man sich natürlich sehr schnell! Mit dem Du und Sie hatte ich anfangs auch so meine Probleme. Es gibt offenbar genaue Regeln, wer wen wann duzen darf. Ich fürchte, das habe ich immer noch nicht 100%ig verstanden. Die Deutschen sind auf jeden Fall viel direkter und sagen immer, was sie denken – ohne Angst, jemanden zu beleidigen. Das ist zwar ehrlich, aber auch nicht besonders diplomatisch. Das kann man als Ausländer schnell missverstehen.
Vorbildlich an Deutschland finde ich, dass man hier insgesamt viel Wert auf eine gesunde Life-Work-Balance legt. Denn davon profitieren letzten Endes auch die Unternehmen, weil ihre Mitarbeiter motivierter sind und engagiert arbeiten.
Eine Sache fand ich absolut gewöhnungsbedürftig, nämlich die Ladenöffnungszeiten! In den ersten Wochen musste ich abends häufig Fastfood essen, weil ich lange gearbeitet habe und dann regelmäßig den Ladenschluss verpasst hatte."

Mohd: „Bevor ich hierher kam, hatte ich natürlich schon gehört, dass Deutsche, Österreicher und Schweizer sehr pünktlich sein sollen. Aber das dann im Arbeitsalltag selbst zu erleben, war eine große Umstellung für mich. Nicht nur Termine für Besprechungen und Konferenzen, sondern sogar Verabredungen zum Mittagessen oder zum Kaffee müssen genauestens eingehalten werden. Diese Pünktlichkeit erfordert sehr viel Disziplin. Ich muss mich wirklich jeden Tag aufs Neue bemühen, pünktlich zu Terminen zu erscheinen. Ich denke, der Umgang mit Zeit hängt sehr stark vom Herkunftsland und von der jeweiligen Kultur ab. Es ist sehr schwer, dieses Zeitverständnis, mit dem man aufgewachsen ist, in einem fremden Land abzulegen. Auch die Kleiderordnung war ungewohnt für mich. Bei uns zu Hause herrscht ein tropisches Klima. Da wäre es sehr unpraktisch, in Anzug und Krawatte im Büro zu sitzen, wie es hier üblich ist."

María: „Ich musste mich erst daran gewöhnen, so viel im Voraus zu planen. Alles wird hier ganz genau festgelegt, egal, ob es sich um ein Projekt, ein Mittagessen oder um Urlaub handelt. In meiner Firma gibt es auch für alles Mögliche Regeln, Listen und Formulare. Das erscheint mir etwas übertrieben. In meiner ersten Woche im Büro war ich echt geschockt, weil ich meine Urlaubswünsche für das ganze Jahr eintragen sollte. Wie kann ich denn im Januar schon wissen, ob ich im Oktober vielleicht verreisen will?!
Die Kleiderordnung in der Firma ist so ähnlich wie bei uns. Im Büro trägt man Anzug oder Kostüm. Nur in der Freizeit ist es anders. Die Frauen hier kleiden sich meistens nicht so elegant und sie wirken insgesamt sportlicher. Eine Sache finde ich immer noch ein bisschen merkwürdig: Wenn ich Geburtstag habe oder es etwas anderes zu feiern gibt, dann muss ich das hier im Büro alles selbst organisieren. Bei mir zu Hause ist das umgekehrt, da machen das meine Kollegen für mich. Das finde ich eigentlich viel schöner."

c Was erfahren Sie durch die Aussagen von Sally, Mohd und María über den Arbeitsalltag in ihrem Heimatland? Machen Sie Notizen zu folgenden Themen.

Kleidung   Termine & Pünktlichkeit   Kommunikation   Geburtstag   Urlaub   ...

	Sally	Mohd	María
Kleidung	---	leichte Kleidung ohne Anzug und Krawatte	Männer im Anzug, Frauen im Kostüm, ...

d Haben Sie schon einmal in einem fremden Land gearbeitet und vielleicht ähnliche Erfahrungen wie Sally, Mohd und María gemacht? Sprechen Sie.

> Mit dem Duzen und Siezen hatte ich anfangs auch Probleme. Im Spanischen ...

E2 Mein Arbeitsalltag: Eine Präsentation

a Machen Sie Notizen zu folgenden Punkten.

- Was ist das Thema Ihrer Präsentation (z.B. Kleidung, Pünktlichkeit, Kommunikation, ...)?
- Beschreiben Sie, was man an Ihrem Arbeitsplatz beachten sollte.
- Berichten Sie von Ihrer persönlichen Situation und nennen Sie Vor- und Nachteile.
- Beenden Sie Ihre Präsentation und bedanken Sie sich für die Aufmerksamkeit.

b Präsentieren Sie jetzt das Thema und beantworten Sie danach die Fragen zu Ihrer Präsentation.

In meiner Präsentation geht es um ... / Ich möchte Ihnen erzählen, wie ... / Zuerst erzähle ich Ihnen, was ... / Dann / Danach / Anschließend berichte ich darüber, dass ... / Zum Schluss / Am Ende ...
Ich selbst ... / Seit ... arbeite ich ... / Einmal bin / habe / wollte ich ...
Bei uns ... / In meinem Büro ist es ... so, dass ... / Da gibt es ...
Das gefällt mir gut, denn ... / Gut / Nicht so gut finde ich, dass ... / Ich finde, das ist ... / Meiner Meinung nach ...
Ich danke Ihnen für Ihre Aufmerksamkeit. Haben Sie noch Fragen?

> In meiner Präsentation geht es um ...

Grammatik und Kommunikation

Grammatik

1 Futur I ÜG 5.08

		Position 2		Ende
Aufforderung	Sie	werden	jetzt sofort hier	weggehen!
Vorhersage/Vermutung	Auch im Ausland	wird	es große Staus	geben.
Versprechen	Ich	werde	keinen einzigen Tropfen Alkohol	trinken.
Vorsatz/Plan	Ich	werde	jeden Abend eine Stunde	joggen.

So kann man auch ausdrücken, was in der Zukunft passiert:
Anfang Juni fange ich eine Ausbildung zum Hotelfachmann an.

2 Konjunktion: da ÜG 10.09

	Konjunktion		Ende
Ich wollte einfach nur schnell los,	da	ich schon spät dran	bin.

Kommunikation

VORSÄTZE FORMULIEREN: So geht das nicht mehr weiter.

So geht das nicht mehr weiter. Ab morgen / In Zukunft / Nächsten Montag / …
Das habe ich mir fest vorgenommen.
Das verspreche ich dir.

ETWAS BEURTEILEN: Ich finde es (nicht) schlimm, …

Ich finde es (nicht) schlimm, …
Meiner Meinung nach ist es eindeutig unhöflich, wenn …

ZUSTIMMUNG AUSDRÜCKEN: Das ist ja super!

Eine tolle Idee. Das … | Nicht schlecht. Mal sehen, …
Wirklich? Das ist ja super!

ZWEIFEL AUSDRÜCKEN: Ich weiß ja nicht …

Ach, ist das nicht …? | Ich weiß ja nicht … Bist du sicher?
Meinst du wirklich, dass …? | Das ist doch nicht realistisch!

Was sind Ihre Pläne für den Sommer? Schreiben Sie drei Sätze.

Im Sommer werde ich …

Was sind Ihre guten Vorsätze fürs nächste Jahr? Schreiben Sie fünf Sätze.

regelmäßig Sport machen
aufhören zu rauchen
weniger Schokolade essen
vor elf Uhr ins Bett gehen …

Ich werde …

Was meinen Sie? Was verspricht die Frau?

Ich werde nicht mehr …

Wen oder was lieben Sie und warum? Schreiben Sie Begründungen mit *da*.

Ich liebe meine Stadt, da sie so alt und schön ist. Ich liebe meine Schwester, da …

LEKTION 11 KB 138 einhundertachtunddreißig

SICH ENTSCHULDIGEN: Ich wollte nur schnell …

Tut mir leid, das ist mir wirklich unangenehm.
Sie haben ja vollkommen recht.
Ich wollte nur schnell …
Aber hören Sie, es war doch keine Absicht.
Es wird bestimmt nie wieder vorkommen.

EINE ENTSCHULDIGUNG NICHT AKZEPTIEREN: Das ist nicht in Ordnung.

Aber das geht doch nicht.
Das ist nicht in Ordnung.
Das kommt überhaupt nicht infrage.

JEMANDEN ÜBERREDEN: Ach, seien Sie doch bitte so nett.

Ach, bitte, so schlimm war das doch gar nicht.
Ach, seien Sie doch bitte so nett.
Können Sie nicht mal ein Auge zudrücken?

ETWAS PRÄSENTIEREN: Zuerst erzähle ich Ihnen …

In meiner Präsentation geht es um … / Ich möchte Ihnen erzählen, wie … / Zuerst erzähle ich Ihnen, was … / Dann/Danach/Anschließend berichte ich darüber, dass … / Zum Schluss / Am Ende …
Ich danke Ihnen für Ihre Aufmerksamkeit. Haben Sie noch Fragen?

VON EIGENEN ERFAHRUNGEN BERICHTEN: Einmal habe ich …

Ich selbst … / Seit … arbeite ich … / Einmal bin/habe/wollte ich …
Bei uns … / In meinem Büro ist es … so, dass … / Da gibt es …
Das gefällt mir gut, denn … / Gut/Nicht so gut finde ich, dass … / Ich finde, das ist … / Meiner Meinung nach …

Sie kommen eine halbe Stunde zu spät zum Unterricht. Was sagen Sie?

Entschuldigung, tut … Ich … Es …

Ihr Kollege isst Schokolade, bietet Ihnen aber nichts an. Ist sein Verhalten in Ordnung? Schreiben Sie.

Hier … / In …

Sie möchten noch mehr üben? 5 | 36–38 AUDIO-TRAINING

Lernziele

Ich kann jetzt …

A … Aufforderungen, Vorhersagen/Vermutungen, Versprechen, Vorsätze und Pläne ausdrücken: *Sie werden jetzt sofort hier weggehen!* ☺ ☺ ☹

B … Umgangsformen beurteilen und meine Meinung begründen: *Ich finde es nicht schlimm, mit dem Handy zu telefonieren.* ☺ ☺ ☹

C … über Regeln und Fehler im Straßenverkehr sprechen: *Tut mir leid, das ist mir wirklich unangenehm.* ☺ ☺ ☹

D … kurze Interviews und einen Erfahrungsbericht zum Thema „Fremdheit" verstehen und darüber sprechen: *Ja, das Gefühl kenne ich.* ☺ ☺ ☹

E … Aussagen zu unterschiedlichen Arbeitsalltagen verstehen und meinen eigenen Arbeitsalltag beschreiben: *In meinem Büro ist es so, dass …* ☺ ☺ ☹

Ich kenne jetzt …

… 4 Wörter zum Thema *Fremde*:
Herkunftsland, …

… 6 Wörter zum Thema *Büroalltag*:
Formular, …

Zwischendurch mal …

LESEN

Herzlich willkommen!

Wenn wir mit jemandem reden, senden wir unserem Gesprächspartner viele Informationen. Wir sprechen die **Worte** ja nicht einfach nur, wir betonen sie auch. Das tun wir mit unserer
5 **Stimme**, unserem **Gesichtsausdruck** und unserem **Körperausdruck**. Womit wir wohl die meisten Informationen weitergeben? Mit den Worten, könnte man meinen.
Aber sehen Sie nun mal die drei Fotos an. Die
10 Frau sagt dreimal „Herzlich willkommen!" Aber ihr Gesichtsausdruck, ihr Körperausdruck und sicher auch ihre Stimme sagen dreimal etwas anderes. Worte allein sagen also ziemlich wenig. Hätten wir nur die Worte, dann würden wir wie
15 ein Roboter sprechen. Erst durch unsere Stimme, durch unseren Gesichtsausdruck und unsere Körperhaltung wird das, was wir sagen, farbig und bekommt Sinn.
Beim Telefonieren haben wir leider nur unsere
20 Stimme, um für „Farbe" im Gespräch zu sorgen. Wissenschaftliche Tests haben gezeigt, dass sich in Telefongesprächen nur durch den Klang unserer Stimme schon nach wenigen Sekunden entscheidet, ob der Gesprächspartner uns als sym-
25 pathisch oder unsympathisch empfindet.
Noch wichtiger als das, **was** wir sagen, ist also, **wie** wir es sagen. Übrigens: Wenn Sie am Telefon besonders freundlich wirken wollen, versuchen Sie mal, beim Sprechen zu lächeln. Ihre Stimme
30 wird sofort sehr viel sympathischer klingen!

1 Lesen Sie den Text.
Was finden Sie am wichtigsten: Wort, Stimme, Gesichtsausdruck oder Körperausdruck? Sprechen Sie.

2 Sehen Sie das linke Foto im Text an.
Machen Sie den Gesichtsausdruck und den Körperausdruck nach und sagen Sie mit der passenden Betonung: „Herzlich willkommen!" Wiederholen Sie dies dann mit den beiden anderen Fotos.

HÖREN

Der Ton macht die Musik.

Unsere Geschichte geht so: Mike Wetzich ist Programmierer und hat sich schriftlich bei der Firma „IT-Systems" beworben. Emma Heintz ist Personalchefin bei „IT-Systems". Sie ruft Herrn Wetzich an, um ihn zu einem Bewerbungsgespräch einzuladen. Von diesem Gespräch gibt es drei verschiedene Versionen: A, B und C. Jedes Mal hat unser Sprecher die Stimme von Mike Wetzich anders gesprochen. Hören Sie selbst!

11

1 Lesen Sie die Überschrift. Was bedeutet „Der Ton macht die Musik."?

2 Lesen Sie den Text und hören Sie die Telefongespräche A, B und C.
Nach welchem Telefonat freut sich Frau Heintz wohl am meisten auf den Besuch von Herrn Wetzich? Warum?

3 Überlegen Sie sich zwei Sätze.
Sagen Sie etwas Unfreundliches so, dass es nett klingt, und etwas Freundliches so, dass es schrecklich klingt. Achten Sie dabei nicht nur auf Ihre Stimme, sondern auch auf Ihren Gesichts- und Körperausdruck.

Du siehst heute toll aus!

Du kommst schon wieder zu spät!

FILM

Das geht gar nicht!

Aljoscha — Mona — Paulette

1 Sehen Sie den Film an.

a Beantworten Sie die Fragen.

Was kritisiert Aljoscha? Wie finden Paulette und Mona den Brotsalat? Was kritisiert Mona?

b Wie finden Sie Aljoschas Idee mit alten Brötchen? Sprechen Sie.

2 „Aus alt mach neu!"
Werfen Sie alte Dinge lieber weg? Oder gibt es Dinge, die Sie wiederverwerten oder wieder benutzen?

Also, ich werfe lieber alles weg. Sonst hat man viel zu viel Zeug zu Hause in der Wohnung. Alte Kleidung bringe ich manchmal zur Altkleidersammlung.

Ich kaufe Bücher und Spiele gern auf dem Flohmarkt.

einhunderteinundvierzig **141 KB** **LEKTION 11**

Soziales Engagement

Folge 12: Das weiß der Kuckuck.

1 **Was bedeutet „ehrenamtlich arbeiten"? Kreuzen Sie an.**

Man arbeitet, z. B. in einem sozialen Bereich …
○ fest angestellt.   ○ freiwillig und bekommt kein Geld dafür.

2 **Welches Tier ist das? Ordnen Sie zu.**

○ ein Kuckuck
○ eine Biene

3 **Was meinen Sie? Sehen Sie die Fotos an und beantworten Sie die Fragen.**
Hören Sie dann und vergleichen Sie.

Foto 1:   Warum telefoniert Tobi mit Ella?
Foto 2–4:   Wo sind Tobi und Ella?
Foto 2–4:   Was machen sie dort?
Foto 2+3:   Warum interviewt Ella Tobi und die Kinder?

LEKTION 12   KB **142** einhundertzweiundvierzig

Nachbarschaftshilfe – Jeder hilft jedem

von Ella Wegmann

Stadt-Kurier
Ellas Tag

Sechs Wochen lang keine Schule? Kinder finden das toll, ganz klar. Aber für Eltern kann die schulfreie Zeit zum Problem werden. Wer hat schon Zeit und Geld, so lange in den
5 Urlaub zu fahren? Besonders Alleinerziehende wissen oft nicht, wohin mit ihrem Kind während der großen Ferien. Zum Glück gibt es Organisationen, die Hilfe anbieten.

Die „Nachbarschaftshilfe e. V." veranstaltet
10 schon seit über zehn Jahren ein buntes Sommerferienprogramm für Sechs- bis Zehnjährige. Die Eltern können also ganz beruhigt zur Arbeit gehen, weil ehrenamtliche Helfer sich um eine sinnvolle und abwechslungsreiche
15 Freizeitgestaltung für die Kinder kümmern. Wir vom „Stadt-Kurier" finden diesen gemeinnützigen Einsatz prima und möchten allen freiwilligen Helfern hier
20 einmal von ganzem Herzen danken. Übrigens: Auch Sie können helfen, indem Sie Geld spenden oder selbst
25 Mitglied werden.

4 Hören Sie noch einmal. Markieren und korrigieren Sie die Fehler.

ehrenamtlich
Tobias arbeitet ~~fest angestellt~~ für die Nachbarschaftshilfe und bietet eine Theatergruppe für Kinder an. Seine Kollegin fällt aus, da sie sich ein Bein gebrochen hat. Tobias fehlt für übermorgen noch eine zweite Aufsichtsperson. Tobias ist allein für das Kinder-Ferienprogramm verantwortlich. Es gibt Bastel-, Tanz- und Musikkurse, Hausaufgabenbetreuung, Schwimmbadbesuche, Kinderfilme und eine Theatergruppe. In der Theatergruppe spielen die Kinder ein Stück, das Tobias geschrieben hat. Es heißt: „Ferien für die Tiere." Bisher gibt es eine Biene, einen Hund und einen Kuckuck. Ella und Tobias haben einander geholfen: Tobias musste den Bastelkurs nicht ausfallen lassen und Ella kann einen Beitrag schreiben.

5 Ellas Kolumne
Lesen Sie die Kolumne und beantworten Sie die Fragen.

Welche Schwierigkeiten haben Eltern im Sommer häufig?
Was ist die Nachbarschaftshilfe? Wer arbeitet in der Nachbarschaftshilfe?
Wie kann man die Nachbarschaftshilfe unterstützen?

6 Helfen Sie sich gegenseitig in Ihrer Nachbarschaft / Ihrem Haus? Erzählen Sie.

Ellas Film

A Ich bin Mitglied, **seit** ich 16 bin.

A1 Ergänzen Sie *bis* oder *seit/seitdem*. Hören Sie und vergleichen Sie dann.

a Ich bin Mitglied, _seit_ ich 16 bin.
b Das Programm geht die ganzen Ferien über, _____ die Schule wieder anfängt.
c _____ ich gehört habe, dass meine Kollegin sich den Arm gebrochen hat, suche ich Ersatz.
d Es dauert zwei Wochen, _____ meine Kollegin wieder dabei sein kann.

Konjunktionen: seit/seitdem und bis	
Wie lange …?	…, seit/seitdem ich 16 bin.
	…, bis die Schule wieder anfängt.

A2 Angebote auf Reisen
a Überfliegen Sie die Service-Angebote und ordnen Sie die Aussagen den Bildern zu.

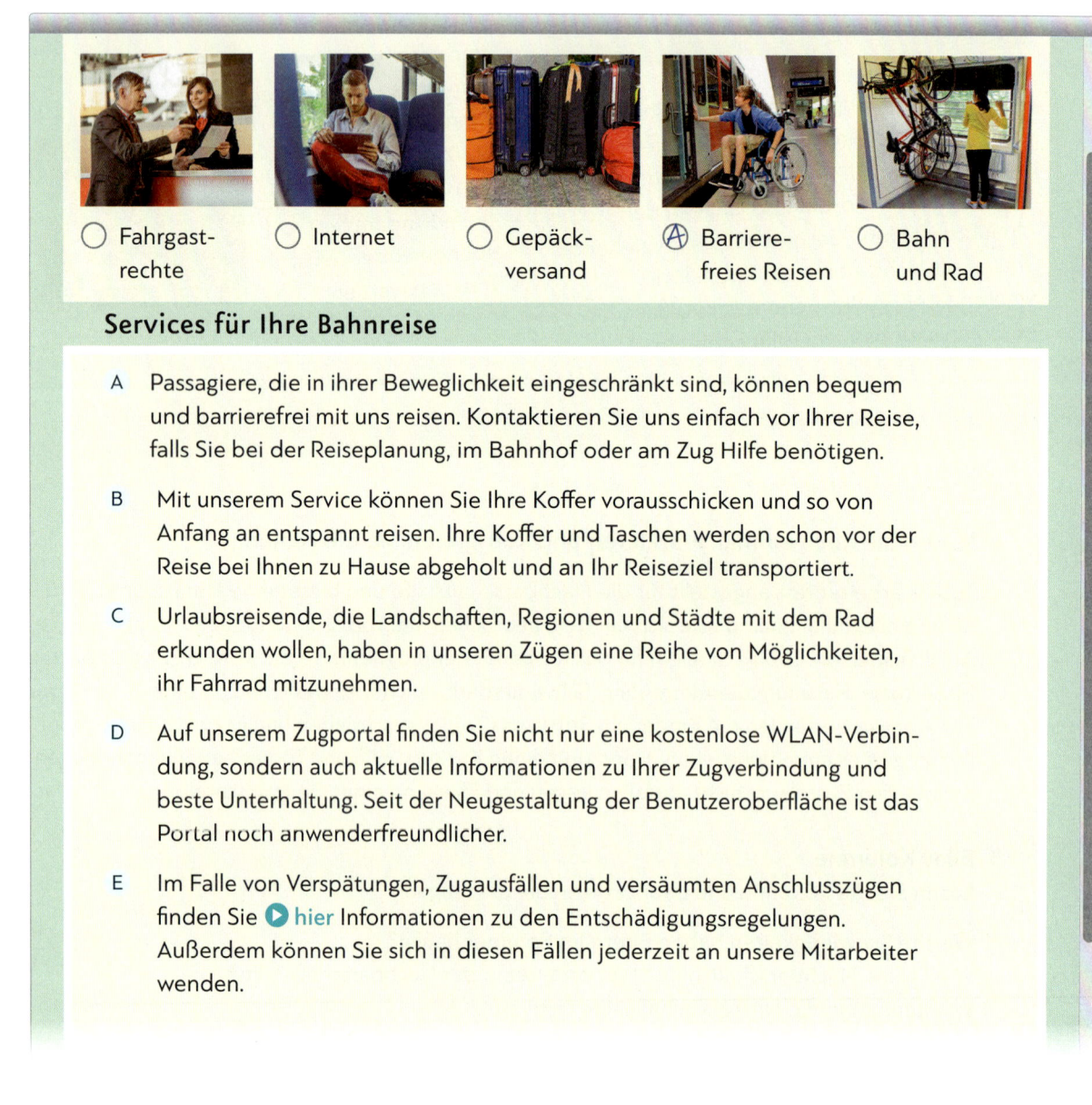

○ Fahrgast-rechte ○ Internet ○ Gepäck-versand Ⓐ Barriere-freies Reisen ○ Bahn und Rad

Services für Ihre Bahnreise

A Passagiere, die in ihrer Beweglichkeit eingeschränkt sind, können bequem und barrierefrei mit uns reisen. Kontaktieren Sie uns einfach vor Ihrer Reise, falls Sie bei der Reiseplanung, im Bahnhof oder am Zug Hilfe benötigen.

B Mit unserem Service können Sie Ihre Koffer vorausschicken und so von Anfang an entspannt reisen. Ihre Koffer und Taschen werden schon vor der Reise bei Ihnen zu Hause abgeholt und an Ihr Reiseziel transportiert.

C Urlaubsreisende, die Landschaften, Regionen und Städte mit dem Rad erkunden wollen, haben in unseren Zügen eine Reihe von Möglichkeiten, ihr Fahrrad mitzunehmen.

D Auf unserem Zugportal finden Sie nicht nur eine kostenlose WLAN-Verbindung, sondern auch aktuelle Informationen zu Ihrer Zugverbindung und beste Unterhaltung. Seit der Neugestaltung der Benutzeroberfläche ist das Portal noch anwenderfreundlicher.

E Im Falle von Verspätungen, Zugausfällen und versäumten Anschlusszügen finden Sie ▶ hier Informationen zu den Entschädigungsregelungen. Außerdem können Sie sich in diesen Fällen jederzeit an unsere Mitarbeiter wenden.

b Lesen Sie die Webseite noch einmal. Gibt es passende Services zu den Situationen 1–6? Notieren Sie.

1. Sie sitzen im Rollstuhl und brauchen Unterstützung beim Ein- und Aussteigen.
2. Sie verpassen wegen einer Verspätung den letzten Anschlusszug und müssen im Hotel übernachten.
3. Sie möchten während der Bahnfahrt Ihre berufliche Email-Korrespondenz erledigen und brauchen eine gute Internetverbindung.
4. Sie möchten im Sommer mit dem Zug und dem Motorrad nach Graz fahren.
5. Sie haben Ihren Rucksack im Zug liegen lassen und möchten wissen, wo Fundsachen aufbewahrt werden.
6. Sie haben sich das Bein gebrochen und brauchen Hilfe mit Ihrem Koffer.

1 ja, barrierefreies Reisen
2 ...

A3 Probleme auf Reisen

a Hören Sie und notieren Sie Stichworte in der Tabelle.

	Probleme	Lösungen
Gespräch 1		
Gespräch 2		

b Ergänzen Sie *seit/seitdem* und *bis*. Hören Sie dann noch einmal und vergleichen Sie.

1. a _____ Sie in Frankfurt sind, müssen Sie allerdings noch etwas Geduld haben.
   b Wie lange dauert es denn noch, _____ wir zu Hause ankommen?
   c _____ wir die Fähre in Travemünde verlassen haben, sind wir ja nun schon fast dreieinhalb Stunden unterwegs.

2. a _____ ich den Verlust bemerkt hatte, waren die Türen schon wieder zu.
   b Oft muss man nur ein bisschen Geduld haben, _____ die Sachen wieder da sind.

A4 Rollenspiel: Ich habe da ein Problem …

Arbeiten Sie zu zweit: Wählen sie eine Situation oder denken Sie sich eine neue aus. Wie könnte das Bahnunternehmen helfen? Hilfe finden Sie auch auf Seite 144. Spielen Sie dann das Gespräch. Tauschen Sie auch die Rollen.

Am Bahnhof:
Sie haben Ihren Geigenkasten im Zug vergessen. Das Instrument ist sehr wertvoll.

Am Bahnhof:
Sie haben online ein falsches Ticket gebucht. Es ist genau einen Monat später ausgestellt.

Im Zug:
Sie reisen im Rollstuhl und benötigen Hilfe beim Ausstieg.

Ich weiß nicht, ob ich bei Ihnen richtig bin.
Ich habe da ein Problem. Seitdem ich …,
Ich bin leider gerade in einer blöden Situation.
Ich weiß nicht, was ich machen soll. / wie ich das machen soll.
Können Sie mir da vielleicht weiterhelfen?

Jetzt erzählen/sagen Sie erst mal …
Was ist denn genau Ihr Problem?
Keine Sorge, wir werden Ihnen (dabei) helfen.
Keine Sorge, wir werden sicher eine Lösung finden.
Ich bin ganz sicher, dass …

Bis wir/Sie …, müssen Sie Geduld haben.
Ich habe da eine Idee./einen Vorschlag.
Wie wäre es denn, wenn …

B Auch Sie können helfen, **indem** Sie Geld spenden.

B1 Verbinden Sie.

a Auch Sie können helfen, — indem Sie Geld spenden oder selbst Mitglied werden.
b In der Nachbarschaftshilfe können Sie sogar mitmachen,
c Die Nachbarschaftshilfe hilft den Eltern,
d Die Kinderbetreuung darf nicht stattfinden,

- indem sie ein Ferienprogramm für Kinder anbietet.
- ohne dass eine zweite Aufsichtsperson dabei ist.
- ohne dass Sie Mitglied sind.
- indem Sie Geld spenden oder selbst Mitglied werden.

Konjunktion: *indem*		Konjunktion: *ohne dass*	
Wie?	…, indem Sie Geld spenden.	Wie?	…, ohne dass Sie Mitglied sind.
			…, ohne Mitglied zu sein.

B2 Vereine in deutschsprachigen Ländern

a Überfliegen Sie den Text. Was ist ein Verein? Kennen Sie Vereine? Sind Sie Mitglied in einem Verein?

In den deutschsprachigen Ländern gibt es rund 820.000 Vereine. Vereine sind Organisationen, in denen sich Menschen zusammenfinden, die gemeinsame Interessen haben. Um Mitglied in einem Verein zu werden, müssen Sie eine Beitrittserklärung abgeben. Als Mitglied können Sie dann die Angebote des Vereins nutzen, Menschen kennenlernen und gemeinsam Dinge unternehmen. Wer will, kann auch aktiv in einem Verein
5 z. B. bei der Planung der Angebote mitarbeiten. In den meisten Vereinen zahlt man für die Mitgliedschaft einen kleinen Beitrag.
Neben Sportvereinen gibt es Musikvereine, soziale Vereine, Jugendklubs, Elternvereine, Tierschutzvereine, die Freiwillige Feuerwehr und vieles mehr. 48 % der Menschen sind Mitglied in mindestens einem Verein. Besonders beliebt sind Sportvereine. Beinahe jeder Dritte verbringt dort seine Freizeit.

b Lesen Sie den Text und kreuzen Sie an: *indem* oder *ohne dass*.

1 Sie werden Mitglied in einem Verein,
   ○ indem ○ ohne dass   Sie eine Beitrittserklärung unterschreiben.
2 Sie können auch Mitglied in einem Verein sein, ○ indem ○ ohne dass   Sie aktiv mitarbeiten.
3 In den meisten Vereinen können Sie Mitglied sein, ○ indem ○ ohne dass   Sie einen Mitgliedsbeitrag zahlen.

c Lesen Sie weiter. In welchen Vereinen sind die Personen? Was finden Sie wichtig?

„Vor zwei Jahren bin ich in eine neue Stadt gezogen. Das war anfangs gar nicht so leicht, da ich
10 dort niemanden kannte. Ein Freund gab mir den Tipp: Tritt in einen Verein ein! Da lernst du neue Leute kennen! Erst dachte ich: ‚Na ja, ich weiß nicht …‘ Dann habe ich aber geschaut, was mich so interessiert. Und nun habe ich klettern gelernt! Ich hätte ohne den Verein niemals innerhalb so kurzer Zeit neue Freunde gefunden."

Nikolin

„Früher war ich bei der Freiwilligen Feuerwehr. Ich habe Brände gelöscht, war bei Einsätzen
15 dabei. Jahrzehntelang! Jetzt geht das nicht mehr. Aber ich helfe, indem ich die Kinder betreue und versorge, solange die Eltern im Einsatz sind. Was mir besonders gefällt, sind natürlich die Feste, die wir regelmäßig feiern! So bin ich immer in Kontakt mit Menschen."

Georg

B3 Welche Vereine kennen Sie? Welche Angebote würden Sie interessieren? Sprechen Sie.

Mich würde ein Sportverein interessieren.

Ich würde gerne Mitglied in einem Musikverein werden.

C Persönliches Engagement

C1 Engagement macht stark!

a Überfliegen Sie den Artikel. Worum geht es? Was meinen Sie?

b Lesen Sie nun den Artikel und beantworten Sie die Fragen.

1. Wie viele Deutsche arbeiten ehrenamtlich in wohltätigen Organisationen?
2. Welche Aufgaben übernehmen sie z. B.?
3. Welche Personengruppen engagieren sich besonders häufig?
4. Was macht die Agentur „Tatendrang"?

Engagement macht stark!

„Engagement macht stark!" Unter diesem Motto stand in diesem Jahr die „Woche des bürgerschaftlichen Engagements", die jedes Jahr den Einsatz der vielen freiwillig Engagierten anerkennt. In diesem Jahr wurde besonders auf die Bedeutung des Engagements für die Integration von Migranten/Migrantinnen hingewiesen.

Insgesamt engagieren sich mehr als 31 Millionen Menschen in Deutschland freiwillig und ohne Lohn in ihrer Freizeit. Sie organisieren sich in einer Million Vereinen, Bürgerinitiativen oder Selbsthilfegruppen. Sie pumpen Fußbälle auf, rasieren und frisieren Pflegebedürftige, restaurieren alte Häuser, engagieren sich als Babysitter, springen für kranke Lehrer ein, unterstützen Geflüchtete.

Allein 60.000 Helfer sind zum Beispiel in den rund 900 Vereinen der „Tafel" tätig. Sie sammeln in Supermärkten Lebensmittel kurz vor dem Verfallsdatum ein und verteilen sie an Bedürftige.
„Alle reden von sozialer Kälte. Aber wir erleben jeden Tag das Gegenteil", berichtet ein „Tafel"-Vorstand. „In Deutschland ist das Wir-Gefühl auf dem Vormarsch."

Insgesamt engagieren sich Männer etwas mehr als Frauen. In der Arbeit mit Geflüchteten sind aber vor allem Frauen und junge Leute aktiv. Gerade die Zahl der Jugendlichen steigt beständig. Sie machen ein „freiwilliges soziales Jahr", ein „freiwilliges ökologisches Jahr" oder sie sind im „Bundesfreiwilligendienst" tätig und arbeiten in dieser Zeit in Altenheimen, Sportvereinen oder Naturschutzgruppen.

Inzwischen haben sich in allen größeren Städten Freiwilligenagenturen gebildet. Ein Beispiel ist die Agentur „Tatendrang" in München.
Unter dem Motto „Spenden Sie Zeit statt Geld" organisieren sie Einsatzmöglichkeiten. „Wir arbeiten mit mehr als 430 Einrichtungen zusammen. Wir finden immer etwas, was passt – für den Berufstätigen, der ein paar Stunden Zeit im Monat spenden will, wie für die Rentnerin, die regelmäßig einmal pro Woche mit einem Kind sprechen und lesen übt.

Die dunklen Vorhersagen einer egoistischen Spaßgesellschaft von „Ichlingen" haben sich offensichtlich nicht erfüllt. Im Gegenteil: Die Bereitschaft zum Engagement wächst und wächst!

c Was finden Sie besonders interessant/überraschend/...? Markieren Sie zwei Aspekte und vergleichen Sie mit Ihrer Partnerin / Ihrem Partner. Erzählen und kommentieren Sie.

◆ Es überrascht mich, dass sich mehr Männer als Frauen engagieren. Das hätte ich nicht gedacht.
○ Ja, stimmt. Vielleicht ...

SCHON FERTIG? Sammeln Sie Wörter, die für Sie wichtig sind.

C2 Persönliches Engagement: Was tun Sie / würden Sie gern tun? Erzählen Sie.

sich für etwas begeistern   sich für etwas engagieren/einsetzen   bei etwas mitmachen   ...

In meiner Familie engagieren sich alle außer meiner Schwester. Ich bin in einem Umweltschutzverein und ...

Präposition: *außer* + Dativ
außer | alle außer meiner Schwester
= alle, nur meine Schwester nicht

D Dieser Mensch war mir ein Vorbild.

D1 Eine Karikatur
Was fällt Ihnen spontan dazu ein? Sprechen Sie.

Albert Schweitzer (1875–1965): Arzt, Theologe, Musiker und Philosoph; durch sein Engagement für den Frieden wurde er für viele Menschen auf der ganzen Welt zum großen Vorbild.

D2 Radio Nordwest „Menschen helfen Menschen"
a Welche Überschriften passen? Hören Sie und wählen Sie aus.

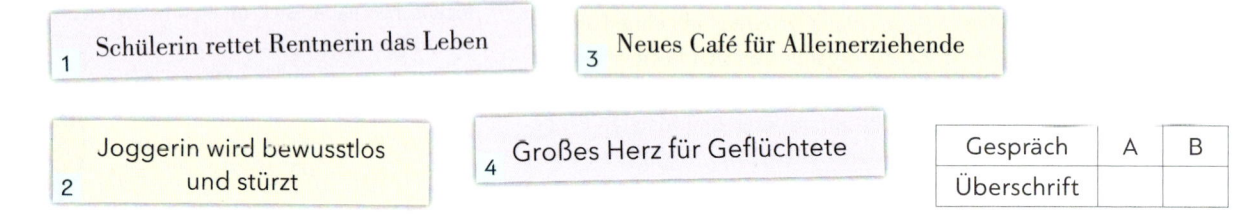

1 Schülerin rettet Rentnerin das Leben
2 Joggerin wird bewusstlos und stürzt
3 Neues Café für Alleinerziehende
4 Großes Herz für Geflüchtete

Gespräch	A	B
Überschrift		

b Was ist richtig? Hören Sie noch einmal und kreuzen Sie an.

Gespräch A
1 Die Schülerin ruft ○ eine Klinik ○ den Rettungsdienst an.
2 Als die Dame nicht mehr auf Ansprache reagiert, ○ beginnt die Schülerin sofort mit Erste-Hilfe-Maßnahmen. ○ holt sich die Schülerin telefonisch Rat bei den Sanitätern.
3 Die Anruferin meint, dass ihre Mutter nur überlebt hat, weil ○ die Sanitäter so schnell eingetroffen sind. ○ die Schülerin so schnell gehandelt hat.

Gespräch B
4 Frau Melchinger engagiert sich seit ○ einem halben Jahr ○ mindestens einem Jahr für Geflüchtete.
5 Eine syrische Mutter wohnt mit ihrem Kind ○ zusammen mit Frau Melchinger in einer WG. ○ im Haus von Frau Melchinger in einer kleinen Wohnung im Dachgeschoss.
6 Das Zusammenleben in dem Haus von Frau Melchinger ○ klappt gut. ○ führt zu Konflikten.

D3 Wer ist Ihr persönliches Vorbild?
a Machen Sie Notizen.

Wer? Wie ist/war die Person? Was macht sie / hat sie gemacht? Was hat Sie besonders beeindruckt?

b Gruppenarbeit: Erzählen Sie.

Als ich noch zur Schule gegangen bin, war meine Tante mein großes Vorbild. Sie war sehr fröhlich und tolerant. Bei ihr waren viele Dinge erlaubt, die bei uns zu Hause verboten waren. Sie hat mir immer geraten, meinen eigenen Weg zu gehen. Ich wollte immer werden wie meine Tante.

Als ich …, war mein Vorbild …
Sie/Er war sehr …
Sie/Er hat oft …
Am meisten hat mich beeindruckt, …
Ich wollte immer werden wie …

E Gewissensfrage 12

E1 Lesen Sie den Forumsbeitrag. Was ist das Problem von Vroni20?

Gewissensfrage

Meine Freundin hat mir vorgestern zum Geburtstag einen selbstgestrickten Wollpullover geschenkt. Sie hat sich viel Mühe gegeben und unglaublich viel Zeit investiert. Trotzdem, der Pullover sieht wirklich schlimm aus. Nun weiß ich gar nicht, wie ich damit umgehen soll. Soll ich ihr sagen, dass mir der Pullover nicht gefällt? Wenn ich das tue, ist sie bestimmt verletzt. Soll ich den Pullover schönreden oder einfach gar nichts sagen? Aber dann müsste ich den Pullover ja auch mal tragen. Was würdet ihr machen? Vroni20

E2 Was meinen Sie?

a Arbeiten Sie zu zweit. Lesen Sie die Meinungen. Welche Meinungen finden Sie richtig? Markieren Sie.

– Man hat als Freund die Pflicht, die Wahrheit zu sagen.
– Auch wenn man dadurch einen Nachteil hat, sollte man ehrlich sein.
– Das Zusammenleben der Menschen funktioniert besser, wenn man auch mal etwas schönredet.
– Wenn man einem Menschen mit einer kleinen Lüge helfen kann, ist das gut.

b Sammeln Sie weitere Punkte und kommentieren Sie.

- Freunden die Wahrheit sagen
- Freundin Mühe gegeben
- …

Wir denken zwar, dass man Freunden die Wahrheit sagen sollte, aber deine Freundin hat sich viel Mühe gegeben, deshalb …

E3 Welche Meinung haben Sie?

a Arbeiten Sie zu zweit. Wählen Sie eine Gewissensfrage aus und schreiben Sie einen Kommentar.

1 Ein Kollege, der mit uns im Auto zur Arbeit fährt, ist oft sehr unpünktlich. Wir müssen dann nicht nur warten, sondern kommen auch häufig zu spät. Wir haben das Problem schon dreimal angesprochen. Das hilft aber immer nur kurze Zeit. Was sollen wir tun?

2 Mein Freund hat immer seltener Zeit und ich weiß auch oft nicht, was er so macht, wenn wir uns nicht sehen. Ist es okay, heimlich die Nachrichten auf seinem Handy zu lesen?

1 Wir würden nicht einfach losfahren. Stell dir vor, der Kollege wird deshalb entlassen. Dafür möchte man ja nicht verantwortlich sein.

b Tauschen Sie Ihren Kommentar mit einem anderen Paar und kommentieren Sie.

Ja, stimmt. Das wäre schlimm. Aber wir würden uns das Verhalten des Kollegen auch nicht einfach gefallen lassen. Vielleicht solltet ihr zukünftig …

Grammatik und Kommunikation

Grammatik

1 Konjunktion: *seit/seitdem* ÜG 10.08

	Konjunktion	Ende
Ich bin Mitglied,	seit/seitdem ich 16	bin.

2 Konjunktion: *bis* ÜG 10.08

	Konjunktion	Ende
Das Programm geht die Ferien über,	bis die Schule wieder	anfängt.

3 Konjunktion: *indem* ÜG 10.12

	Konjunktion	Ende
Auch Sie können helfen,	indem Sie Geld	spenden.

4 Konjunktionen: *ohne dass / ohne ... zu* + Infinitiv ÜG 10.12

	Konjunktion	Ende
In der Nachbarschafts-hilfe können Sie sogar mitmachen,	ohne dass Sie Mitglied	sind.
	ohne Mitglied	zu sein.

5 Präposition: *außer* + Dativ ÜG 6.04

außer	alle außer meiner Schwester = alle, nur meine Schwester nicht

---

Meine letzten zehn Jahre: Schreiben Sie fünf Sätze. Verwenden Sie dabei *seit* und *bis*.

> Ich habe Handball im Verein gespielt, bis ich zum Studieren in eine andere Stadt gezogen bin.
> Ich wohne in einer WG, seit ich studiere.

Soziales Engagement: Schreiben Sie vier weitere Möglichkeiten mit *indem*.

> Ich kann mich sozial engagieren, indem ich eine Fußballmannschaft betreue.
> Ich kann mich sozial engagieren, indem ...

alle/niemand außer: Wie viele Ausnahmen finden Sie in fünf Minuten?

> In meiner Familie sind alle außer mir politisch interessiert.
> In meinem Freundeskreis haben alle außer mir Geschwister.

12

Kommunikation

UM HILFE BITTEN: Können Sie mir da vielleicht weiterhelfen?

Ich weiß nicht, ob ich bei Ihnen richtig bin. | Ich habe da ein Problem. Seitdem ich …, | Ich bin leider gerade in einer blöden Situation. | Ich weiß nicht, was ich machen soll. / wie ich das machen soll. | Können Sie mir da vielleicht weiterhelfen?

NACHFRAGEN: Was ist denn genau Ihr Problem?

Jetzt erzählen/sagen Sie erst mal … | Was ist denn genau Ihr Problem?

JEMANDEN BERUHIGEN: Ich bin ganz sicher, dass …

Keine Sorge, wir werden Ihnen (dabei) helfen. | Keine Sorge, wir werden sicher eine Lösung finden. | Ich bin ganz sicher, dass …

EINE LÖSUNG ANBIETEN: Wie wäre es denn, wenn …

Bis wir/Sie …, müssen Sie Geduld haben. | Ich habe da eine Idee. / einen Vorschlag. | Wie wäre es denn, wenn …

VORBILDER BESCHREIBEN: Ich wollte immer werden wie …

Als ich …, war mein Vorbild … | Sie/Er war sehr … | Sie/Er hat oft … Am meisten hat mich beeindruckt, … | Ich wollte immer werden wie …

Frau Ott wartet schon fast eine Stunde am Flughafen auf ihr Gepäck. Schreiben Sie das Gespräch am Schalter.

◊ Guten Tag! Was kann ich für Sie tun?
○ Ach, ich weiß gar nicht, ob ich bei Ihnen richtig bin.
◊ …

Sie möchten noch mehr üben? 6 | 10–12 AUDIO-TRAINING

Lernziele

Ich kann jetzt …

A … Angebote eines Bahnunternehmens verstehen:
   Mit unserem Service können Sie Ihre Koffer vorausschicken. _____ ☺ ☹ ☹
   … um Hilfe bitten: *Ich habe da ein Problem. Seitdem ich …* _____ ☺ ☹ ☹

B … einen Text über das Vereinsleben in den deutschsprachigen Ländern verstehen: *Ich hätte ohne den Verein niemals innerhalb so kurzer Zeit neue Freunde gefunden.* _____ ☺ ☹ ☹
   … die eigene Meinung zu Vereinen äußern:
   Mich würde ein Sportverein interessieren. _____ ☺ ☹ ☹

C … einen Artikel über persönliches Engagement verstehen:
   Engagement macht stark! _____ ☺ ☹ ☹
   … erzählen, wofür man sich engagiert: *Ich bin in einem Umweltschutzverein.* _____ ☺ ☹ ☹

D … Hörerbeiträge im Radio verstehen _____ ☺ ☹ ☹
   … ein Vorbild beschreiben: *Am meisten hat mich beeindruckt, …* _____ ☺ ☹ ☹

E … Gewissensfragen kommentieren: *Wir denken zwar, dass man Freunden die Wahrheit sagen sollte, aber …* _____ ☺ ☹ ☹

Ich kenne jetzt …

… 7 Wörter zum Thema *soziales Engagement*:

ehrenamtlich, …

Zwischendurch mal …

PROJEKT

ICH KANN VIEL. – WIR KÖNNEN MEHR! Zusammen sind wir schneller, stärker, schlauer, besser, …

Alles könnte so einfach sein, … wenn man es nur könnte! Wenn man eine Ahnung hätte, wie es geht. Oder wenn man wenigstens wüsste, wer einem helfen kann. Na, wo ist das Problem? Schauen wir doch einfach mal, was wir im Kurs so alles können! Wir zeigen hier ein paar Beispiele, was man in verschiedenen Bereichen so alles können könnte. Aber natürlich gibt es noch viel, viel mehr. Was können **WIR**? Finden wir es zusammen heraus!

Lernen und Wissen:
– Sprachunterricht geben
– Mathematik erklären
– Gesundheitstipps geben
…

Handwerkliches:
– Fahrräder reparieren
– Haare schneiden und frisieren
– Schminken
– Schönheitsberatung
– Ordnung schaffen und sauber machen
…

Sport und Hobbys:
– Gymnastikübungen zeigen
– Krafttraining durchführen
– Gesangsunterricht geben
– als DJ Musik auflegen
…

Organisieren:
– ein Fest vorbereiten
– gut und günstig einkaufen
– Spiele oder Wettbewerbe leiten
…

Was können wir?

a Lesen Sie den Text. Schreiben Sie auf einen blauen Zettel: *Dabei kann ich helfen.* Und auf einen grünen Zettel: *Dabei brauche ich Hilfe.*

Dabei kann ich helfen:
– Webseiten gestalten
– Kursausflug organisieren   Manuel

Dabei brauche ich Hilfe:
– Grammatikaufgaben
– Formulare ausfüllen   Manuel

b Hängen Sie die Zettel auf. Wer kann wem helfen? Suchen Sie passende Kursteilnehmer/innen.

> *Manuel, ich kann dir helfen. Ich kann …*

SCHREIBEN

Das Leben ist hart!

Du sitzt nachts wach im Bett, obwohl du dringend Schlaf brauchst, weil du morgen eine wichtige Prüfung hast. Du brauchst ein Passwort für dein neues Onlinekonto, nur weißt du nicht, wie man ein wirklich sicheres Passwort macht. Von gestern sind eine Menge gekochte Nudeln übrig, aber du würdest wahnsinnig gern was richtig Leckeres und Frisches essen. Du merkst im Supermarkt an der Kasse, dass du dein Portemonnaie vergessen hast. Tja, das Leben ist wirklich hart. Aber wir sind härter. Wir lösen jedes Problem!

1 Lesen Sie den Text. Wählen Sie eine Situation oder finden Sie selbst ein „Alltags-Problem". Schreiben Sie Vorschläge.

Situation: Regenschirm zu Hause vergessen
Vorschläge:
– wieder nach Hause gehen und Schirm holen
– im Café einen Kaffee trinken, bis es nicht mehr regnet
– eine Person freundlich bitten, ein Stück gemeinsam unter dem Schirm zu gehen
– nach Hause gehen und dort bleiben
– ein Taxi nehmen

LEKTION 12   KB   152   einhundertzweiundfünfzig

12

2 Lesen Sie Ihre Vorschläge vor.
Welche Idee finden die anderen besonders gut?

Ich finde die Idee witzig, jemanden zu fragen, ob ich unter den Schirm darf. ...

HÖREN

Reden wir darüber ...

A — Fred   B   C   D

E   F   G

E-Mail senden
Von: Jonas@bmx.de

Hallo Onkel Jonas, wie geht's Dir? Mir geht's nicht so toll. Ich brauche unbedingt 1500 Euro. Kannst Du mir die leihen? Ich ruf Dich nachher an, okay?
Liebe Grüße
Fred

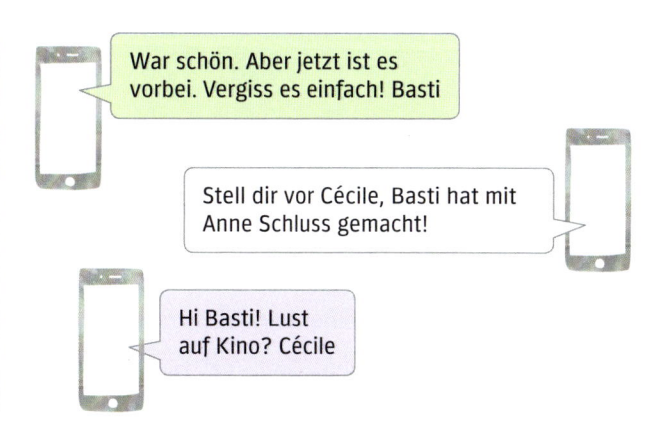

War schön. Aber jetzt ist es vorbei. Vergiss es einfach! Basti

Stell dir vor Cécile, Basti hat mit Anne Schluss gemacht!

Hi Basti! Lust auf Kino? Cécile

6 🔊 13–16 **1 Sehen Sie die Bilder an und lesen Sie die Nachrichten. Hören Sie dann.**
Wer ist wer? Ergänzen Sie die Namen in den Bildern oben.

Kirsten   Cécile   Jonas   Hermine   ~~Fred~~   Anne   Sebastian (Basti)

2 Hören Sie noch einmal. Was ist richtig? Kreuzen Sie an.

a Fred bezahlt die Miete für seine Wohnung ○ immer pünktlich. ○ oft zu spät.
b Jonas leiht Fred das Geld, weil Fred Jonas' ○ Neffe ○ Bruder ist.
c Sebastian will Kirsten überzeugen, dass er ○ sie ○ Anne am liebsten mag.
d Sebastian hat mit ○ Anne ○ Kirsten ○ persönlich ○ mit einer Nachricht Schluss gemacht.

3 Was raten Sie Fred, Jonas, Anne und Kirsten?

einhundertdreiundfünfzig 153 KB **LEKTION 12**

Aus Politik und Geschichte

Folge 13: Nicht aufgeben! Weitermachen!

1 Sehen Sie die Fotos an und hören Sie.
In welcher Reihenfolge sprechen Ella und Herr Wirth über die Themen? Ordnen Sie.

○ den Lernhilfeverein   ① Herrn Wirths Beruf   ○ Tipps für junge Migranten
○ die Kindheit und die Flucht aus Schlesien   ○ Herrn Wirths Familie

2 Hören Sie noch einmal Teil 1 (Foto 1 und 2). Was wissen Sie über Herrn Wirth?
Ergänzen Sie Stichpunkte. Sprechen Sie dann.

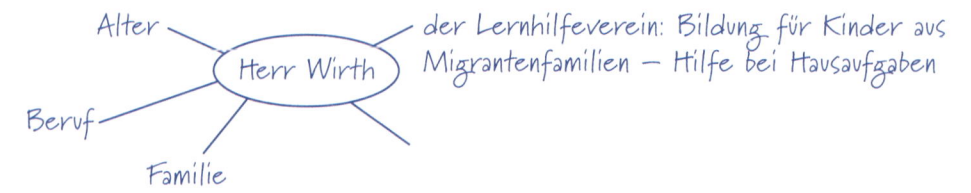

Alter — Herr Wirth — der Lernhilfeverein: Bildung für Kinder aus Migrantenfamilien — Hilfe bei Hausaufgaben
Beruf
Familie

13

E-Mail senden

Hallo Herr Wirth!
Möchten Sie engagierte junge Leute kennenlernen? Meine Freunde Hubert und Mischa haben für den kommenden Freitagabend ein „Fest der Vielfalt" organisiert. Menschen aus verschiedenen Ländern bringen selbst zubereitetes Essen nach Rezepten aus ihrer Heimat mit. Haben Sie Lust, mitzukommen? Ich könnte Sie vom Bahnhof abholen.
Liebe Grüße, Ella

Ella Wegmann

Liebe Ella,
„Fest der Vielfalt" – das klingt sehr gut. Und am Freitagabend habe ich auch noch nichts vor. Mein Zug kommt um 18:43 Uhr an. Passt das?
Herzliche Grüße
August Wirth

Wunderbar!
Ich hole Sie ab.
Bis dann!

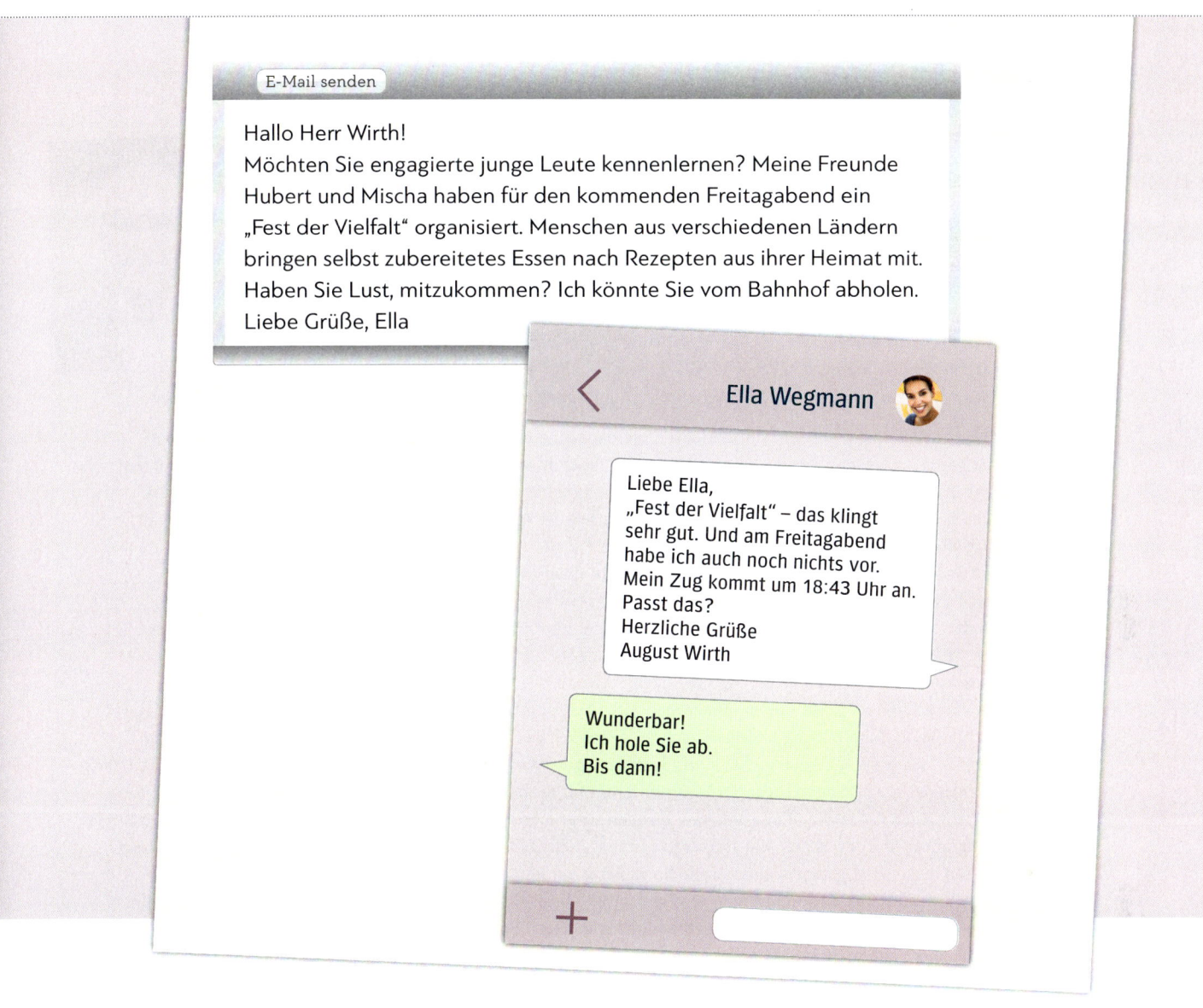

3 Hören Sie noch einmal Teil 2 (Fotos 3 und 4). Welche vier Tipps gibt Herr Wirth jungen Migrantinnen/Migranten? Kreuzen Sie an.

○ Keine Angst vor Fehlern! ○ Das Glück kommt von allein! ○ Lernt Deutsch!
○ Bewegt euch nicht nur in der digitalen Welt! ○ Technik ist für den Beruf am wichtigsten!
○ Nehmt Rücksicht auf ältere Menschen ○ Lernt dazu und bildet euch weiter!

4 Welche Tipps finden Sie richtig und wichtig?
Haben Sie noch mehr Tipps für junge Leute? Sprechen Sie im Kurs.

5 Lesen Sie Ellas E-Mail und die Nachrichten. Beantworten Sie dann die Fragen.

– Wozu wird Herr Wirth eingeladen?
– Wie kommt er dort hin?

Ellas Film

A Das **wurde** von ... Menschen **erkämpft**.

A1 Lesen Sie Ellas Reportage über Herrn Wirth.
a An welche Informationen aus der Foto-Hörgeschichte können Sie sich erinnern? Markieren Sie in der Reportage.
b Hören Sie noch einmal die Foto-Hörgeschichte und vergleichen Sie mit A1a.

Tun, was man tun kann

Mit seinen 81 Jahren ist August Wirth körperlich und geistig noch topfit und kann sich an die Ereignisse aus seinem langen Leben gut erinnern. Neun Jahre war er alt, als die Welt seiner Kindheit zerstört wurde. Das geschah im Jahr 1945, in den letzten Monaten des Zweiten Weltkriegs. Im Februar wurde sein Vater bei einem Bombenangriff getötet. Im Mai musste August
5 mit seiner Mutter und den beiden Geschwistern die Heimat in Schlesien verlassen und nach Westen fliehen.
Als der alte Mann von dieser Flucht berichtet, werden seine Augen feucht und seine Stimme zittert leicht. „Es ist gar nicht wegen damals", sagt er. „Nein, ich muss an die Flüchtlinge denken, die heute zu uns kommen. Sie haben alles verloren und müssen ihr Leben neu anfangen. Genau wie wir damals." Wie hat seine Familie das geschafft? „Wir haben zusammengehalten", sagt August Wirth. „Meine Mutter war eine wunderbare Frau.
10 Sie hat wie eine Löwin für unsere Zukunft gekämpft."
Leicht war das nicht, denn obwohl sie Deutsche waren, wurden die Flüchtlinge aus dem Osten im Westen Deutschlands nicht begeistert empfangen. Die Wirths haben den Neustart in der neuen Heimat trotzdem geschafft. August konnte sogar studieren. Er ist Lehrer geworden. Die schlimme Anfangszeit nach der Flucht hat er nie vergessen. Er hat es immer als wichtige Aufgabe verstanden, Kinder und Jugendliche zu fördern,
15 die es schwerer haben als andere.
Ab Beginn der 1960er-Jahre kamen immer mehr Arbeitsmigranten aus Südeuropa nach Deutschland. Sie hatten meist nur wenig Schulbildung und beherrschten die deutsche Sprache kaum oder gar nicht. Deshalb konnten sie ihren Kindern beim Lernen nicht richtig helfen. August Wirth organisierte Hausaufgabenhilfen und zusätzliche Deutschkurse. 1975 ist dann sogar ein Lernhilfeverein für Kinder aus Migrantenfamilien gegründet worden.
20 Mit öffentlichen Geldern und mit privaten Spenden sorgt dieser Verein bis heute dafür, dass die begabtesten Kinder von Migranten Abitur machen und studieren können. Außerdem kümmerte er sich darum, dass von den örtlichen Betrieben auch für Migrantenkinder Ausbildungsplätze zur Verfügung gestellt wurden.
Die Arbeit des Vereins war und ist sehr erfolgreich. Vor zwei Jahren zum Beispiel wurde in August Wirths Heimatstadt eine junge Frau aus einer Migrantenfamilie zur zweiten Bürgermeisterin gewählt. „Sie ist die Tochter von
25 einem meiner ersten ausländischen Schüler", sagt der alte Mann nicht ohne Stolz. „Man muss einfach tun, was man tun kann. Mit vielen kleinen Schritten schafft man am Ende auch eine große Strecke."

A2 Lesen Sie noch einmal. Ordnen Sie zu und ergänzen Sie die Tabelle.

gestellt   getötet   gewählt   gegründet   zerstört   empfangen

a August Wirth war neun Jahre alt, als die Welt seiner Kindheit _____ wurde.
b Denn Ende des Zweiten Weltkrieges wurde sein Vater _____ und er musste fliehen.
c Die Flüchtlinge wurden im Westen leider nicht herzlich _____ .
d Herr Wirth hat sich in den 1960er-Jahren für Migranten engagiert und später ist sogar ein Lernhilfeverein _____ worden.
e Der Verein kümmerte sich darum, dass Migrantenkindern Ausbildungsplätze zur Verfügung _____ wurden.
f In Herrn Wirths Heimatstadt wurde sogar eine junge Frau zur 2. Bürgermeisterin _____ .

Passiv Perfekt und Präteritum			
1975	*ist*	ein Lernhilfeverein	
Sie	*wurde*	zur 2. Bürgermeisterin	

LEKTION 13   KB   156 einhundertsechsundfünfzig

13

A3 Biografien

a Arbeiten Sie zu dritt. Wählen Sie eine der Personen oder wählen Sie eine Person aus Ihrem Land.

Jérôme Boateng   Sibel Kekilli   Sigmund Freud

b Recherchieren Sie im Internet: Was für eine Biografie hat „Ihre Person"?
Suchen Sie Informationen zu folgenden Themen und notieren Sie Stichpunkte.

– wer?
– wann gelebt/geboren?
– ihre/seine Kindheit und Jugend

– ihre/seine Familie
– ihre/seine Ausbildung
– besondere Ereignisse in ihrem/seinem Leben

c Erarbeiten Sie eine kleine Präsentation über „Ihre Person":
Erstellen Sie Folien oder Plakate mit den wichtigsten Informationen
und notieren Sie, was Sie zu den Folien sagen möchten.

> Jérôme Boateng:
> – sehr bekannter deutscher Fußballspieler
> – 1988 in Berlin geboren
> – Karriere: beim FC Bayern und in deutscher Nationalmannschaft
> …

d Stellen Sie „Ihre Person" im Kurs vor. Verwenden Sie die Redemittel, um die Präsentation zu strukturieren.

Wir erzählen euch etwas über … | Zuerst möchten wir über … sprechen. | Nun zu ihrer/seiner Kindheit/Jugend/Familie: … | Wir möchten euch auch Informationen über … geben. | Der nächste Punkt unserer Präsentation ist … | Zum Abschluss beschäftigen wir uns mit … | Nun habt ihr einen Einblick in das Leben von … erhalten. | Habt ihr noch Fragen? | Vielen Dank für eure Aufmerksamkeit.

> Wir erzählen euch etwas über Jérôme Boateng. Er ist ein sehr bekannter deutscher Fußballspieler. Er ist 1988 in Berlin geboren. Zuerst möchten wir über seine Kindheit und Jugend sprechen …

B Das war eins der größten Probleme.

B1 Ordnen Sie zu. Hören Sie dann und vergleichen Sie.

älteren | begabtesten | größte

a Meine _____ Geschwister und ich sind nach dem Krieg mit unserer Mutter von Schlesien nach Westdeutschland geflohen.
b Nach dem Krieg wurde der _____ Teil Schlesiens dann von Polen beansprucht.
c Ich habe Spenden gesammelt, damit die _____ jungen Migranten studieren konnten.

WIEDERHOLUNG

groß
größer
am größten

Adjektivdeklination mit Komparativ / Superlativ

- der größere / größte Teil | ein größerer Teil
- das größere / größte Problem | ein größeres Problem
- die größere / größte Frage | eine größere Frage
- die größeren / größten Fragen | größere Fragen

B2 Umfrage: Wenn Sie in Deutschland etwas ändern könnten …

a Hören Sie drei Interviews. Was würden die Personen ändern? Notieren Sie.

1 2 3

b Ordnen Sie zu und ergänzen Sie in der richtigen Form. Hören Sie dann noch einmal und vergleichen Sie.

1 groß | schnell | ~~gut~~

Eine Ganztagsbetreuung würde zu einer _besseren_ Vereinbarkeit von Familie und Beruf führen. Schüler mit Migrationshintergrund würden viel _____ Fortschritte bei ihren Deutschkenntnissen machen. Und wenn Schüler unterschiedlicher kultureller Herkunft mehr Zeit gemeinsam verbringen würden, würde das zu einem _____ gegenseitigen Verständnis führen.

2 groß | arm | bezahlbar

Ich würde _____ Wohnraum für alle schaffen! Gerade in vielen _____ Städten ist es für _____ Menschen unmöglich, eine Wohnung zu finden, die sie sich leisten können.

3 hoch | scharf | streng

Wir bräuchten _____ Gesetze! Höchstgeschwindigkeit 120 Stundenkilometer, _____ Verkehrskontrollen und _____ Strafen für Temposünder!

B3 Wie ist das bei Ihnen?

Arbeiten Sie in Gruppen: Wählen Sie ein Thema aus B2 oder sprechen Sie über ein Thema, das Sie interessiert. Vergleichen Sie auch mit anderen Ländern.

Ein Tempolimit kann ich nur befürworten! Auch bei uns …

Ich bin für/gegen …, weil …
Davon halte ich (nicht) viel, denn … | Das kann ich nur befürworten/ablehnen. | Ganz meine Meinung. | Meiner Meinung/Ansicht nach …
In diesem Zusammenhang finde ich auch wichtig, dass …

Bei uns / In … ist das … genau(so) wie / anders als …
Das ist bei uns/in … nicht so streng wie … / strenger als …
Auch bei/in … gibt es strengere Gesetze/Vorschriften.
Das ist hier ganz anders. Der Unterschied ist, dass …
Verglichen mit … / Im Gegensatz zu … | Ich finde es besser so, wie es in … ist.

LEKTION 13 KB 158 einhundertachtundfünfzig

C Politisch aktiv

C1 Waren Sie schon einmal bei einer Demonstration?
Wofür/Wogegen war sie? Erzählen Sie.

Ich war noch nie auf einer Demonstration. Aber wenn es eine Demonstration für/gegen … geben würde, wäre ich sofort dabei.

C2 Zeitungsmeldungen

a Sehen Sie die Bilder an. Wofür/wogegen demonstrieren die Menschen? Lesen Sie dann die Meldungen und ordnen Sie die Fotos zu.

A   B    C

1 Bundesweite Menschenketten gegen Rassismus – für Menschenrechte und Vielfalt

Ein breites Bündnis aus verschiedenen Vereinen, Religionsgemeinschaften und Gewerkschaften hat am vergangenen Sonntag – zum internationalen Weltflüchtlingstag – dazu aufgerufen, ein deutliches Zeichen gegen Fremdenhass und Rassismus zu setzen. In ganz Deutschland folgten rund 40.000 Menschen dem Aufruf. In Berlin, München, Leipzig, Hamburg und in anderen Städten bildeten die Teilnehmenden lange Menschenketten und verbanden symbolisch religiöse, soziale, kulturelle und politische Einrichtungen mit Flüchtlingsunterkünften, um für ein offenes Europa zu demonstrieren.

2 Für einen fairen Milchpreis!

Immer mehr Milchbauern in Deutschland müssen ihre Höfe aufgeben, weil es sich für sie nicht mehr lohnt, Milch zu produzieren. Für einen Liter Milch bekommen die Bauern aktuell ca. 20 Cent. „Das ist deutlich zu wenig", so ein Sprecher des Bauernverbandes, „denn allein die Produktionskosten für einen Liter belaufen sich auf ca. 33 Cent". Um auf diesen Missstand hinzuweisen, protestierten am Freitag etwa 50 Milchbauern vor dem Landwirtschaftsministerium. „Wir sind heute hier, weil wir mindestens 40 Cent brauchen, um unsere Familien ernähren zu können", so einer der protestierenden Bauern. „Die Politik kann uns damit nicht allein lassen!"

3 Kinder zu teuer?

Rund 50 Kinder und Jugendliche demonstrierten bei der Hauptversammlung des Sportvereins am Freitagabend gegen die Schließung ihres städtischen Schwimmbades. „Kinder zu teuer?" und „Lasst uns das Schwimmbad!" forderten sie auf ihren selbst geschriebenen Plakaten.

b Ergänzen Sie die Informationen aus den Texten.

	Wer protestiert?	Wogegen/Wofür?	Wo?
Text 1	rund 40.000 Menschen		
Text 2			
Text 3			

C3 Kurzbericht

Suchen Sie eine deutschsprachige Zeitungsmeldung zu einem Thema, das Sie interessant finden. Notieren Sie die wichtigsten Informationen und berichten Sie darüber im Kurs.

Wer? Was? Wann? Wo?

SCHON FERTIG? Haben Sie schon einmal eine Demonstration oder einen Streik gesehen? Wofür bzw. wogegen? Schreiben Sie.

D Aus der deutschen Geschichte

D1 Die Geschichte Berlins nach 1945

a Sehen Sie die Fotos an. Welche Bauwerke oder historischen Ereignisse kennen Sie? Sprechen Sie im Kurs.

A   B   C
D   E   F

b Ordnen Sie die Fotos aus a den Bildunterschriften zu. Vergleichen Sie im Kurs.

1. E Berlin ist nach dem Zweiten Weltkrieg eine zerstörte Stadt.
2. ○ Berlin und ganz Deutschland wird 1945 in vier Besatzungszonen geteilt.
3. ○ 1949 werden zwei deutsche Staaten gegründet.
4. ○ Die Mauer in Berlin wird 1961 gebaut und teilt Berlin in Ost und West.
5. ○ Die Grenze zwischen Ost- und Westdeutschland wird 1989 geöffnet.
6. ○ Im Bundeskanzleramt arbeitet die Regierungschefin / der Regierungschef.

D2 Ein Vortrag

a Hören Sie den Vortrag. In welcher Reihenfolge wird über die Themen gesprochen? Ordnen Sie.

○ Mauerbau   ○ Besatzungszonen   1 Zerstörung Berlins im Zweiten Weltkrieg
○ das Bundeskanzleramt   ○ Öffnung der Grenze
○ Flucht über die Grenze zwischen West- und Ostdeutschland   ○ Gründung von BRD und DDR

b Hören Sie den Vortrag noch einmal in Abschnitten. Was ist richtig? Kreuzen Sie an.

Abschnitt 1: a ○ Das Kriegsende war am 8. Mai 1945.
b ○ Die Siegermächte wussten genau, wie es mit Deutschland weitergehen soll.

Abschnitt 2: a ○ Deutschland wurde in vier Zonen geteilt: die amerikanische und die britische Zone im Westen, die französische und die sowjetische im Osten.
b ○ Aus den Westzonen wurde die BRD, aus der Ostzone die DDR.

Abschnitt 3: a ○ Viele Menschen in der DDR waren unzufrieden und gingen in die BRD. Deshalb wurde eine Mauer zu Westdeutschland gebaut.
b ○ Nach dem Mauerbau 1961 flohen nur noch wenige Menschen aus der DDR, weil es zu gefährlich und schwierig war.

Abschnitt 4: a ○ Aufgrund der Unzufriedenheit der DDR-Bürger kam es zu einer friedlichen Revolution. Am 9. November 1989 öffnete die DDR schließlich die Grenzen zu Westdeutschland wieder.
b ○ Der deutsche Nationalfeiertag, der 3. Oktober, feiert die offizielle Wiedervereinigung der beiden deutschen Staaten im Jahr 1990. Zur neuen gemeinsamen Hauptstadt wurde Bonn.

13

D3 Was wissen Sie über die Geschichte Deutschlands?

a Ordnen Sie die Fakten den Fotos zu.

1. Dezember 1945
2. 10.09.1964
3. 26.08.1841 — Das Lied der Deutschen (Deutsche Nationalhymne) … Einigkeit und Recht und Freiheit für das deutsche Vaterland! Danach lasst uns alle streben brüderlich mit Herz und Hand! Einigkeit und Recht und Freiheit sind des Glückes Unterpfand; blüh' im Glanze dieses Glückes, blühe, Deutsches Vaterland.
4. 1919

- a ○ Begrüßung des millionsten Gastarbeiters
- b ○ Serienproduktion des VW-Käfers
- c ○ Einführung des allgemeinen Frauenwahlrechts
- d ○ die deutsche Nationalhymne

b Arbeiten Sie zu zweit: Sehen Sie sich die Fotos und Fakten in D1 bis D3 noch einmal an. Wann war was? Sprechen Sie und ordnen Sie zu.

8. Mai 1945   1961   1949   9. November 1989   3. Oktober 1990
10. September 1964   Dezember 1945   1919   26. August 1841

Am 8. Mai 1945 war der Zweite Weltkrieg vorbei, oder?

Ich bin nicht sicher …

Doch, das wurde in dem Vortrag gesagt.

c Vergleichen Sie Ihre Lösungen im Kurs.

D4 Kursplakat über ein Land Ihrer Wahl

a Bilden Sie Gruppen. Wählen Sie eine oder mehrere Fragen.

– Was waren wichtige Momente in der Geschichte des Landes?
– Wann wird der Nationalfeiertag gefeiert? Warum?
– Wann wurde das Land gegründet?
– Welche berühmten Gebäude sollte man kennen?
– Welche nationalen Symbole verbindet man mit dem Land?

b Erstellen Sie ein Plakat mit den wichtigsten Jahreszahlen, Ereignissen und Symbolen und stellen Sie es im Kurs vor.

Unser heutiges Thema ist …
Wir haben uns mit folgenden Fragen beschäftigt: …

Habt ihr zu diesem Punkt noch Fragen? Wenn nicht, dann kommen wir zum nächsten Punkt: …
Und hier seht ihr …
Das bedeutet: …

Nun habt ihr ein paar Informationen über … bekommen.
Wir hoffen, unsere Präsentation hat euch gefallen.

Grammatik und Kommunikation

Grammatik

1 Passiv Perfekt ÜG 5.13

| 1975 | ist | ein Lernhilfeverein | gegründet worden. |

2 Passiv Präteritum ÜG 5.13

| Sie | wurde | zur 2. Bürgermeisterin | gewählt. |

3 Adjektivdeklination mit Komparativ und Superlativ ÜG 4.01–4.04

Nominativ	Akkusativ	Dativ
• der größere / größte Teil • ein größerer Teil	• den größeren / größten Teil • einen größeren Teil	• dem größeren / größten Teil • einem größeren Teil
• das größere / größte Problem • ein größeres Problem	• das größere / größte Problem • ein größeres Problem	• dem größeren / größten Problem • einem größeren Problem
• die größere / größte Frage • eine größere Frage	• die größere / größte Frage • eine größere Frage	• der größeren / größten Frage • einer größeren Frage
• die größeren / größten Fragen • größere Fragen	• die größeren / größten Fragen • größere Fragen	• den größeren / größten Fragen • größeren Fragen

Was wurde gemacht / Was ist gemacht worden? Schreiben Sie acht Sätze.

1   2

3   4

1 Der Hund wurde gefüttert. / Der Hund ist ...

Ihre Rekorde! Schreiben Sie vier Sätze.
... ist der/das/die ... (groß) ..., den/das/die ich je gesehen habe.
... ist der/das/die ... (lecker) ..., den/das/die ich je getrunken habe.
... ist der/das/die ... (interessant) ..., den/das/die ich je gehört habe.
... ist der/das/die ... (schlecht) ..., den/das/die ich je gelesen habe.
... sind die ... (gut) ..., die ich je ...

Camp Nov ist das größte Fußballstadion, das ich je gesehen habe.

13

Kommunikation

ETWAS PRÄSENTIEREN – EINLEITUNG: Unser heutiges Thema ist …

Wir erzählen euch etwas über … | Zuerst möchten wir über … sprechen. Unser heutiges Thema ist … | Wir haben uns mit folgenden Fragen beschäftigt: …

ETWAS PRÄSENTIEREN – ÜBERLEITUNG: Der nächste Punkt …

Nun zu ihrer/seiner Kindheit/Jugend/Familie: … | Wir möchten euch auch Informationen über … geben. | Der nächste Punkt unserer Präsentation ist … Habt ihr zu diesem Punkt noch Fragen? Wenn nicht, dann kommen wir zum nächsten Punkt: … | Und hier seht ihr … | Das bedeutet: …

ETWAS PRÄSENTIEREN – SCHLUSS: Habt ihr noch Fragen?

Zum Abschluss beschäftigen wir uns mit … | Nun habt ihr einen Einblick in … erhalten. | Nun habt ihr ein paar Informationen über … bekommen. Habt ihr noch Fragen? | Wir hoffen, unsere Präsentation hat euch gefallen. Vielen Dank für eure Aufmerksamkeit.

ETWAS BEWERTEN: Ganz meine Meinung.

Ich bin für/gegen …, weil … | Davon halte ich (nicht) viel, denn … Das kann ich nur befürworten./ablehnen. | Ganz meine Meinung. Meiner Meinung/Ansicht nach … | In diesem Zusammenhang finde ich auch wichtig, dass …

ETWAS VERGLEICHEN: Im Gegensatz zu …

Bei uns / In … ist das … genau(so) wie / anders als … | Das ist bei uns/in … nicht so streng wie … / strenger als … | Auch bei/in … gibt es strengere Gesetze/Vorschriften. | Das ist hier ganz anders. Der Unterschied ist, dass … Verglichen mit … | Im Gegensatz zu … | Ich finde es besser so, wie es in … ist.

Schreiben Sie Stichpunkte zu einer der folgenden Aussagen und präsentieren Sie im Kurs. Verwenden Sie die Redemittel.
– Warum ich Präsident/Präsidentin werden sollte!
– Mein letztes Wochenende
– Meine Großmutter
– Ein Abend in …

TiPP

Zur Vorbereitung einer Präsentation sollten Sie wichtige Sätze zu Einleitung, Übergang und Schluss notieren und auswendig lernen. Das gibt Ihnen Sicherheit.

Sie möchten noch mehr üben?   6 | 30–32 AUDIO-TRAINING

Lernziele

Ich kann jetzt …

A … eine Reportage über eine Person verstehen:
   Mit seinen 81 Jahren … _____
   … die Biografie einer Person präsentieren: *Wir erzählen euch etwas über …* _____
B … etwas bewerten: *Ein Tempolimit kann ich nur befürworten.* _____
   … etwas vergleichen: *Das ist in … nicht so streng wie in Deutschland.* _____
C … Zeitungsmeldungen verstehen: *Rund 50 Kinder und Jugendliche demonstrieren …* _____
D … einen Vortrag zur deutschen Nachkriegsgeschichte verstehen:
   Aus den Westzonen wurde die BRD, aus der Ostzone die DDR. _____
   … über die Geschichte eines Landes sprechen:
   Unser heutiges Thema ist … _____

Ich kenne jetzt …

… 10 Wörter zum Thema *deutsche Geschichte*:
die Berliner Mauer, …

… 5 Wörter zum Thema *politisches Engagement*:
protestieren, …

Zwischendurch mal ...

LANDESKUNDE

Der anatolische Schwabe

Kurzbiografie
- Cem Özdemir wird 1965 in Baden-Württemberg geboren. Seine Eltern sind kurz davor nach Deutschland gekommen und haben sich hier kennengelernt.
- 1981 wird er Mitglied bei den *Grünen*.
- 1983 nimmt er die deutsche Staatsbürgerschaft an.
- Nach der mittleren Reife und der Ausbildung zum Erzieher macht er das Fachabitur und studiert Sozialpädagogik.
- 1994 ist er der erste Abgeordnete mit türkischer Herkunft im Deutschen Bundestag.
- Von 2004 bis 2009 ist er Mitglied des Europäischen Parlaments.
- 2008 wird er Bundesvorsitzender der Partei *Bündnis 90/Die Grünen*.
- Seit 2013 ist er wieder im Bundestag.
- Cem Özdemir ist verheiratet und hat zwei Kinder.

INTERVIEW

Herr Özdemir, eines Ihrer Bücher hat den Titel: Ich bin Inländer. Das soll heißen: „Ich will hier mitmachen!", oder?

Genau. Für mich war klar: Ich lebe in Deutschland, hier fühle ich mich zu Hause, hier sind meine Freunde, hier bin ich politisch aktiv, hier kenne ich mich am besten aus und hier will ich mitwirken.

Dazu gehört natürlich auch, dass man Deutschland als seine eigene Sache begreift.

Richtig. Ich wünsche mir, dass die Eingewanderten und ihre Nachfahren sagen: „Dieses ist mein Land, meine Gesellschaft, ich habe eine Bindestrich-Identität, ich bin Deutsch-Türke (oder Deutsch-Marokkanerin, oder Deutsch-Ukrainer, etc.), also Inländer."

Sie selbst haben sich sogar mal als „anatolischer Schwabe" bezeichnet. Das ist noch präziser als „Deutsch-Türke".

Jeder definiert sich selbst. Die Liebe zu Anatolien haben mir meine Eltern vermittelt. Das steht bei mir für Vielfalt, für Christen und Juden genauso wie für Aleviten und Sunniten. Es war meine persönliche Absage an die türkischen Nationalisten und gleichzeitig die Ansage: Deutschland, du hast es mir nicht leicht gemacht, dein Staatsbürger zu werden und mich zu dir zu bekennen. Meine schwäbischen Freunde dagegen haben mir von Anfang an vermittelt, dass ich dazugehöre.

Empfehlen Sie Einwanderern, die hier bleiben wollen, dass sie deutsche Staatsbürger werden sollen?

Ja, die *Grünen* fordern Migranten sogar ausdrücklich dazu auf. Jede Einbürgerung ist aus unserer Sicht ein Erfolg, schließlich werden deutsche Pässe nicht verschenkt.

Und wenn dann trotzdem jemand sagt: „Ihr seid keine richtigen Deutschen"?

Dann sollte man nicht aufgeben, sondern sich klarmachen, dass man selbst mitbestimmen kann, was „Deutschsein" bedeutet. Außerdem sollten wir uns weniger mit Fragen wie „Woher kommst du?" oder „Was trennt uns?" beschäftigen, sondern mehr mit Fragen wie „Was verbindet uns?" oder „Wohin wollen wir?" Ich glaube, dass wir mit unserem Grundgesetz einen guten Leitfaden für das Zusammenleben haben.

Herr Özdemir, vielen Dank für dieses Interview!

1 **Lesen Sie die Kurzbiografie. Sie haben fünf Minuten Zeit. Schließen Sie die Bücher.**
Sammeln Sie: Was wissen Sie noch über Cem Özdemir?

Cem Özdemir — 1965 geboren

2 **Lesen Sie jetzt das Interview. Was wünscht sich Cem Özdemir für die Migrantinnen/Migranten in Deutschland? Sprechen Sie.**

3 **Welche Fragen würden Sie Herrn Özdemir gern stellen und was würden Sie ihm sagen?**
Schreiben Sie ihm eine E-Mail.

SPIEL

Demokratie macht Arbeit … und Spaß!

In einer Demokratie haben alle Staatsbürger die gleichen Rechte. Die Mehrheit darf die Richtung der Politik bestimmen, aber sie muss dabei immer auf die Rechte aller Bürger achten, also auch auf die Rechte der Minderheit. Welche Parteien die Mehrheit haben und regieren können, entscheidet sich in Wahlen. In Deutschland gibt es in regelmäßigen Abständen Wahlen
5 in Städten und Gemeinden, in Bundesländern und auch im Bund, also in ganz Deutschland. Mit diesem Spiel wollen wir ein kleines bisschen demokratischen „Wahlkampf" in unseren Deutschkurs holen.

1 **Bilden Sie Gruppen. Jede Gruppe gründet eine Partei und entwickelt ein Parteiprogramm mit einem Ziel.**
Geben Sie Ihrer Partei einen Namen, ein Symbol und eine Farbe und machen Sie ein Plakat.

2 **Stellen Sie Ihre Partei im Kurs vor.**

> Unsere Partei ist die Partei „Liebe". Die Partei mit dem Herz. Wir sind für eine freundliche Politik. Wir wollen, dass alle Menschen nett zueinander sind und alle glücklich werden. …

3 **Geheime und freie Wahl**
Welche Partei gefällt Ihnen am besten? Stimmen Sie nun auf dem Wahlzettel ab. Sie haben insgesamt drei Stimmen. Sammeln Sie dann die Wahlzettel ein. Welche Partei hat die meisten Stimmen bekommen?

Alte und neue Heimat

Folge 14: Heimat ist, wo du Freunde hast.

1 Sehen Sie die Fotos an.

Sprechen Sie. Hören Sie dann und vergleichen Sie.

– Wo sind die Personen und warum feiern sie ein Fest? Was glauben Sie?
– Kennen Sie diese Personen? Was wissen Sie über sie?

Hubert Berner   Tobias   August Wirth   Lara   Leon   Mischa   ...

Also auf Foto 3 links, das ist Tobias. Das ist Ellas Cousin. Er dreht gern Filme und er geht auf die Schauspielschule.. Er ...

Wer ist Hubert Berner?

2 Hören Sie noch einmal. Was erfahren Sie (noch) über diese Personen? Ergänzen Sie.

Mischa: hatte die erste Idee zu dem Fest.

August Wirth

Hubert Berner

Tobias

Lara

Leon

Ein Fest der Vielfalt
von Ella Wegmann

Das war ein richtig schöner Abend in der „Kulturfabrik". Mischa Kellinghusen und Hubert Berner hatten zum „Fest der Vielfalt" eingeladen. Ihre Idee war ganz einfach: Menschen treffen sich und wer will, bringt Essen nach Rezepten aus seiner Heimat mit. Zuerst war nicht klar, ob genug Leute mitmachen würden. Doch dann kamen so viele, dass der Platz kaum reichte. Die Besucher konnten sich die buntesten und leckersten Menüs zusammenstellen. Ich habe mich unter anderem für Krabbensalat nach Hamburger Art, polnische Piroggen und libanesische Baklava entschieden. Ich sage nur: Hmmmm! Übrigens: Wer diesmal nicht dabei sein konnte, muss nicht traurig sein. Wegen des großen Erfolgs wird das „Fest der Vielfalt" in zwei Wochen wiederholt. Vielleicht sehen wir uns ja?

3 Wer hat was mitgebracht?
Aus welchen Ländern oder aus welcher Region stammen diese Spezialitäten? Sprechen Sie.

Baklava   Piroggen   Krabbensalat

4 Warum heißt die Feier „Fest der Vielfalt"? Was meinen Sie?

> „Fest der Vielfalt" bedeutet, das Fest ist sehr bunt. Es gibt dort ...

5 Ellas Kolumne
Lesen Sie die Kolumne und beantworten Sie die Fragen.

– Warum haben Hubert und Mischa das Fest veranstaltet?
– Was haben Hubert und Mischa zuerst befürchtet?
– Wer hat für das Essen gesorgt?
– Warum wird das Fest wiederholt?

6 Wie finden Sie die Idee, so ein „Fest der Vielfalt" zu organisieren?
Sprechen Sie.

> Ich finde es toll, Menschen aus verschiedenen Kulturen kennenzulernen.

A Leckere Vielfalt!

A1 Essen in den deutschsprachigen Ländern
Wenn Sie an das Essen in den deutschsprachigen Ländern denken: Was ist für Sie typisch für Deutschland, Österreich oder die Schweiz?

Zuerst fällt mir die Currywurst ein. Die gibt es nur in Deutschland, oder?

Und in Österreich isst man doch viel ...

A2 Regionale Spezialitäten
a Woher kommen die Personen und über welche Spezialitäten sprechen sie? Hören Sie und verbinden Sie.

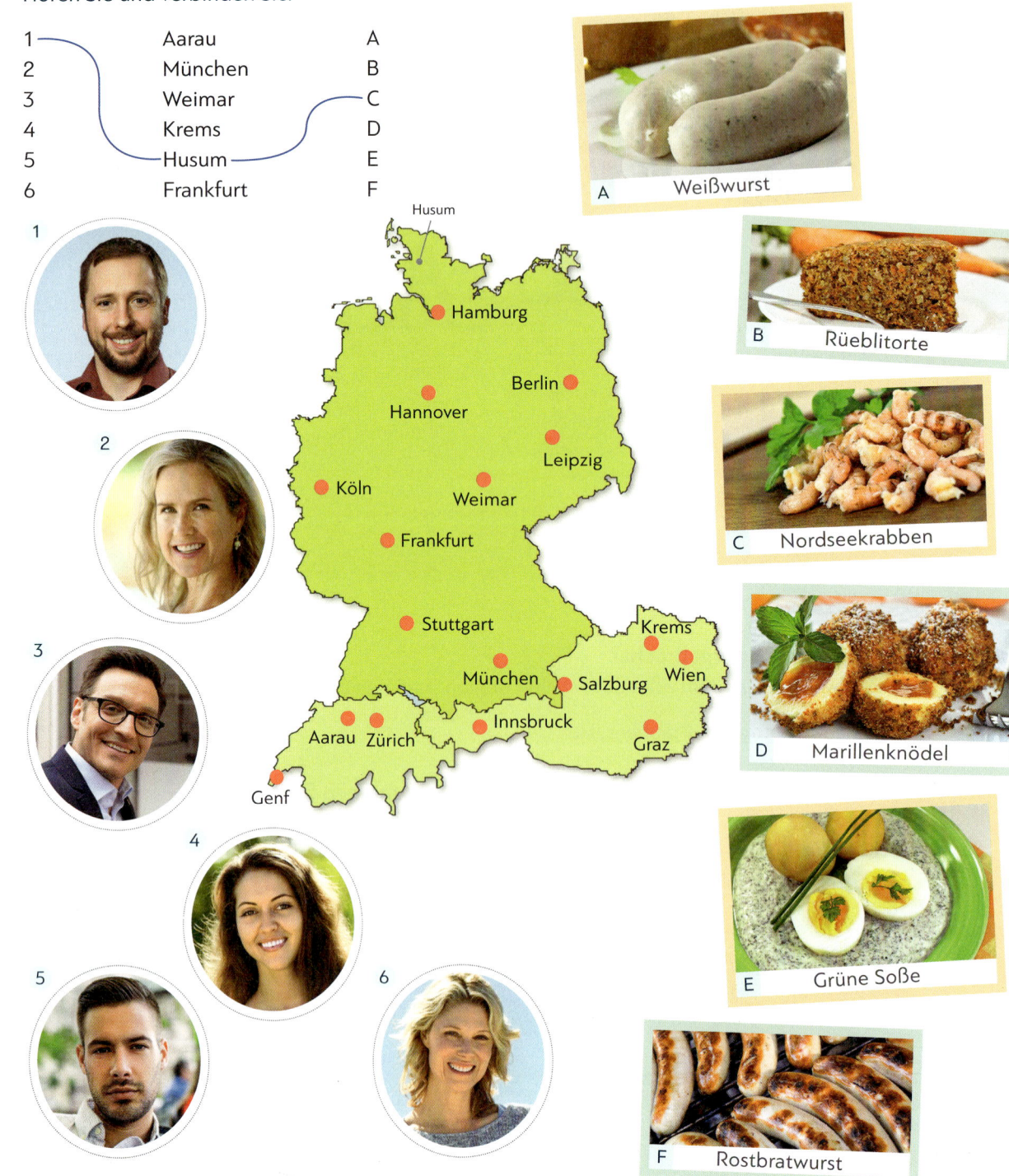

1 Aarau — A
2 München — B
3 Weimar — C
4 Krems — D
5 Husum — E
6 Frankfurt — F

A Weißwurst
B Rüeblitorte
C Nordseekrabben
D Marillenknödel
E Grüne Soße
F Rostbratwurst

LEKTION 14 KB 168 einhundertachtundsechzig

b Was ist richtig? Hören Sie noch einmal und kreuzen Sie an.
Korrigieren Sie dann die falschen Aussagen.

1 ○ Krabben sind kleine Meerestiere, die man vor dem Essen pulen muss.
2 ○ Für die Frankfurter „Grüne Soße" braucht man besondere Kräuter,
die es nur im Sommer gibt.
3 ○ Zur Weißwurst isst man meistens scharfen Senf und Brezen.
4 ○ Die Rüeblitorte ist ein süßer Karottenkuchen.
5 ○ Die Thüringer Rostbratwurst gibt es nur in speziellen Restaurants.
6 ○ Der Teig für Marillenknödel wird aus Topfen oder Erdäpfeln und Mehl zubereitet.

A3 Wie bildet man diese Wörter? Ordnen Sie zu und ergänzen Sie die Tabelle.

~~Volksfest~~ ~~Erinnerung~~ Oktoberfest Weißbier Bratwurst Ernährung Mittagspause
Fischbrötchen Krabbensalat Rührei Kräutersoße Weißwurst Apfelwein Zubereitung

Typ „Volksfest"	Typ „Weißwurst"	Typ „Bratwurst"	Typ „Erinnerung"
das Volk + s + das Fest = das Volksfest der Oktober + das Fest = ...	weiß + die Wurst = die ...	braten + die Wurst = ...	erinnern > die Erinnerung

[**SCHON FERTIG?** Welche Speisen aus Deutschland, Österreich oder der Schweiz kennen Sie noch? Machen Sie Notizen.

A4 Welche regionalen Spezialitäten essen Sie besonders gern? Sprechen Sie.

Ich liebe Salmorejo, das ist eine kalte Suppe aus Andalusien.

Eine Spezialität aus ... ist ...

A5 Planen Sie ein eigenes Fest in Ihrem Kurs.

a Arbeiten Sie in Gruppen und machen Sie Notizen zu den Fragen.

Wann? Wo? Wen einladen? Was zu essen und zu trinken?
Welche Musik? Programm? Wer kümmert sich um was?

Welcher Termin passt euch am besten? Vielleicht ...? Wer kümmert sich um ...?

b Schreiben und machen Sie ein Plakat für Ihr Fest.
Schauen Sie dann alle Plakate an. Auf welches Fest würden Sie gehen? Warum?

Das Programm hier gefällt mir am besten. Da gibt es Musik ...

SOMMERPARTY

Wo? Im Garten der Schule
Wann? 27. Juli bei Sonnenschein
Mit DJ Luca – Plug-in-Party mit internationaler Musik

Bringt eure Lieblingsmusik mit und vor allem gute Laune! Wir wollen Spaß haben und tanzen! Elena und Fernando machen ein Party-Video als Erinnerung an den Deutschkurs.
Großes Abschlussevent:
„Wir lassen Luftballons mit euren Wünschen für die Zukunft steigen."

einhundertneunundsechzig **169** KB LEKTION 14

B Heimat

B1 Was verbinden Sie persönlich mit „Heimat"?
Woran denken Sie? Woran erinnern Sie sich? Lesen Sie die Wörter und sprechen Sie im Kurs.

Sicherheit Geborgenheit Gefühl Elternhaus Musik
Familie Zuhause Landschaft Gerüche Sprache
Land Vertrauen Stadt Geräusch Literatur Glaube
Fest Kultur Wurzeln Geschmack Wetter Tradition
Essen

> Mit „Heimat" verbinde ich die Gegend, in der ich aufgewachsen bin. Ich denke an die Landschaft und …

B2 Eine Reportage zum Thema „Heimat"
a Lesen Sie die Reportage. Welche Begriffe aus B1 kommen vor? Was ist Heimat für Amira und Burak?

> Wer weiß heute noch genau, wohin er gehört – in Zeiten von Mobilität und Migration?
> Für jeden von uns hat der Begriff „Heimat" eine andere, persönliche Bedeutung. Ist Heimat das Land, in dem man geboren oder aufgewachsen ist? Oder ist es da, wo man sich wohlfühlt? Lesen Sie die Antworten von Amira und Burak.

Meine Wurzeln sind im Libanon, denn meine Familie stammt ursprünglich aus Beirut. Dort gab es in den 1970er-Jahren Krieg und meine Oma ist mit meinem Vater zu ihrem Bruder nach West-Berlin geflohen. Ich selbst bin in Berlin geboren. Nach dem Ende des Krieges haben wir oft die Ferien bei unseren Verwandten in Beirut verbracht. Vor allem an die vielen Feste erinnere ich mich sehr gut. Libanesen sind ein sehr gastfreundliches Volk. Sie freuen sich immer über Besuch und feiern gern. Sie lieben Musik, Tanz und vor allem gutes Essen! Oft habe ich als Kind in der Küche gesessen und zugesehen, wie meine Oma und meine Tante Baklava zubereitet haben. Ach, diese Gerüche in der Küche, daran denke ich sehr gern! Dieses Lebensgefühl, das gibt es immer noch in meiner Familie, auch hier in Deutschland. Das ist auf jeden Fall ein Stück Heimat für mich. Aber natürlich fühle ich mich trotzdem als Deutsche, ich bin ja hier aufgewachsen. Die Schule, meine Freunde, meine Ausbildung als Erzieherin. Das alles hat mein Denken stark beeinflusst. Hier lebe ich, hier fühle ich mich zu Hause. In der deutschen Sprache kann ich alles ausdrücken, was ich fühle und denke. Ich bewege mich zwischen zwei Kulturen und deshalb kann ich gar nicht so genau sagen, was ich mit dem Begriff „Heimat" verbinde. Heimat, das ist vielleicht da, wo ich mich wohlfühle, wo man mich versteht. Das kann auch alles Mögliche andere sein: meine Familie, ein Ort, eine Sprache, eine Speise oder vielleicht auch Freunde.

Amira El-Helou

Ich wohne in Bad Tölz, das liegt in Oberbayern, da bin ich auch geboren und aufgewachsen, und natürlich spreche ich auch so richtig Bairisch. Meine Eltern kommen aus der Türkei und ich habe die türkische Staatsangehörigkeit. Für uns Migrantenkinder der zweiten Generation ist es nicht so leicht zu sagen, was für uns Heimat bedeutet. In der Türkei nennen sie uns „die Deutschen" und hier in Deutschland sind wir Türken. Wenn man mich fragt: Deutschland und speziell Bayern gehören auf jeden Fall zu mir und meinem Gefühl von Heimat. Das merke ich z. B. auch, wenn Bayern München spielt. Als kleiner Junge habe ich immer von einer Karriere als Profi-Fußballer bei den Bayern geträumt.

Burak Yildirim

LEKTION 14   KB 170 einhundertsiebzig

14

Zu meinen Freunden und zu unseren Nachbarn haben meine Geschwister und ich guten Kontakt. Ich würde schon sagen, dass wir gut integriert sind. Aber die Türkei ist natürlich ebenso unsere Heimat. Unsere Familie dort ist sehr groß und ich habe jedes Jahr die Sommerferien bei meinen Großeltern in der
30 Türkei verbracht. Ich würde sagen, Deutschland ist vielleicht meine erste und die Türkei meine zweite Heimat.

b Lesen Sie die Reportage noch einmal und beantworten Sie die Fragen.

1 Woran erinnert sich Amira sehr gut?
2 Worüber freuen sich Libanesen immer?
3 Woran denkt Amira gern?
4 Welches Lebensgefühl verbindet sie mit dem Begriff „Heimat"?
5 Was gehört zu Buraks Gefühl von Heimat?
6 Wovon hat Burak als kleiner Junge immer geträumt?
7 Bei wem hat Burak früher seine Sommerferien verbracht?

c Ergänzen Sie die Tabelle.

WIEDERHOLUNG

Verben mit Präpositionen		
sich erinnern an	daran	woran ...?
denken an	daran	
verbinden mit		
sich freuen ___	darüber	
gehören		wozu ...?
träumen von		

SCHON FERTIG? Kennen Sie noch mehr Wörter? Machen Sie eine Tabelle.

B3 Schreibprojekt: „Was ist Heimat für mich?"

a Schreiben Sie jetzt selbst einen kurzen Text über den Begriff „Heimat". Beachten Sie dabei folgende Schritte.

Schritt 1: Planen
Es ist wichtig, dass Sie schon Ideen im Kopf haben, bevor Sie anfangen zu schreiben. Woran denken Sie bei dem Wort „Heimat"? Woran erinnern Sie sich? Wovon träumen Sie? Sammeln Sie Ideen. Ordnen Sie dann.

Was ist Heimat für mich? — Freunde, Familie, Herkunftsland, ...

Schritt 2: Schreiben
Schreiben Sie einfache Sätze. Achten Sie darauf, dass die Sätze nicht immer gleich beginnen. Verbinden Sie die Sätze mit *dann, als, meistens, manchmal, deshalb, aber* usw.

Schritt 3: Überarbeiten
Lesen Sie Ihren Text noch einmal in Ruhe und korrigieren Sie mögliche Fehler. Stellen Sie sich vor, Sie sind die Leserin / der Leser. Ist das, was Sie geschrieben haben, verständlich und klar?

b Fassen Sie alle Texte in einem Dokument zusammen, ergänzen Sie Fotos und machen Sie daraus eine Kursreportage oder einen Kursblog.

Ich komme aus ... und lebe in ... | Mit „Heimat" verbinde ich ... | Bei dem Wort „Heimat" denke ich an ... | „Heimat" bedeutet für mich ... | Ich erinnere mich noch gut an ... | Immer wenn ich ... | Als ich ... | ... nicht nur ... sondern auch ...

C Blick auf Europa

C1 Partner-Interview

Fragen Sie Ihre Partnerin / Ihren Partner, notieren Sie die Antworten und berichten Sie.

– In welchen europäischen Ländern warst du schon mal?
– Wo in Europa hast du Verwandte oder Freunde?
– Welche europäischen Länder würdest du gern kennenlernen?

C2 Europa im Blick

Was wissen Sie über Europa? Arbeiten Sie in Gruppen.
Sammeln Sie Informationen und machen Sie Notizen. Sprechen Sie.

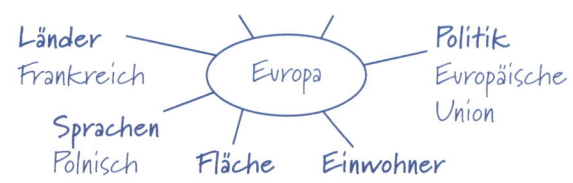

Länder – Frankreich
Politik – Europäische Union
Sprachen – Polnisch
Fläche
Einwohner

Europa ist ein Kontinent. Die größten Länder …

C3 Europa und die Europäische Union

a Sehen die Personen die EU (Europäische Union) eher positiv oder negativ?
Hören Sie die Umfrage und ergänzen Sie ☺ oder ☹.

1 Lisa ☺
2 Julian 
3 Elena 
4 Kim 
5 Manuel 

b Worüber sprechen die Personen? Hören Sie noch einmal und kreuzen Sie an.

	Lisa	Julian	Elena	Kim	Manuel
a Reisefreiheit	☒	○	○	○	○
b Grenzkontrollen	○	○	○	○	○
c Studium	○	○	○	○	○
d Kosten	○	○	○	○	○
e Gemeinsamkeiten bei Europäern	○	○	○	○	○
f eine gemeinsame Währung	○	○	○	○	○
g Frieden und Demokratie	○	○	○	○	○
h Sprachen	○	○	○	○	○
i Solidarität	○	○	○	○	○

C4 Länder raten

Arbeiten Sie in Gruppen: Beschreiben Sie ein europäisches Land.
Die anderen raten, von welchem Land Sie sprechen.

Das Land grenzt ans Meer. Es liegt im Norden. Die Menschen …

D Blick zurück – Blick nach vorn

Herzlichen Glückwunsch!

Sechs Bände lang haben Sie fleißig mit *Schritte international NEU* gearbeitet und können jetzt schon richtig gut Deutsch verstehen, lesen, sprechen und schreiben. Auch eine B1-Prüfung sollte nun kein Problem mehr für Sie sein. Dafür drücke ich Ihnen die Daumen. Das sagt man, wenn man jemandem viel Glück wünscht.
Wir hoffen, dass Ihnen das Deutschlernen mit *Schritte international NEU* Spaß gemacht hat, sagen Danke und wünschen Ihnen alles Gute für Ihre Zukunft.

D1 Mein persönliches Motto
Lesen Sie den Text und wählen Sie ein Zitat als Ihr persönliches Motto zum Deutschlernen. Vergleichen Sie dann im Kurs.

> Sprachen öffnen Türen.
> Lernen mit Kopf und Herz
> Mit Sprachen überwindet man Grenzen.
> Dazulernen heißt gewinnen.
> Zum Lernen ist niemand zu alt.
> Lebe, um zu lernen, lerne, um zu leben!
> Sprachenlernen verbindet!
> Wer schwimmen lernen will, muss ins Wasser.

Mir gefällt dieses hier besonders gut: …

D2 Blick zurück
Wie war das, als Sie angefangen haben, Deutsch zu lernen?
Gab es lustige, peinliche, überraschende Erlebnisse? Erzählen Sie.

Ich erinnere mich an meine erste Deutschstunde. Die Lehrerin …

D3 Blick nach vorn
Wie geht es weiter? Was nehmen Sie sich für das nächste Jahr vor? Sprechen Sie.

Ich möchte auf jeden Fall …

D4 Zum Abschied
Schreiben Sie Zettel mit den Namen aller Kursteilnehmer. Ziehen Sie einen Zettel, geben Sie der Person die Hand und sagen Sie ihr etwas Nettes zum Abschied.

Grammatik und Kommunikation

Grammatik

1 Wiederholung: Wortbildung Nomen ÜG 11.01

Nomen + Nomen	Adjektiv + Nomen	Verb + Nomen	Verb > Nomen
das Volk + s + das Fest > das Volksfest	weiß + die Wurst > die Weißwurst	braten + die Wurst > die Bratwurst	sich erinnern > die Erinnerung
der Oktober + das Fest > das Oktoberfest			ernähren > die Ernährung

Schreiben Sie sechs weitere Wörter.

die Heimat + das Land > das Heimatland

2 Wiederholung: Verben mit Präpositionen ÜG 5.23

Präpositionen mit Akkusativ	Präpositionen mit Dativ
denken an	verbinden mit
sich erinnern an	gehören zu
sich freuen über	träumen von
auch so: warten auf, sich beschweren über, sich freuen auf, sich ärgern über, sprechen über, sich kümmern um, Lust haben auf, …	*auch so:* erzählen von, sich treffen mit, sprechen mit, telefonieren mit, Angst haben vor …

Antworten Sie auf die Fragen.
– Wofür interessieren Sie sich in Ihrer Freizeit?
– Womit beschäftigen Sie sich am liebsten?
– Worüber wissen Sie viel?

Ich interessiere mich für …

3 Wiederholung: Präpositionaladverbien ÜG 5.23

Verb mit Präposition	Präpositionaladverb	Fragewort
denken an	daran	woran …?
sich freuen über	darüber	worüber …?
verbinden mit	damit	womit …?
gehören zu	dazu	wozu …?
träumen von	davon	wovon …?

Kommunikation

ÜBER REGIONALE SPEZIALITÄTEN SPRECHEN: Ich liebe ...

Ich liebe ..., das ist ...
Eine Spezialität aus ... ist ...

EIN FEST PLANEN: Ich bringe ... mit.

Welcher Termin passt euch am besten? Vielleicht ...?
Wer kümmert sich um ...? | Ich kümmere mich um ...
Wer bringt ... mit? | Ich bringe ... mit.
Wer kann ... machen? | Ich kann ... machen.

SAGEN, WAS MAN MIT EINEM BEGRIFF VERBINDET: Ich denke an ...

Das ist nicht leicht, denn wir haben kein Wort dafür. | Ich denke an ...
Ich komme aus ... und lebe in ... | Mit „Heimat" verbinde ich ... |
Bei dem Wort „Heimat" denke ich an ... | „Heimat" bedeutet für mich ... |
Ich erinnere mich noch gut an ... | Immer wenn ich ... | Als ich ... |
... nicht nur ... sondern auch ...

EIN LAND BESCHREIBEN: Das Land grenzt an ...

Das Land grenzt an ...
Es liegt im ... | Die Menschen ...

Was gibt es in Ihrem Land auf Festen zu essen und zu trinken? Beschreiben Sie ein Gericht und ein Getränk.

Zum Opferfest gibt es bei uns meistens ...

Sie planen mit Ihren Freunden eine Party. Was sagen die Leute? Schreiben Sie ein Gespräch.

Ich kümmere mich um die Musik. Und du?

Was verbindet die Frau mit dem Begriff „Glück"?

Mit „Glück" verbindet sie ...
Sie denkt an ...
und träumt von ...

Sie möchten noch mehr üben? **6 | 48–50 AUDIO-TRAINING**

Lernziele

Ich kann jetzt ...

A ... über regionale Spezialitäten berichten:
  Ich liebe Salmorejo. Das ist eine kalte Suppe aus Andalusien. ☺ ☺ ☹
  ... ein Fest planen: *Wer kümmert sich um ...?* ☺ ☺ ☹
B ... eine Reportage zum Thema „Heimat" verstehen: *Meine Wurzeln sind im Libanon.* ☺ ☺ ☹
  ... sagen, was man mit „Heimat" verbindet: *Mit „Heimat" verbinde ich die Gegend, in der ich aufgewachsen bin.* ☺ ☺ ☹
C ... ein Land beschreiben: *Das Land liegt im Norden.* ☺ ☺ ☹
D ... über Vergangenes und Zukünftiges sprechen:
  Ich erinnere mich an meine erste Deutschstunde. ☺ ☺ ☹

Ich kenne jetzt ...

... 5 Wörter zum Thema *Essen*:
braten, ...

... 8 Wörter zum Thema *Staat/Politik*:
Volk, ...

Zwischendurch mal ...

FILM

Bilder aus den deutschsprachigen Ländern

1 Lesen Sie den Text auf Seite 177. Sehen Sie dann den Film an.

a Was ist für Sie typisch, wenn Sie an Deutschland, Österreich oder die Schweiz denken?
Merken Sie sich drei Bilder. Sprechen Sie.

Ich habe mir das Oktoberfest gemerkt. So ein Fest gibt es bei uns nicht ...

b Gibt es Bilder, die sich mehrere von Ihnen gemerkt haben?
Wenn ja, welche?

2 Ergänzen Sie bei den Fotos auf Seite 177: Was ist für Sie typisch?
Schreiben oder zeichnen Sie oder finden Sie ein Foto. Sprechen Sie.

Schnee. Ich liebe Schnee. Bei uns gibt es ja keinen Winter. Eine weiße Schneelandschaft ist für mich typisch für die deutschsprachigen Länder.

LEKTION 14 KB 176 einhundertsechsundsiebzig

14

TYPISCH FÜR DIE DEUTSCHSPRACHIGEN LÄNDER?

Sind diese Bilder „typisch"? Und was bedeutet das überhaupt? Hat nicht jeder Mensch seine eigene Meinung, was typisch sein könnte? Unser Film zeigt 100 Fotos aus Deutschland, Österreich und der Schweiz, von denen man vielleicht sagen könnte: Ja, das ist typisch für diese Länder! Ein paar davon sehen Sie auf dieser Doppelseite.

Auch Sie haben sicher ganz persönliche Bilder im Kopf. Und für Ihre Bildideen haben wir hier extra zwei Plätze frei gelassen. Vielleicht möchten Sie dort etwas hineinschreiben, -malen, -zeichnen oder -kleben? Etwas, das Sie in Ihrem Land zeigen würden, wenn man Sie dort fragt: „Du bist doch ein Spezialist für deutschsprachige Länder. Sag mal, was ist denn typisch dafür?"

Das Team von „Schritte international NEU" möchte sich an dieser Stelle von Ihnen verabschieden. Wie schön, dass wir Sie beim Deutschlernen bis hierher begleiten durften! Uns hat das große Freude gemacht. Für Ihre Zukunft wünschen wir Ihnen von ganzem Herzen alles Gute und viel Erfolg. Auf Wiedersehen!

3 Kurs-Album
Schreiben Sie mit Ihrer Partnerin / Ihrem Partner eine Seite über ein deutschsprachiges Land. Sammeln Sie in Ihrem Kurs-Album.

Viele Städte sind sehr grün. Das gefällt mir. Dieses Foto erinnert mich an einen schönen Tag im Park. Viele Menschen gehen dort mit ihren Hunden spazieren.

Quellenverzeichnis

Kursbuch

Cover: Bernhard Haselbeck, München   U2: Digital Wisdom   S. 9: Figur © Thinkstock/iStock/phodo; Würfel © iStock/hocus-focus   S. 11: Lotto © fotolia/Ralf Geithe; Roulette © Thinkstock/iStock/nazarovsergey   S. 13: A4: C © Thinkstock/iStock/vicnt; D © Thinkstock/Photodisc/Photo and Co   S. 14: B2: Franz Specht, Weßling   S. 15: C2: 1 © iStock/andresr; 2 © Thinkstock/iStock/Wavebreakmedia   S. 16: D4 © Thinkstock/iStock/Mark Bowden   S. 17: E2: A © Thinkstock/iStock/MinnaRossi; B, C © Hueber Verlag/Iciar Caso   S. 20: Hören: © Thinkstock/moodboard   S. 21: Gedicht © Thinkstock/iStock/JackF   S. 23: Diana © Thinkstock/iStock/m-imagephotography; Slavoj © Thinkstock/iStock/yannp   S. 24: A2a: A © Thinkstock/TongRo Images; B © Thinkstock/iStock/dejankrsmanovic; C © Thinkstock/iStock/ar-chi; b: Jonas, Sarah © Thinkstock/iStock/m-imagephotography; Julia © Thinkstock/iStock/Poike   S. 25: A3 © Thinkstock/iStock/monkeybusinessimages; A4 © ddp images/Capital Pictures   S. 26: Kopfzeile © Thinkstock/iStock/yannp; B2: 10 © ddp images/Christian Langbehn; 15 © ddp images/INTERTOPICS; 20 © action press/Michael Reimers/Future Image   S. 27: B3 © action press/BINDL, DOMINIK   S. 28: C1: A © ddp images/United Archives; B © Tele München Gruppe/Roxy Film; C © Anne Wilk/barefoot films GmbH/Warner Bros. Entertainment GmbH   S. 29: D1 © Hueber Verlag   S. 32: Hören: alle Bilder © Hueber Verlag/Dörte Weers   S. 33: Lied © Thinkstock/iStockphoto   S. 35: Hund © Thinkstock/iStockphoto; Zettel © Thinkstock/iStock/Peshkova   S. 36: Hund © Thinkstock/iStockphoto   S. 37: A4: A © Thinkstock/iStock/Joe Belanger; B © Thinkstock/DigitalVision/Ryan McVay; C © Thinkstock/iStock/bojan fatur; D © Thinkstock/iStock/simonkr   S. 38: B1: A © Thinkstock/iStock/FotoDuets; B Poster Hintergrund: links © Thinkstock/iStock/vectortatu; rechts © Thinkstock/iStock/DigtialStorm; C © iStock/Kemter   S. 39: C1 © Thinkstock/Blend Images/Dave & Les Jacobs   S. 40: D1 © Thinkstock/iStock/sanjagrujic   S. 43: Tomate: Gisela Specht, Weßling   S. 44: Lesen: oben links © Thinkstock/iStock/Julijah; rechts© Getty Images/E+/Juanmonino; unten links © Thinkstock/Purestock; rechts © Thinkstock/Photodisc, Film: Matthias Kraus, München   S. 47: Blume © MEV   S. 49: B2: 1 © iStock/deimagine; 2 © Thinkstock/iStock/martinbalo; 3 © iStock/barsik; 4 © Thinkstock/PHOTOS.com/Jupiterimages   S. 50: C1 © Thinkstock/iStock/kieferpix   S. 52: Foto und Text mit freundlicher Genehmigung von: Anna Maria Baldermann-Bergonzi, Karlsruhe/Mailand   S. 56: Schreiben © Thinkstock/Wavebreakmedia Ltd   S. 57: Josefine © Getty Images/iStock/repinanatoly; Fritz © Getty Images/gpointstudio   S. 63: B3 © Getty Inages/E+/annebaek   S. 68: Lied: oben © Thinkstock/iStock/monkeybusinessimages; unten © Thinkstock/iStock/shironosov   S. 69: Rätsel © Thinkstock/iStock/Anchiy; Film: Matthias Kraus, München   S. 71: © Thinkstock/iStock/Toltek   S. 72: A3 © Thinkstock/iStock/bluesky85   S. 73: Urszula © Thinkstock/iStock/Wavebreakmedia; Ahmet © Thinkstock/Purestock   S. 76: D1: A © Thinkstock/iStock/hoozone; B © Thinkstock/iStock/Highwaystarz-Photography; C © fotolia/YakobchukOlena   S. 77: E1: A © Thinkstock/iStock/rilueda; B: Alexander Keller, München; C © Melanie Kintz-stock.adobe.com   S. 80: Spiel © Thinkstock/iStock/Deagreez   S. 81: Gedicht © Thinkstock/iStock/JackF   S. 83: Grillen © Thinkstock/iStock/Kerkez; mähen © Thinkstock/iStock/RobердsSFM   S. 84: A3 © Thinkstock/iStock/monkeybusinessimages   S. 88 : © Thinkstock/iStock/nd3000   S. 89: D4: oben © Thinkstock/Hemera; unten © iStock/Shelly Perry   S. 92: Landeskunde © Thinkstock/iStock/ViewApart   S. 93: Lesen © Thinkstock/iStock/Sotiris_Filippou_Photographer; Film alle: Matthias Kraus, München   S. 95: Ü4: Handy © Thinkstock/iStock/chaofann; Frau © Thinkstock/BananaStock   S. 100: D1 © Thinkstock/iStock/bokan76   S. 104: Gedicht © Getty Images/stevecoleimages; Projekt: 1. Zeile von links: © Thinkstock/iStock/michaeljung; © Thinkstock/Wavebreakmedia Ltd; © Thinkstock/iStock/Stuart Jenner; 2. Zeile von links: © Getty Images/iStock/Rich Legg; © Thinkstock/iStock/m-imagephotography; © Thinkstock/iStock/monkeybusinessimages   S. 105: © Thinkstock/iStock/TAW4   S. 107: IT © Thinkstock/Photodisc/Chad Baker/Ryan McVay   S. 110: B3 © iStock/Kemter   S. 111: C1: A: Alexander Keller, München; B © Thinkstock/iStock/gpointstudio; C © Getty Images/Valentin Casarsa; D © Thinkstock/iStock/AndreyPopov   S. 113: E1 © Thinkstock/iStock/monkeybusinessimages

S. 116: Lied: Florian Bachmeier, Schliersee   S. 117: Schreiben © Thinkstock/iStock/NADOFOTOS; Spiel von links: © Thinkstock/iStock/alfexe; © Thinkstock/iStock/iprogressman; © Thinkstock/iStock/OlegMalyshev   S. 120: A1: 1 © fotolia/PhotoSG; 2 © fotolia/alex; 3 © Thinkstock/iStock/karandaev   S. 122: B1: A © Fotosearch.de; C © Thinkstock/Creatas Images; D © fotolia/industrieblick; B2: A li © Thinkstock/iStock/monkeybusinessimages; A re © Thinkstock/iStock/sergeyryzhov; B © Thinkstock/iStock/Mark Bowden; C © Thinkstock/iStock/devifoto; D © Thinkstock/iStock/Bombaert   S. 124: D1 © Thinkstock/iStock/conejota   S. 125: Text aus Axel Hacke, Das kolumnistische Manifest, © Verlag Antje Kunstmann GmbH, München 2015; Foto © action press/GALUSCHKA, HORST   S. 128: Supermarkt © Getty Images/LordRunar   S. 129: Litfaßsäule neu © PantherMedia/goodiefun; Revolution © INTERFOTO/Sammlung Rauch; Litfaßsäule alt © INTERFOTO/Sammlung Rauch   S. 132: A2: A © iStock/simonkr; B © iStock/Kichigin; C © GettyImages/OJO Images; D © fotolia/mavoimages; E © fotolia/MAST   S. 134: C1: A © fotolia/Sven Grundmann; B © Thinkstock/iStock/piotr290; C © Thinkstock/iStock/-goldy-   S. 135: D2: 1 © Thinkstock/Creatas/Jupiterimages; 2 © Getty Images/iStock/MStudioImages; 3 © GettyImages/Juanmonino; 4 © Thinkstock/iStock/g-stockstudio   S. 136: E1: A © Getty Images/Jupiterimages; B © Thinkstock/iStock; C © Getty Images/DigitalVision/Yuri_Arcurs   S. 138: Polizist © fotolia/codiarts   S. 140: Lesen: Florian Bachmeier, Schliersee; Hören: Mann © Thinkstock/iStock/Wavebreakmedia; Frau © Thinkstock/Photodisc/Getty Images   S. 144: Rechte © Deutsche Bahn AG/Oliver Lang; Internet © Getty Images/iStock/gruizza; Gepäck © Thinkstock/iStock/Casanowe; Barrierefrei © shootingankauf – stock.adobe.com; Rad © milkovasa – stock.adobe.com   S. 145: A2 b © markus_marb – stock.adobe.com; A3 © Thinkstock/iStock/monkeybusinessimages   S. 146: B2: Nikolin © Thinkstock/iStock/MBPROJEKT_Maciej_Bledowski; Georg © Thinkstock/PHOTOS.com>>/Jupiterimages   S. 147: Tafel © Thinkstock/stockbyte/Brand X Pictures; Logo © Freiwilligen-Agentur Tatendrang München   S. 148: D1 © Thees Carstens, Hamburg   S. 149: E1 © Getty Images/E+/blindtoy99   S. 151: © Thinkstock/Stockbyte/Jupiterimages   S. 152: Schreiben © Thinkstock/iStock/cyano66   S. 157: A3 von links: © dpa Picture-Alliance/Matthias Balk; © dpa Picture-Alliance/Jens Kalaene; © mauritius images/Science Source   S. 158: B2: 1 © Thinkstock/iStock/ajr_images; 2 © fotolia/kite_rin; 3 © PantherMedia/Goodluz   S. 159: C1 © fotolia/Photocreatief; C2: A © fotolia/Pierre-jean Grouille; B © Getty Images/skynesher; C © picture alliance/Sueddeutsche Zeitung Photo/Rumpf, Stephan   S. 160: D1: A © Thinkstock/iStock/JohnnyWalker61; B © Thinkstock/iStock/Nash1966; C © Thinkstock/iStock/PatrickPoendl; D © fotolia/Increa; E © picture alliance/AP Images; F © Alfred Buellesbach/VISUM   S. 161: D3: 1 © dpa picture-alliance/KPA/Andres; 2 © dpa Picture-Alliance/Ossinger; 4 © action press/ULLSTEIN BILD; D4 © Hueber Verlag/Juliane Beck   S. 164: Cem Özdemir © VISUM/Stefan Boness   S. 168: A2: Karte: Martin Lange, Karlsfeld; 2 © Thinkstock/iStock/JBryson; 3 © Thinkstock/Stockbyte/altrendo images; 4 © Thinkstock/iStock/JackF; 5 © Thinkstock/iStock/NemanjaMiscevic; 6 © Thinkstock/iStock/tetmc; A © Thinkstock/iStock/bernjuer; B © Thinkstock/iStock/cook-and-style; C © Thinkstock/iStock/PicLeidenschaft; D © Thinkstock/iStock/kabVisio; E © fotolia/silencefoto; F © Thinkstock/iStock/totalpics   S. 170: B2: Amira © Soluna Kokol, München; Burak © fotolia/Jasmin Merdan   S. 172: C3: 1 © Thinkstock/iStock/LuminaStock; 2 © Getty Images/Lighthousebay; 3 © Thinkstock/iStock/sanjagrujic; 4 © Thinkstock/Purestock; 5 © Thinkstock/Wavebreak Media   S. 176: Salzburg © fotolia/Thomas Reimer; Matterhorn © Thinkstock/iStockphoto; Luzern © Thinkstock/iStock/bluejayphoto; Tram © Strandperle/Naturbild AB; Bregenz © fotolia/pure-life-pictures; alle anderen: Franz Specht, Weßling   S. 177: Typisch Deutsch: Franz Specht, Weßling; Ü3 © Thinkstock/iStock/Raywoo

Zeichnungen: Jörg Saupe, Düsseldorf
Alle anderen Bilder: Matthias Kraus, München

Bildredaktion: Iciar Caso, Hueber Verlag, München